本书的出版受到浙江工商大学法学院和中国法学会部级法学研究课题“法治乡村建设中的土地征收增值收益分配制度研究”［CLS（2020）ZX038］的资助。

方　润／著

集体土地征收增值收益分配制度研究

法律出版社 LAW PRESS · CHINA
北京

图书在版编目(CIP)数据

集体土地征收增值收益分配制度研究 / 方涧著. -- 北京 : 法律出版社, 2023

ISBN 978-7-5197-7913-9

Ⅰ. ①集… Ⅱ. ①方… Ⅲ. ①农村-集体所有制-土地征用-土地管理法-研究-中国 Ⅳ. ①D922.364

中国国家版本馆 CIP 数据核字(2023)第 083981 号

集体土地征收增值收益分配制度研究
JITI TUDI ZHENGSHOU ZENGZHI
SHOUYI FENPEI ZHIDU YANJIU

方 涧 著

责任编辑 许 睿
装帧设计 汪奇峰

出版发行 法律出版社
编辑统筹 司法实务出版分社
责任校对 朱轶佳
责任印制 胡晓雅
经　　销 新华书店

开本 710 毫米×1000 毫米 1/16
印张 16.75　字数 280 千
版本 2023 年 7 月第 1 版
印次 2023 年 7 月第 1 次印刷
印刷 唐山玺诚印务有限公司

地址:北京市丰台区莲花池西里 7 号(100073)
网址:www.lawpress.com.cn
投稿邮箱:info@lawpress.com.cn
举报盗版邮箱:jbwq@lawpress.com.cn
销售电话:010-83938349
客服电话:010-83938350
咨询电话:010-63939796

书号:ISBN 978-7-5197-7913-9　定价:88.00 元

凡购买本社图书,如有印装错误,我社负责退换。电话:010-83938349

序

本书是方涧博士研究土地法十余年来的阶段性成果,较为完整地体现了一位青年学者对中国土地法律制度的关注和思考。与方涧相交的十余年,我们对中国土地制度改革的探讨从方向性问题逐步触及具体的规范设计,视野上也不再单纯拘泥于征收阶段。但是我们关注的核心始终是不变的,那就是"国家"和"农民"之间的关系,我们的分析也始终围绕着"权力"与"权利"的框架而展开。党的十八大以来,机构改革和土地管理体制改革双向推进,权力配置成为两者的耦合点。与此同时,对农民财产性权利的完善和保障也是中国式现代化进程中必须重点回应的问题。本书的出版正是这样一种有益尝试,既直面现实问题,又提供合理方案。

事实上,方涧的本科毕业论文写的也是这个命题,直到博士论文开题的时候,我们经过长时间的讨论,依然选择了"集体土地征收增值收益分配"这个命题。正如方涧在书中概括的那样,我国传统的集体土地征收增值收益分配方式不仅无法在理论上达到权利逻辑内部的自洽,也无法在实践中妥善处理国家、集体和个人三者之间的关系。因此,在面对"土地发展权""公共利益""公平补偿""市场价值""特别受益费"等一系列学理概念之时,中国法学界的讨论不绝于耳,有些是因为尚未明确概念和制度设计的本质和内涵,有些是因为对现有制度的冲击太大,因此学界始终无法形成一致的声音。

方涧在书中提出的"赋权—限权——次分配—二次分配"的思路我比较赞同,也很有共鸣,尽管并不完美。在研究过程中,恰逢《土地管理法》的修改,我们应司法部、中国法学会等的要求,提供了大量的修改意见,本书中的一些核心理念和观点,也被不同程度地吸收和采纳。但《土地管理法》的修改也留下了更多的思考,比如如何统筹推进土地制度与税制的改革,如何进一步完善公共利益的立法等。这也正是本书的价值之所在!

本书另一个让我欣喜的地方在于对核心概念的把握和探索。当下的中国土地法研究中，一方面把中国特色的“基本概念”作为学术研究对象和中心主题尚未成为理论自觉，致使很多基本概念如农户、国家所有权、集体所有权、集体经济组织、成员权等缺乏清晰的定义；另一方面共识性“法理”也尚未凝练出来，这就导致对两种所有制是否平等，土地增值收益为何要在国家、集体和个人之间分配等迟迟无法取得共识。但是本书中，方涧对诸如土地发展权、公共利益、公平市场价值等基本概念进行了研究，也对很多概念正本清源，这为我们后续研究土地制度改革的相关学理问题提供了丰富的素材和参考。

除此之外，本书的大部分内容是方涧在美国留学期间构思和起草的，这大大方便了他进行比较法的研究，但本书中大量的调研和实证数据让我深刻感受到他的家国情怀。土地法的研究必须拥有本土意识，而数据则是最直接的反映。尤其是在征收补偿方面，《土地管理法》将土地征收的补偿由产值倍数法调整成了区片综合地价，理论上的论证更多的是关乎学理之争，但唯有通过真实的数据才能科学反映实际效果。希望有更多的青年学者能开展更多的田野调查，“把论文写在祖国的大地上！”

目前，中央的改革意图是十分明确的：“两个分开”“两个三权分置”“两个增值收益分配”。在农村集体土地上，推进“基层自治组织与集体经济组织职能分开”，集体土地产权改革和集体经济组织完善同步展开；在国有土地上，推进“自然资源所有者和管理者分开”，保证国有自然资源资产所有权人和国家自然资源管理者相互独立。与此同时，还要推进承包地“三权分置”和宅基地“三权分置”改革、征地中的增值收益分配和流转中的增值收益分配改革。这一系列改革都是统筹推进的，在此期间，农村集体土地制度改革和乡村振兴战略、城乡统筹发展进程的节奏要协调把握。这也就带来了更多新的命题需要我们进一步思考和跟进。

作者是我的学生，也是投身土地法研究的青年学者，学术旅程尚在起步阶段，希望方涧能以此为起点，不忘初心，负重前行，在学界开疆拓土。书中尚有不足之处，也恳请各位方家批评指正，促使我们共同进步。

是为序。

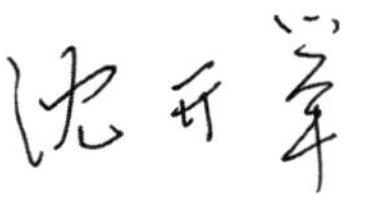

2023 年 7 月 22 日

目　　录

摘　要

集体土地征收增值收益分配是土地征收补偿体系内的重要一环,也是当下中国土地制度改革的核心之一。其本身所包含的不仅是分配这一环节,也不仅是法学意义上"公共利益""土地发展权""公平市场价值""开发利益公共还原"等核心概念的机械叠加,而是在法学、政治学和经济学等视域下所形成的征收、补偿与分配的有机整体。

作为整体的征收增值可以看作由社会经济发展引起的辐射增值、由政府治理引起的土地增值和由土地稀缺性决定的增值三个部分。其中前两者是由外部因素引起的增值,属于价值返还的范畴,应基于价值捕获进行开发利益公共还原;而最后一种增值是由土地自身的因素引起的,收益分配属于产权"权利束"中的一部分,这种增值理应归所有权人所有。农民集体是农村土地的所有者,从产权经济学角度出发,土地增值收益权的归属完全取决于农地收益权的归属,而农地收益权是农地产权束的重要组成部分,因此土地增值收益应当为土地所有权主体所拥有。虽然说政府在推动城市建设,改善基础设施、经济环境等方面积极行为,产生了对周边土地价格影响的正外部性,但是对于政府而言,其权利是对这种正外部性产生的经济利益的分享权,即获得正外部性的报酬,而不是享有这种收益的所有权。但目前的难点是,我们无法准确测算出政府对土地的前期开发和整理到底带来了多少土地价值的增值,也无法明确土地管制、指标限制究竟对土地价格的增长有多少影响,从而也就无法明确土地增值收益在政府和集体、个人之间应当采用何种方式、何种比例进行分配。前一个问题几乎是无解的,但这并不意味着我们对后一个问题也束手无策。

事实上,在中国的特殊语境下,"垄断建设用地一级市场 + 低征高卖"的形式才是引起土地征收增值的根本原因,与之相关的缺陷在于集体土地的土地发展权被隐形国有、公共利益的征收要件被完全架空、补偿标准被彻底简化等。也正因如此,本书研究的重点虽然落脚于分配制度,但在转型期的中国,解决土地增值收益分配问题的核心却在于土地权利的重新配置。也正因如此，必须从土地征收补偿制度、集体建设用地流转制度、土地产权制度等方面进行分析和建构。

基于学界长久以来对“征收权”“土地发展权”“价值捕获理论”等的探索和研究，以及国内外对土地增值收益分配的不断实践，本书的核心和基本思路在于：以我国土地征收制度的转轨作为逻辑切入点，审慎把握公共利益这一“崇高的圣杯”，积极将土地发展权植入我国物权体系，并以此为基础参考公平市场价值和开发利益公共还原进行增值收益的一次和二次分配。至于具体的测算，美国的公平市场价值、特别受益费、土地发展权移转等经验以及我国多地开展的区片综合地价、土地入股、地票等实践都为本书试图提供相对完善的方案树立了信心。

首先，创设土地发展权体系。土地发展权是整个征收补偿系统中内部性权利体系的核心，甚至可以说，土地发展权在目前中国的土地管理制度中是解决症结的基础和贯穿始末的线条，从功能性角度而言，远远超越了完善土地征收补偿制度本身。从立法层面上考量，须将土地发展权纳入我国物权法体系。土地发展权从性质上讲是一种权利而非权力，其满足物权绝对性与支配性的基本特性，在物权权利体系内部，来源于土地所有权，并且是土地所有权的特殊权利内容。从制度层面上讲，应当首先设立土地发展权信托机构，坐实集体成员的成员权。同时对于非基于公共利益的用地在土地发展权交易机构进行协商买卖，而对于基于公共利益的土地征收则通过国家强制购买的方式完成交易。

其次，健全公共利益的认定制度。国内近几年为了缩小征地范围，将着力点置于对公共利益名录的制定上，试图通过细化对公共利益的认定而将征地限制在“制度的牢笼”之中。然而一个不争的事实是，一方面在理论上无法穷尽对公共利益的认定；另一方面出于国家建设的现实需要，认定过宽或者过窄都将面对巨大的阻碍，承担巨大的制度改革成本。事实上，通过详细界定公共利益的方式进行立法控制是一种相对落后的立法模式，无论是在理论上还是在现实中都缺乏一定的基础。但一个基本共识是：无论通过何种程序认定公共利益，均不能由行政机关来主导甚至决定。因此，一个比较理想的折中方案是将公共利益进行层次化区分，通过立法将高层次的内容列入名录。人大通过形式审查判断该内容是否属于名录内第一层次的公共利益，同时用“人大初次判断 + 法院终极判断”的程序对不在名录内的公共利益进行判断。

再次，改革建设用地供给制度。启动宪法解释机制，对《宪法》第10条进行解释，扫除集体经营性建设用地入市的宪法障碍。并修改《土地管理法》《民法典》中的相关内容，确认集体经营性建设用地入市流转的合法性。与此同时，制定《集体建设用地流转法》等专项法律，具体规定集体建设用地流转的基本原则、适用范围、方式、登记、合同、争议解决、监督等内容，并以此为契机出台《土地征收法》，完善征收制度。另外，制定《农民集体法人组织法》，通过立法完成对农民集体的法人化改造，明确其权利义务和具体的运行模式，为今后的改革进行铺垫。

复次，建立市场价格补偿机制，进行初次分配。如果用简单的公式直观地表达这种公正补偿，那应该是“公平市场价值 = 土地原用途价值 + 土地发展权价值”或者“公平市场价值 = 区片综合地价 + 土地增值收益价值”，又或者“公平市场价值 = 土地市场交易价值 - 税费”。前两种路径在一定程度上也能达到公平市场价值的目标，但关键是在我国土地征收补偿的现实中，往往只补偿了原用途价值却剥离了土地发展权价值，补偿了区片综合地价却攫取了土地的增值收益价值。因此需要寻求第三条道路，也即“土地市场交易价值 - 税费”。具体而言，应引入最高最优使用规则，明确不动产的评估时间并完善评估手段。

最后，构建新的土地增值收益税收体制，进行二次分配。从国家角度出发，土地的增值有一部分是由于国家对土地进行重新规划、投入基础设施建设等引起的，国家应当分享土地增值收益；从集体组织角度出发，特殊的群体享受到了“特别利益”和“给付”，出于公平和效用原则，应当课征费用，进行开发利益公共还原。在承认农民的土地发展权和按照公平市场价值进行征地补偿的模式下，农民主体的权益获得了制度上的保障，从征地到补偿都能在中央的改革文件和法律体系内部寻找到有力的支撑点，避免改革走进死胡同，立法无法自洽。

事实上，上述五个方面是“赋权—限权——次分配—二次分配”的过程，制度建设也并不能被孤立地执行和看待，而必须将其置于整个集体土地征收增值收益分配制度的链条中去培育和观察，因为本质上，这是一个联动的机制，缺少任何一环，分配制度的改革都是不完整和不彻底的。土地发展权的植入为农民参与土地征收增值收益的分配疏通了法律上的障碍，也为形成完整的分配链提供了坚实的权利逻辑。公共利益认定制度变革与建设用地供给制度变革将从根源上改变政府垄断建设用地一级市场的局面。前者有利于达到中央提出的“缩小征地范围”的目标，并给集体土地入市提供一定的制度空间；而后者的推行则将倒逼征地范围的缩小,两者相辅相成。公平市场价值补偿的确立是土地发展权植入物权体系和集体建设用地入市改革的必然结果,同时最高最优使用规则的适用也有赖于建设用地供给制度由单轨制向双轨制改革。一旦将集体经营性建设用地入市上升为正式的土地制度,甚至进一步统筹城乡建设用地,那么“唯有通过征收才能成为建设用地”的障碍便会消除,集体土地在保留所有权的前提下也就有转为建设用地的法律可行性。也正因如此,最高最优使用规则可以在我国集体土地征收增值收益分配中发挥关键作用。与此同时,公平补偿的宪法义务不仅是钳制政府肆意伸手的安全锁,还是通过征收实现公共利益、促进公共福祉的传送带。最后,只有确立了公平市场价值补偿,才能为特别受益费的创设完成制度供给。

绪　论

一、问题之缘起

在农业社会中,土地的基础功能是维系生存,而当时农民的最高理想在于"均田地,轻徭赋"。中华人民共和国成立伊始的土地改革和改革开放初期的家庭联产承包责任制无疑是对这种均田思路的延续。但是随着城市化和工业化的发展,原本主要依土壤肥沃程度不同而形成的差异的土地价值结构发生了根本的变化和调整,集体土地,尤其是城市郊区集体土地的价值出现了惊人的增加,并迅速成为财富的主要载体之一。[1]敏锐的学者们也早已意识到,在中国语境下,土地制度的变革不仅关乎财富的分配,而且也会影响整个国家的现代化和民主化。[2]

因而,中国土地制度的变革必须积极回应改革开放、市场经济和法治现代化的需求,而中国农村土地制度的顶层设计也必须服务于中国特色社会主义制度的建设。[3]但由于中国农村土地的身份属性以及土地制度和户籍、社会保障

---

〔1〕 事实上,土地作为一种财富的载体并可用于分配,一直以来都是经济学家、政治学家、法学家等研究和讨论的话题。纵观中华人民共和国的土地发展史可以发现,作为按要素分配的土地收益分配曾一度被取缔,直至20世纪90年代,土地二元所有制的建立、按要素分配制度的实施以及国有土地有偿使用制度的开启,才使土地收益分配问题得以显化。

〔2〕 参见沈开举主编:《中国土地制度改革研究》,法律出版社2014年版,第1页。

〔3〕 党的十八大以来,农村土地制度改革的步伐不断加快。中共中央办公厅、国务院办公厅2015年联合印发《关于农村土地征收、集体经营性建设用地入市、宅基地制度改革试点工作的意见》,开启了"三块地"改革的序幕。在征地制度方面,2019年修正的《土地管理法》对征地中公共利益的内涵、程序、补偿标准等进行了完善,并将"保障被征地农民原有生活水平不降低、长远生计有保障"纳入立法。在集体经营性建设用地改革方面,2022年9月6日,中央全面深化改革委员会第二十七次会议审议通过了《关于深化农村集体经营性建设用地入市试点工作的指导意见》,对深化农村集体经营性建设用地入市试点工作提出了新要求。在宅基地改革方面,《中共中央国务院关于实施乡村振兴战略的意见》(2018年中央一号文件)首次提出"探索宅基地所有权、资格权、使用权'三权分置',落实宅基地集体所有权,保障宅基地农户资格权和农民房屋财产权,适度放活宅基地和农民房屋使用权",2020年6月中央全面深化改革委员会第十四次会议通过《深化农村宅基地制度改革试点方案》,加快了宅基地制度改革的步伐。党的二十大报告再次强调:"深化农村土地制度改革,赋予农民更加充分的财产权益。保障进城落户农民合法土地权益,鼓励依法自愿有偿转让。"

千丝万缕的联系，土地上承载了包括社会稳定、经济效率、社会公平等在内的多重价值目标，这使改革过程中的利益格局和较量格外复杂。[1]其中包括土地增值收益分配机制改革在内的土地征收制度改革是当下土地改革的核心所在。[2]基于目前的征地模式，要使用土地进行开发建设必须申请使用国有土地，“农转建”的增值收益也主要由政府通过这种方式直接获得，并通过各种形式进行不同程度的二次分配。[3]与之相反的是，随着矛盾冲突的加剧和农民谈判能力的提高，各地政府被迫在法定补偿之外提高征地补偿标准，甚至出现农民一夜暴富的情形。社科院《2011 年中国社会形势分析与预测蓝皮书》表明，与土地有关的农村集体纠纷占到总纠纷数量的 73%，因征地产生的纠纷在其中高达 40%，征地补偿和安置问题更是在征地纠纷中占比达 87%。现实中，农地非公益征收的无序扩张、地方政府对土地财政的高度依赖等现象均可在土地征收增值收益的分配机制中寻找到内在的关联。[4]

而在上层建筑的设计上，也同样遇到了难以自洽的问题。从理论建构的主体而言，土地立法由法学家主导，而具体操作由管理学家和经济学家主导，两者

---

〔1〕 参见宋志红：《中国农村土地制度改革研究——思路、难点与制度建设》，中国人民大学出版社 2017 年版，第 1 页。

〔2〕 农用地和宅基地虽然直接承担着农民的生存和居住保障功能，但就其财产价值而言，均与“农转建”相差甚远；同时对于宅基地上的房屋的征收补偿问题，根据中共中央纪委办公厅、监察部办公厅《关于加强监督检查进一步规范征地拆迁行为的通知》的规定，在《土地管理法》等法律法规作出修订之前，集体土地上房屋拆迁，要参照《国有土地上房屋征收与补偿条例》的精神执行，因此也不是矛盾的关键；而集体经营性建设用地入市改革与征地制度改革以及土地增值收益的分配具有不可分割的关系，因为如果打开集体经营性建设用地入市的口子，一方面可以倒逼征地范围的缩小，改革供地模式；另一方面可以让农民直接成为交易主体分享增值收益，而不是通过政府分享增值收益。所以，包括土地增值收益分配机制改革在内的土地征收制度改革是当下土地改革的核心所在。

〔3〕 这套制度号称是世界上最严格的土地用途管制制度。1998 年以特殊保护耕地、严格控制建设用地为目标修改《土地管理法》，在计划经济思维定式下制定了一套土地用途管制制度，这套制度概括而言体现出三大特征：第一，以土地发展权（我国的建设用地使用权）属于国家为法理基础，取消集体土地上业已普遍存在的、民间自发创设的建设用地使用权；限制农村宅基地使用权流动；规定农村集体经济组织自用以外的非农建设必须使用国有土地；扩大征地范围，由政府统一建设用地的配置与供给。第二，政府编制土地利用总体规划，制定规划期末的耕地保有量、基本农田保护区面积、建设用地总规模等指令性控制指标，层层分解下达基层，按指标划定土地利用区，确定每块土地的用途；法律规定单位与个人必须严格按规划确定的用途使用土地；编制年度土地利用计划，规定每年新增建设用地量、占用农地和耕地量等控制指标，管制年度土地转用的进度。第三，规定严格的行政审批制度，但凡土地用途转变和权属转移都要经过行政审批，以保证规划、计划指标的实施；把土地利用的宏观调控变成全面的、严格的个量管理。

〔4〕 参见刘守英：《中国土地问题调查——土地权利的底层视角》，北京大学出版社 2017 年版，第 153～199 页。

在价值取向、理论逻辑、话语体系等方面都存在不融合之处,导致立法体系在回应改革需求之时总是力不从心。因此,处理好土地制度改革与法治的关系,做到"重大改革于法有据",是我们法律共同体应有的责任。同时,土地征收和增值收益分配制度的改革缺乏成熟的理论基础,如土地发展权的性质和归属、公共利益的界定模式、宪法"征地悖论"条款的解释等都需要我们在改革的框架下积极创新法学理论,阐释、规范和引领实践。曾经很多法学家都对《土地管理法》的修改抱有很高期望,但由于土地立法的变革利益关系复杂,直到2019年《土地管理法》才完成第三次修正,且依然无法完全落实党的十八大和十九大精神。[1]

笔者并无野心在一片荆棘中构建新时代中国土地管理制度的全貌,而是将目光聚焦于土地征收补偿的沼泽中,并试图在改革的大框架下,通过新的制度架构建立健全农地征收增值收益分配制度,从理论、立法和实践三个维度服务于土地制度的改革。而始终萦绕在笔者脑海中的核心问题是:基于不同原因产生的增值之间关系错综复杂,理论和现实中应当如何区分?如果无法具体区分,增值收益又应当如何分配?

以上,是问题之缘起与本书研究之初衷。

二、已有研究述评

学界对于集体土地征收增值收益分配的研究主要围绕着"土地增值收益产生的机理"、"土地增值收益的分配主体"、"土地增值收益分配的方式"和"土地增值收益分配的比例"这四个问题展开,相应地试图回答以下四个问题:土地增值收益来自何处?哪些主体有权分享土地增值收益?土地增值收益怎么分配?土地增值收益应该按照何种比例分配?因此,笔者将沿着"产生机理—分配主体—分配方式—分配比例"的逻辑进路对已有学术研究进行梳理。

---

〔1〕 党的十八大报告指出,"要更大程度更广范围发挥市场在资源配置中的基础性作用,完善宏观调控体系,完善开放型经济体系,推动经济更有效率、更加公平、更可持续发展;要让广大农民平等参与现代化进程、共同分享现代化成果;要依法维护农民土地承包经营权、宅基地使用权、集体收益分配权;要改革征地制度,提高农民在土地增值收益中的分配比例"。党的十九大报告指出,"要贯彻新发展理念,建设现代化经济体系。而建设现代化经济体系,必须'巩固和完善农村基本经营制度,深化农村土地制度改革,完善承包地"三权"分置制度。保持土地承包关系稳定并长久不变';必须'深化农村集体产权制度改革,保障农民财产权益,壮大集体经济';必须'以完善产权制度和要素市场化配置为重点,实现产权有效激励、要素自由流动、价格反应灵活、竞争公平有序、企业优胜劣汰'"。

(一)土地增值收益产生机理:从经济原理到法学理念

土地增值收益产生的机理并非一个新的问题,但却是理解土地增值收益分配问题的源头。因为无论分配制度如何架构都必须清晰地回答为何土地征收会带来增值收益。

关于土地增值的机理,从历史维度考察,经济学家在这一领域掌握了绝对的话语权,国内外经济学家们多运用经济学原理对这一问题进行探究。外国学者主要从地租和地价两个层面进行了长时间的争论与探讨,并强调土地增值反映了土地价值的动态变化。17 世纪中叶至 19 世纪初,古典政治经济学家们将研究重点置于劳动价值理论、级差地租和土地产品,并为后续研究贡献了大量的基础理论。这一时期的代表性人物有佩第(Petty)、魁奈(Quesnay)、杜尔哥(Turgot)、斯密(Smith)、安德森(Ansell)、威斯特(West)和李嘉图(Ricardo)。[1] 19 世纪上半叶,萨伊(Say)、马尔萨斯(Malthus)[2]和杜能(Thünen)等政治经济学家进一步发展了地租理论,其中,杜能在论证其地租理论时预设了一个"孤立国"前提,提出了区位地租理论。[3] 19 世纪下半叶,马克思(Marx)和恩格斯(Engels)以劳动价值理论为主要线索,将资本主义地租理解为剩余价值的转化形式,并将之分为绝对地租、级差地租和垄断地租,而土地价格则是地租的资本化体现。20 世纪初至 20 世纪下半叶,美国学者阿郎索(Alonso)发展了杜能的区位地租理论,并将其运用于城市土地,建立了土地利用竞租理论的数学模型,成为当代城市土地经济学的关键理论之一。[4] 随后,穆斯(Muth)、米尔斯(Mills)、索洛(Solow)等对其进行了发展,形成了土地利用和土地市场价格之间的简单一致性模型和数学算法。但是上述理论都建立在一个假设之上,即土

---

〔1〕 佩第提出了级差地租的最初概念,并认为土地价格 = 年租 × 21。魁奈提出了"纯产品"学说,并认为农业中因自然界的帮助而生产的剩余产品(纯产品)以地租的形式归土地所有者所有。杜尔哥认为"纯产品"是由农业劳动者生产出来的,由于土地私有权的存在使这部分"纯产品"归土地所有者所有。斯密系统地研究了地租理论、绝对地租、级差地租、建筑地租、第一性地租、派生性地租等。安德森提出了土地相对肥沃的概念,认为地租来源于生产土地产品的劳动,土地产品的价格决定地租,而不是相反。威斯特认为级差地租以土地耕种的下降序列为前提,土地产品的边际收益是递减的。李嘉图在劳动价值论的基础上阐明地租理论,只承认级差地租,否认绝对地租的存在。

〔2〕 萨伊了提出"三位一体"的分配论,认为工资是劳动的补偿,利息是资本的补偿,地租是使用土地的补偿。马尔萨斯认为地租是自然对人类的恩赐。

〔3〕 参见[德]约翰·冯·杜能:《孤立国同农业和国民经济的关系》,吴衡康译,商务印书馆 1986 年版,第 1 页以下。

〔4〕 参见[美]威廉·阿朗索:《区位和土地利用——地租的一般理论》,梁进社、李平、王大伟译,商务印书馆 2007 年版,第 22 页以下。

地是均质的,而现实情况远比假设和模型复杂得多,因此实际上这一领域的研究对解决实际问题的贡献并不明显。

国内学者对土地增值收益产生机理的研究主要采取三种进路:第一种将增值进行分解,并从横向和纵向两个维度进行分析。通过横向分析,有学者总结了土地增值产生机理的三大种类:投资性增值(直接投资性增值和外部投资性增值)、供求性增值与用途性增值,这也是目前最全面和最主流的学说。[1]通过纵向分析,有学者以土地利用与开发状态为时间轴探讨了土地增值的形态,并将其分为征地环节、土地出让环节和房地产开发环节三个部分,就征地环节而言,认为"基于原用途补偿的原则,现实中的征地补偿通常均高于其农用条件下的价格,由此征地补偿与农用地价格之间形成了征地环节的增值"[2]。第二种以"土地用途转化"为视角分析土地增值收益的主要来源,认为土地增值的主要原因在于从低效率的集体农业用地或者未利用土地向集体建设用地或者国有建设用地的转化。[3]第三种以"政府—市场"的作用入手,认为土地增值的主要原因是市场失灵和政府失灵。[4]其余的研究虽然存在些许差异,但基本可归为上述三类。

从上述研究进路可见,土地增值收益的产生机理主要是经济学研究的范畴,古往今来的经济学家们对土地增值这一现象进行了细致入微的观察,并以此为基础提出了解释性方案。但是集体土地征收的增值是一个极具中国特色的概念和问题,因为从严格意义上讲,土地征收是政府基于公共利益的需要,在公正补偿的前提下对土地所有权的一种"剥夺",在英国称为"强制购买",征收行为本身并不会产生土地的增值。在理想状态下,土地所有者享有的财产价值也并不会因为征收行为而有减损或者增益。在中国语境下,国家垄断建设用地一级市场是集体土地征收增值收益产生的根本原因,国外学者的研究仅仅立足于一般意义上的土地增值。然而,国内学者对这一中国化问题的研究也缺乏法

---

〔1〕 参见周诚:《论土地增值及其政策取向》,载《经济研究》1994 年第 11 期;刘江涛、张波:《城市边缘区土地增值收益分配管理研究综述》,载《经济问题探索》2012 年第 8 期;穆向丽、巩前文:《城乡建设用地增减挂钩中农民宅基地增值收益形成及估算》,载《华中农业大学学报(社会科学版)》2014 年第 3 期。

〔2〕 林瑞瑞、朱道林、刘晶、周鑫:《土地增值产生环节及收益分配关系研究》,载《中国土地科学》2013 年第 2 期。

〔3〕 参见俞静琰:《土地增值收益及其分配问题探讨》,载《上海国土资源》2013 年第 3 期。

〔4〕 参见马贤磊、曲福田:《经济转型期土地征收增值收益形成机理及其分配》,载《中国土地科学》2006 年第 5 期。

学内部性视角的说服力，尽管也有学者尝试以农民权利为基础展开立法研究，[1]但对增值收益产生机理的法学术语转化和由此引起的法学权利义务变化的研究明显不足。因此，将这一命题从单纯的经济学概念发展成法学体系的内容，探究其在法学范畴内的意义显得尤为迫切。

（二）土地增值收益的分配主体：从政治经济学分析到宪法规范

1. 基于政治经济学的增值收益归属研究

对土地增值收益分配主体的研究要解决的是各个主体，尤其是农民集体分享增值收益的正当性问题，亦即为什么农民集体也应该分享增值收益。对这一问题的回答决定了分配的合理性和选择分配模式的进路。长久以来，政治经济学家们对此问题的讨论主要围绕着“涨价归公”、“涨价归私”和“公私兼顾”而展开。

“涨价归公”曾是土地增值收益分配的主流论点，19 世纪便已存在相关理论。英国著名经济学家穆勒（John Stuart Mill）最早提出了“涨价归公”理论，他认为“自然原因”引起的土地增值应当一律归公，因为土地价值上涨本质上是社会进步的结果，而国家是社会利益的代表。亨利·乔治（Henry George）是支持这一主张的学者中最具历史影响力的人物，他认为：“土地价值不表示生产的报酬……它在任何情况下都不是占有土地者个人创造的；而是由社会发展创造的。因此，社会可以把它全部拿过来。”[2]随后，亨利·乔治发起了土地单一税运动，试图通过土地税将土地变成一种公共财产。这一运动在全世界都产生了巨大影响，近年来美国兴起的“土地价值捕获”（land value capture）理论也不失为一种涨价归公的形式。孙中山也深受这一理论的影响，提出了“平均地权”的口号，主张将涨价的部分收归国有，因为“地价高涨，是由于社会改良和工商业的进步”带来的。[3]这一观点目前逐渐失去了原有的影响力，坚持这一论点的代表性学者主要有陈柏峰、华生等。[4]

“涨价归私”和“公私兼顾”论者的观点事实上是一致的，他们都以产权理论为基础进行论证，土地的所有者和土地的投资者自然应当成为土地增值收益的享受者。只是“公私兼顾”论者走得更远，在主张对农民集体的土地权利充分

---

〔1〕 参见陈小君等：《农村土地问题立法研究》，经济科学出版社 2012 年版，第 262 ~ 284 页。

〔2〕 参见［美］亨利·乔治：《进步与贫困》，吴良建、王翼龙译，商务印书馆 1995 年版，第 347 页。

〔3〕 参见孙中山：《三民主义》，岳麓书社 2000 年版，第 200 页。

〔4〕 参见陈柏峰：《土地发展权的理论基础与制度前景》，载《法学研究》2012 年第 4 期。

尊重的同时,也考虑到了政府为此的投入和更复杂的城市化动力等问题。持有这一观点的代表性学者有周其仁、沈开举、郑振源、张小铁等。〔1〕

2. 基于中国宪法规范的法教义学尝试

上述论证固然经典,但避免不了大开大合,且多建立在理想和假设之上。值得注意的是,近年来有不少学者尝试着从我国宪法规范内部寻求土地增值收益分配的宪法秩序,学者们所关注的重点主要集中于集体所有和国家所有这两个概念上。之所以将目光聚焦于这一对概念,是因为根据《宪法》的规定,城市的土地属于国家所有,农村和城市郊区的土地,除由法律规定属于国家所有的以外,属于集体所有。对集体所有和国家所有的理解直接关涉集体土地入市流转的合宪性,进而撼动整个征地制度和建设用地供应制度,最终影响集体土地征收增值收益分配主体的确定。

就集体所有的宪法解释而言,随着土地改革的不断深入和土地征收补偿中矛盾的日益凸显,宪法学家通过不同维度的认知提出了四种较为典型的观点。第一种从所有权的单一属性入手,认为集体所有在我国宪法中并非虚置的概念,而可以是一种"实质性的所有权",也即"全体村民所有",其中"宅基地和承包地使用权应被直接赋予个体农户",其他未分配的由村委会代为妥善管理。这种解释依旧带有较为浓厚的民法所有权的色彩。第二种将宪法上的集体所有解构为三重结构:作为公共财产的"集体所有"、宪法层面的集体财产权(征收或者流转等产生的经济收益)、宪法层面的农民个体财产权。〔2〕第三种从所有权双重属性分析,认为无论是将集体所有界定为私法上的所有权还是公法意义上的所有权均是片面的,事实上我国宪法上集体所有这一概念兼具公私双重属性,只是两者在土地权利中的权重会出现此消彼长的情形。〔3〕第四种则从历史的维度认识到"土地集体所有的概念必须在时间之流中才能理解",并认为集体所有从诞生之初经历了"作为国家权力的土地集体所有"、"作为国家政策的土地集体所有"和"作为基本权利的土地集体所有"三个历史阶段,当下,土地集体

---

〔1〕 参见周其仁:《农地征用垄断不经济》,载《中国改革》2001年第12期;方涧、沈开举:《土地征收中的公平补偿与增值收益分配》,载《北京理工大学学报(社会科学版)》2017年第3期;郑振源:《征地制度需要改革》,载《中国土地》2000年第10期;张小铁:《市场经济与征地制度》,载《中国土地科学》1996年第1期。

〔2〕 参见李忠夏:《农村土地流转的合宪性分析》,载《中国法学》2015年第4期。

〔3〕 参见杨海坤:《农民权利的公法保护》,北京大学出版社2015年版,第258页。

所有乃宪法上之基本权利。[1]

与集体所有相对应的是宪法上关于国家所有概念的讨论,因为这一概念与我国征地制度的关系错综复杂,学界亦称为"征地悖论"。关于这一概念的讨论最后演变成对《宪法》第10条的解释和对集体土地入市流转合宪性的辨析,并直接影响土地征收增值收益分配的宪法释义。

陈甦教授敏锐地观察到我国"土地所有权的变更具有不按土地征用制度进行并通过社区性质变更实现的特征",并将此定义为"集体土地的概括国有化"[2]。周其仁教授在此基础上提出了著名的"征地悖论",也即农用地必须通过征收才能用于城市建设,而征收的前提是为了公共利益,那么非公共利益性质的农地转用应当如何处理?一方面,如果不通过征地的方式,则会违反城市土地为国有土地的宪法规范;另一方面,如果通过征地的方式,显然也违反了为了公共利益才可征地的宪法规定。[3]

随后,这一问题逐渐吸引了不少学者的关注,学界对这一问题的研究主要从法教义学角度入手,对《宪法》第10条展开了多维度的解释学作业,并形成了"历史确认说"[4]、"无偿国有化说"[5]、"市民化说"[6]、"制度保障性说"[7]和"授权规范说"[8]等不同的解释方案。目前这些解释方案尽管在内部还无法达成一致,但均指向了同一个方向,即"将城市化与土地征收脱钩",同时在客观上也极大地促进了我国宪法教义学的发展。在此基础上,有学者进一步指出,"土地的使用权可以依照法律的规定转让"这一条款的精神原理在于"通过宪法延迟减低决策成本和错误成本,为集体土地管理制度的进一步演化提供框架、划定边界"[9],故而集体土地入市流转并不存在合宪性危机。

---

〔1〕 参见刘连泰:《"土地属于集体所有"的规范属性》,载《中国法学》2016年第3期。

〔2〕 陈甦:《城市化过程中集体土地的概括国有化》,载《法学研究》2000年第3期。

〔3〕 参见周其仁:《农地产权与征地制度——中国城市化面临的重大选择》,载《经济学(季刊)》2004年第4期。

〔4〕 彭錞:《"征地悖论"成立吗?——八二宪法城市土地国有条款再解释》,载《法制与社会发展》2016年第2期。

〔5〕 肖明新:《城市的土地属于国家所有的逻辑与实施——兼论什么是我国〈宪法〉上的城市》,载《政治与法律》2016年第8期。

〔6〕 黄忠:《城市化与"入城"集体土地的归属》,载《法学研究》2014年第4期。

〔7〕 刘练军:《城市土地国家所有制度性保障说》,载《政治与法律》2016年第9期。

〔8〕 程雪阳:《中国宪法上国家所有的规范含义》,载《法学研究》2015年第4期。

〔9〕 彭錞:《〈土地管理法〉合宪性争议再反思——兼论立法形成条款的成因与边界》,载《清华法学》2018年第6期。

事实上,对于分配主体问题的讨论具有基础性意义。这一问题随着“涨价归属”的政治经济学探索逐渐聚焦于我国法律体系中的集体所有和国家所有的解释。本书认为,作为整体的征收增值可以看成由社会经济发展引起的辐射增值、由政府治理引起的土地增值和由土地稀缺性决定的增值三个部分。其中,前两者是由外部因素引起的增值,属于价值返还的范畴,应基于价值捕获进行开发利益公共还原;而最后一种增值是土地自身的因素引起的,收益分配属于产权权利束中的一部分,这种增值理应归所有权人所有。农民集体是农村土地的所有者,土地增值收益权的归属完全取决于农地收益权的归属,而农地收益权是农地产权束中的重要组成部分,因此,土地增值收益应当为土地所有者所拥有。虽然说政府在推动城市建设、改善基础设施和经济环境等方面的积极行为产生了对周边土地价格影响的正外部性,但是,就政府而言,其权利是要求对这种正外部性产生的经济利益的分享权,即获得正外部性的报酬,而不是享有这种收益的所有权。但与此同时,学界也存在不同的声音,有学者从宪法内部考察,认为我国土地制度的最高宪法原则乃“消灭土地食利阶层”,并在此基础上实现土地的“溢价归公”。而在实践中,国家通过垄断建设用地一级市场获得土地的自然增值,并通过将之转化为公共财政的方式实现“地利共享”,因此现行征地制度无须进行根本性变革,“溢价归公”也有一定的宪法基础。[1]持此观点的主要有贺雪峰教授和桂华教授。

总体而言,尽管学界的争论并无休止,但一个明显的倾向是,关于集体土地增值收益分配的主要原则,学界的研究已然逐渐从宏观的政治学或者经济学分析转向了法教义学的分析,尤为突出的是通过对宪法条款的法教义学解读寻找解释的可能性。

(三)土地增值收益分配方式:从纯粹补偿标准到土地发展权

1. 征收补偿的国家管制模式:公共利益与补偿标准

“土地征收与补偿制度”和“土地增值收益分配”是两个不能割裂的命题,因为在我国特殊的建设用地供给制模式下,征收范围、补偿标准与最终增值的形成和分配相互关联,甚至可以说现有的土地增值收益分配方式是当下土地征收补偿模式的延续,并发展出了货币安置、产权置换、就地安置等方式。因而架构增值收益分配制度的关键是重新解读征收与补偿制度这一元问题。

---

〔1〕 参见贺雪峰:《中国土地制度的宪法性质》,载《文化纵横》2013 年第 6 期;桂华:《城乡建设用地二元制度合法性辨析——兼论我国土地宪法秩序》,载《法学评论》2016 年第 1 期。

问题的本源之一在于公共利益的认定。无论是我国《宪法》还是美国、日本等国的《宪法》,均将公共利益作为征收的核心要件之一,各国的表述虽然有所差异,但立宪者想反映的精神内核和价值取向大体是一致的。[1]在我国,主流观点也认为,现行集体土地征收制度的症结在于"公共利益认定的泛化"[2]。但究竟何谓公共利益?这个追问犹如一个盘旋在人类上空的"幽灵",又如一座"崇高的圣杯",困扰着一代又一代的学者。与之密切相关的另一个现实诘问是:是否可以将征收的不动产用于商业开发?面对这些质疑,有学者直接从根源上否定了这一命题,最具代表性的是德沃金(Ronald - Myles - Dworkin)和边沁(Jeremy Bentham)。德沃金认为公共利益乃政策之范畴而非原则之范畴,原则阐述个人之权利,政策阐述集体之福利。[3]这一政策从特性上讲,是柔性而可妥协的,因此对其下一个客观周延的定义几乎没有可能。而边沁则直接将个人利益与公共利益相关联,认为若公共利益不能通兑为个人利益,则公共利益就是虚幻的。[4]

尽管如此,依然有学者试图从实体上界定何谓公共利益。代表性的学者有德国公法学家洛厚德(Leuthold)、纽曼(Neumann),英国公法与比较法学家贝尔(Bell)、米尔恩(Milne)。洛厚德在其论著《公共利益与行政法的公共诉讼》中研究了行政法视域下公共利益的本质内涵,并得出了一个基本结论,认为公共利益乃"一个相关空间内关系人数的大多数人的利益"[5]。纽曼在《在公私法中关于税捐制度、公益征收之公益的区别》一文中改造了洛厚德的观点,认为公共利益并不存在空间限制,即为"一个不确定之多数成员所涉及的利益"。很显然,上述对公共利益的界定或过于狭隘或趋于矛盾,关于"多数",可以引发出无尽的追问。与大陆法系学者相比,英美法系学者试图从更精细的角度对公共利益进行归纳整理,如贝尔认为公共利益凸显的是社会基本价值,而这些社会价

---

[1] 我国《宪法》第13条第3款规定:"国家为了公共利益的需要,可以依照法律规定对公民的私有财产实行征收或者征用并给予补偿。"《美国宪法第五修正案》规定:"未经公正补偿,不得为公共使用而征收私人财产。"日本《宪法》第29条规定:"财产权不得侵犯。财产权的内容,应符合公共福祉,以法律规定之。私有财产在正当补偿下得收为公用。"

[2] 蔡乐渭:《从拟制走向虚无——土地征收中"公共利益"的演变》,载《政法论坛》2012年第6期。

[3] 参见[美]罗纳德·德沃金:《认真对待权利》,信春鹰、吴玉章译,中国大百科全书出版社1998年版,第41页。

[4] 参见[英]边沁:《道德与立法原理导论》,时殷弘译,商务印书馆2000年版,第58页。

[5] 转引自刘连泰:《宪法文本中的征收规范解释——以中国宪法第十三条第三款为中心》,中国政法大学出版社2014年版,第64页;参见陈新民:《德国公法学基础理论》(上册),山东人民出版社2001年版,第184页。

值虽然无法穷尽但却可以归纳。[1]这一定义在米尔恩的《公共利益、政治悖论及其判断》中遭受了驳斥,因为米尔恩认为这些所谓的社会价值没有一种具有决定性,因而在各种价值面前很难达成一致,这是一个政治悖论。[2]在美国,尤其是凯洛(Kelo)案之后,关于公共利益的讨论达到了高潮,其中最具代表性的学者是索敏(Somin),他以凯洛案为引,系统地论述了征收和财产保护之间的紧张关系,但是也无法给公共利益下一个准确的定义,因为从1787年宪法诞生以来,在美国,公共利益的内涵一直处于动态变化之中。[3]也有中国学者对此进行了更为细致的类型化研究,并将公共利益用地定义为:"(1)凡直接的公共事业用途;(2)具有公共利益性质的一切其他用途;(3)以及为实施上述用途所必需的相关设施和附属设施用地",并列举了十二类直接的公共利益用地和十一类准公共利益用地。[4]但是很显然,或许这能在一定程度上缓解实践中的痛楚,却无法根除病症。

在实体性定义公共利益四处碰壁之后,学者们将目光转向了程序性解释,即从"何谓公共利益"转向"谁来界定公共利益"和"如何界定公共利益"。事实上,柏拉图(Plato)在其《国家篇》中就有过经典论述:"'公共利益'之争,核心并不在于'公共利益'的准确定义,而是在于如何定义——如何通过国家机器与民众之间达成共识而确定'公共利益'……"[5]类似的观点在美国学界并不鲜见,[6]中国学者同样做出了不懈的努力,如胡鸿高教授采用要素解释的方法,通

---

〔1〕 See John Bell, *Public Interest: Policy or Principle*, in Roger Brownsword ed. ,Law and The Public Interest,Franz Steiner Verlag Stuttgart, 1993, p.30.

〔2〕 See A. J. M. Milne, *The Public Interest: Political Controversy, and the Judges*, in Roger Brownsword ed. ,Law and The Public Interest,Franz Steiner Verlag Stuttgart, 1993, p.39. 另可参见麻宝斌:《公共利益与公共悖论》,载《江苏社会科学》2002年第1期。

〔3〕 See Ilya Somin: *The Grasping Hand: Kelo v. City of New London and the Limits of Eminent Domain*, Chicago and London: The University of Chicago Press, 2014, p.232 – 245.

〔4〕 参见汪晖:《中国征地制度改革:理论、事实与政策组合》,浙江大学出版社2013年版,第37~43页;另可参见王利明:《论征收制度中的公共利益》,载《政法论坛》2009年第2期;倪斐:《公共利益的法律类型化研究——规范目的标准的提出与展开》,载《法商研究》2010年第3期;张玉洁:《法律文本中"公共利益"的法规范分析——以类型理论为视角》,载《大连理工大学学报(社会科学版)》2014年第4期。

〔5〕 [古希腊]柏拉图:《柏拉图全集》(第2卷),王晓朝译,人民出版社2002年版,第290页以下。

〔6〕 See Joseph J. Lazzarotti, *Public Use or Public Abuse*, 68 UMKC L. Rev. 49 – 76 (1999); Thomas W. Merrill, *Economics of Public Use*, 72 Comell L. Rev. 61 – 116 (1986); Glen H. Jr. Sturtevant, *Economic Development as Public Use: Why Justice Ryan's Poletown Dissent Provided a Better Way to Decide Kelo and Future Public Use Cases*, 15 Fed. Cir. B. J. 201 – 254 (2005); Richard A. Epstein, *Public Use in a Post – Kelo World*, 17 Sup. Ct. Econ. Rev. 151 – 172 (2009).

过对公共利益的历史解释、本体解释、主体解释和程序解释，阐述公共利益的内涵。[1]胡锦光教授等主张："通过违宪审查和宪法委托的制度，使普通立法中的'公共利益'具有合宪性和明确性。"[2]另外，具有代表性的学者还有房绍坤、杨峰、刘向民、许中缘、高志宏、钱弘道、李凤章等。[3]

一部分国内学者的研究则把问题指向了一个更加中国化的命题：如何区分中国征地模式中的公共利益和商业利益，如何缓解征地公共利益和城市化之间的紧张关系，确保失地农民的权益？传统观点认为，公共利益与商业利益存在巨大分野，征收的不动产并不能用于商业开发，否则将违反征收应基于公共利益的规定。但也有学者对此提出了不同意见，如刘连泰教授认为："将征收的不动产用于商业开发并非一律违宪。商业利益并非一定与公共利益相冲突，公共利益经常与商业利益混杂在一起。公共利益有多种实现机制，通过公共权力部门实现公共利益只是其中的一种方式。"[4]代表性学者还有蔡乐渭、欧阳君君、刘国臻等。[5]应当说，学界对公共利益的讨论由来已久，对其内涵的认知和理论上的知识储备也几近饱和，但同时这又是一个无尽的话题，时至今日，面对当下的中国问题，学者们的目光所向之处或许不应该仅仅是"公共利益"这四个大字，而更应该关心其本土适用性。

除了界定公共利益之外，国内外也有为数不少的学者将精力投入了补偿标

---

〔1〕 参见胡鸿高：《论公共利益的法律界定——从要素解释的路径》，载《中国法学》2008 年第 4 期。

〔2〕 胡锦光、王锴：《论我国宪法中"公共利益"的界定》，载《中国法学》2005 年第 1 期。

〔3〕 参见房绍坤：《论征收中"公共利益"界定的程序机制》，载《法学家》2010 年第 6 期；杨峰：《财产征收中"公共利益"如何确定》，载《法学》2005 年第 10 期；刘向民：《中美征收制度重要问题之比较》，载《中国法学》2007 年第 6 期；许中缘：《论公共利益的程序控制——以法国不动产征收作为比较对象》，载《环球法律评论》2008 年第 3 期；高志宏：《"公共利益"：立法梳理与学术反思》，载《苏州大学学报（哲学社会科学版）》2013 年第 2 期；钱弘道、吴亮：《论行政征收的公共利益判断》，载《法律科学（西北政法大学学报）》2007 年第 6 期；李凤章：《公共利益：开放内容及其边界》，载《法制与社会发展》2008 年第 6 期；陈年冰、王凯锋：《论集体土地征收中"公共利益"的程序控制——以农民土地权利的保护为视角》，载《暨南学报（哲学社会科学版）》2009 年第 5 期；张旭东、谢云飞：《公共利益的界定及程序保障之设置——以规范我国征收征用制度为考察目的》，载《福建论坛（人文社会科学版）》2008 年第 1 期。

〔4〕 刘连泰：《将征收的不动产用于商业开发是否违宪——对美国相关判例的考察》，载《法商研究》2009 年第 3 期。

〔5〕 参见蔡乐渭：《从拟制走向虚无——土地征收中"公共利益"的演变》，载《政法论坛》2012 年第 6 期；欧阳君君：《集体土地征收中的公共利益及其界定》，载《苏州大学学报（哲学社会科学版）》2013 年第 1 期；欧阳君君：《如何抑制经济发展型征收——美国经验与启示》，载《海南大学学报（人文社会科学版）》2016 年第 5 期；刘国臻：《论我国土地征收公共利益目的之边界》，载《中国行政管理》2010 年第 9 期。

准这一领域。

土地征收增值收益分配方式的核心在于土地征收的补偿标准。尽管此次修改后的《土地管理法》将沿用多年的“产值倍数法”修改为“区片综合地价”，但与学术界呼吁的“市场价值”依旧有差距。尽管少数学者支持目前的补偿方式，但学术界更为普遍的观点是应当按照市场价值进行公正补偿，再通过税收或者其他形式进行增值收益的二次分配。

应当说，中国学者研究征收补偿标准的浪潮在2004年之后，并且是随着土地征收和集体建设用地制度改革而展开的。2004年，我国通过修改《宪法》确立了“公益征收 + 私益流转”的建设用地供给新模式。同年修改了《土地管理法》后，对2007年修改了《城市房地产管理法》。自此开始，法律学者们重点关注的是土地征收补偿制度，除了关注公共利益之外，学者们还普遍认为制度存在征收程序不完善、补偿标准偏低、补偿方式单一等问题。为了促进土地法治的进步，学者们就如何解决这些问题开展了大量的研究，尤其是对于如何确立补偿标准，更是倾注了大量心血。

概言之，中国学者主要从以下三种进路探索了这一命题：第一，比较法研究，通过对国外征收补偿制度的介绍寻求潜在的移植可能性，其中又以美国法为甚，并普遍将补偿标准指向了公平市场价值。[1]第二，从历史维度展开论述，在我国特殊的政治文化制度土壤上寻求解决之道，认为土地征收补偿制度的改革与完善必须从其赖以生存的制度与社会环境着手。[2]第三，从我国的立法和司法角度着手，认为我国目前的征收补偿立法层级低、补偿倍数较低，而司法也

---

[1] 沈开举、方涧：《美国“公平市场价值”补偿方式及启示》，载《中国土地》2015年第12期；刘连泰：《宪法文本中的征收规范解释——以中国宪法第十三条第三款为中心》，中国政法大学出版社2014年版，第189页以下；许迎春、文贯中：《中美农地征收补偿制度比较研究》，载《西北农林科技大学学报（社会科学版）》2013年第5期；宋志红：《美国征收补偿的公平市场价值标准及对我国的启示》，载《法学家》2014年第6期；袁志杰：《德国土地征收补偿法律机制研究》，载《环球法律评论》2016年第3期；黄宇骁：《日本土地征收法制实践及对我国的启示——以公共利益与损失补偿为中心》，载《环球法律评论》2015年第4期；许中缘、陈珍妮：《法中两国不动产征收制度的比较研究》，载《湖南大学学报（社会科学版）》2009年第6期。

[2] 参见蔡乐渭：《中国土地征收补偿制度的演进、现状与前景》，载《政法论坛》2017年第6期；陈小君：《我国〈土地管理法〉修订：历史、原则与制度——以该法第四次修订中的土地权利制度为重点》，载《政治与法律》2012年第5期。

没有充分发挥救济功能，尤其是在补偿标准问题上，很少进行有效的司法审查。[1]

事实上，在西方世界，公共利益对征收的限制也早已无法与公正补偿相提并论，[2]因为经过长时间的实践，学者们发现与其将精力投入在虚无的公共利益中，不如转战更具可操作性的补偿标准。日本、德国、美国以及我国台湾地区的学者们在完全补偿和适当补偿的争论中逐渐趋向于同一个认识，两者也被逐渐赋予接近的内涵——市价补偿。[3]在这一问题上，美国学者的研究成了典范，其建构的公平市场价值也成为各国效仿的对象。美国学者一直在探寻一种简单而客观的标准，并发展出最高最优原则，这是一种财产被征收时的虚拟市场价值，[4]并通过市场计算法、成本还原法、收益预测法等具体方法计算征收补偿的数额。[5]当然也有学者质疑这种观点，认为所谓的公平市场价值并不能给被征收者提供公正补偿。[6]近年来，美国学者多将精力投向管制性征收的补偿问题，代表性学者有尼古拉斯·麦考罗(Nicholas Mercuro)、克里斯托弗·塞尔金

---

〔1〕 参见屈茂辉、周志芳:《中国土地征收补偿标准研究——基于地方立法文本的分析》,载《法学研究》2009 年第 3 期;章文英:《关于房屋征收补偿决定行政案件的司法审查》,载《法律适用》2017 年第 3 期;谭启平:《论房屋征收补偿争议的司法救济》,载《当代法学》2013 年第 5 期;乔仕彤、毛文峥:《行政征收的司法控制之道:基于各高级法院裁判文书的分析》,载《清华法学》2018 年第 4 期。

〔2〕 See Richard Craswell, *Instrumental Theories of Compensation: A Survey*, 40 San Diego Law Review 1135 (2003).

〔3〕 相关论著可参见[日]桥本公直:《宪法上的补偿和政策上的补偿》,载成田赖明编:《行政法的争点》,有斐阁 1980 年版,第 177 页;转引自杨建顺:《日本行政法通论》,中国法制出版社 1998 年版,第 605 页;[日]田中二郎:《新版行政诉讼法》(上卷),弘文堂 1976 年版,第 217 页,转引自杨建顺:《日本行政法通论》,中国法制出版社 1998 年版,第 607 页;陈新民:《中国行政法学原理》,中国政法大学出版社 2002 年版,第 272 页;[德]哈特穆雷·毛雷尔:《行政法学总论》,高家伟译,法律出版社 2000 年版,第 695 ~ 696 页;Frank I. Michelman, *Property, Utility, and Fairness: Comments on the Ethical Foundations of "Just Compensation" Law*, 80 HARV. L. REV. 1165 (1967)。

〔4〕 See Laura H. Burney, *Just Compensation and the Condemnation of Future Interests: Empirical Evidence of the Failure of Fair Market Value*, 1989 Brigham Young University Law Review, 789 - 822 (1989).

〔5〕 See Nancy Ackermann, *Just Compensation, Land - use Regulation, and The Compensable Temporary Taking: First English Evangelical Lutheran Church of Glendale v. County of Los Angeles*, 28 Nat. Resources J. 393, 407 (1988); Lucas J. Asper, *The Fair Market Value Method of Property Valuation in Eminent Domain: Just Compensation or Just Barely Compensating*, 58 S. C. L. Rev. 489 - 508 (2006).

〔6〕 See W. Harold Bigham, *Fair Market Value, Just Compensation and the Constitution: A Critical View*, 24 Vand. L. Rev. 63 - 92 (1970); Ann E Gergen, *Why Fair Market Value Fails as Just Compensation*, 14 Hamline J. Pub. L. & Pol'y. 181 - 202 (1993).

(Christopher Serkin)等。[1]

2. 以土地发展权为核心的分配探索

在对集体土地所有者进行市场化补偿的证成中,学者们通常借助土地发展权这一舶来概念。事实上,无论是对土地征收的补偿,抑或对土地增值收益的分配,学者们逐渐将目光移向市场交易模式,试图通过对土地发展权概念的研究和本土化建构更为合理的市场化交易机制。

土地发展权的概念并没有为我国立法者所认可,目前还处于理论研究阶段,而国外对这一问题的研究几乎比我国早了半个世纪。早在 20 世纪 30 年代国外学者就开始探讨土地发展权,并且在随后的三四十年随着高速的城市化而达到研究的高潮,这种状况一直持续到 21 世纪初。这段时期内,国外学者关注的重点主要在土地发展权的法律性质、运作机理以及其与征收、分区规划的关系等领域。[2]

就土地发展权的性质而言,国外学者主要形成了三种观点:第一种观点认为土地发展权属于地役权的范畴,在土地上设定土地发展权用以限制土地的随意利用与开发,本质上是一种农地保护的工具。[3]第二种观点认为土地发展权属于所有权的范畴,只是随着时代的发展,绝对所有权的概念被削弱,土地发展权逐渐从土地所有权的权利束中分离了出来。[4]第三种观点则认为虽然土地发展权是土地所有权的派生权利,但是它可以独立存在和流转,而当土地发展权不属于土地所有者时,便成了地役权。[5]在土地发展权的运作机理这一问题上,学者们普遍认为应当引入市场交易机制,并通过设立土地发展权银行促进土地

---

[1] See Nicholas Mercuro edited, *The Takings Issue: A Continuing Dilemma in Law and Economics*, Kluwer Academic Publisher, 1992, p.6; Christopher Serkin, *The Meaning of Value: Assessing Just Compensation For Regulatory Takings*, 99 Nw. U. L. Rev. 677 - 742 (2005).

[2] 更详细的研究进展可参见靳相木、沈子龙:《国外土地发展权转让理论研究进展》,载《经济地理》2010 年第 10 期。

[3] See James M. Pedowitz, *Transfers of Air Rights and Development Rights*, 9 Real Prop. Prob. & Tr. J. 183 - 201 (1974).

[4] See Jennifer Frankel, *Past, Present, and Future Constitutional Challenges to Transferable Development Rights*, 74 Wash. L. Rev. 825, 828 (1999).

[5] See PL. Machemer & MD. Kaplowitz, *A Framework for Evaluating Transferable Development Rights Programs*, 45 Journal of Environmental Planning and Management, 773 - 795 (2002).

发展权交易市场的发育。[1]关于土地发展权与征收、分区规划的关系，学界的基本共识是征收是对财产的剥夺，被征收人遭受了特别牺牲因而需要特殊的补偿；但分区规划是国家权力的体现，是一种对财产的合法限制，因而不需要补偿。但是问题的交集出现在当分区规划“走得太远”的时候，与征收权形成“重叠”的部分应如何辨认，是否应给予补偿？抑或土地发展权是否承担了超越限度的分区规划所应承担的补偿责任？主流观点认为土地发展权与判定分区规划是否超越限度与征收无关，这仅是一种基于自由交易之上的财产权。[2]也有学者讨论了传统的分区规划、后分区规划（post - zoning）与土地发展权的联系。[3]

土地发展权这一概念被原国家土地管理局首次引入国内，并认为所谓土地发展权就是土地变更为不同性质使用之权。此后，国内学者对土地发展权的定义虽在表述上有所差异，但本质上都涵盖了两层含义：其一为变更土地使用性质之权；其二为深度开发之权。代表性的学者有沈守愚、周建春、刘国臻等。[4]

自土地发展权的概念被引入国内之后，国内学者对这一问题的讨论主要集中于土地发展权的性质、权源、归属、定价机制、国外的实践经验和国内的实践前景等几个方面。

就土地发展权的性质、权源和归属等本体问题而言，中国学者对此的争论到目前为止也未有休止，综观中国学者的观点，主要认为土地发展权来源于所有权或国家管制权，有部分学者认为其是一种“新型用益物权”[5]或者“新型物权”[6]，也有学者认为这是“私有产权与行政权综合作用的产物，兼有公共产权与私有产权的性质，是可与土地实体相分离的无体物权”[7]。但最终都落脚在

---

〔1〕 See Franklin J. Jams & Dannis E. Gale, *Zoning for Sale: A Critical Analysis of Transferable Development Rights Programs*, 38 The Urban Institute 2 (1997); Michael D. Struger, *Transferable Development Rights: Robbing Peter to Pay Paul*, 62 U. Det. J. Urb. L. 633 – 658 (1985); John J. Costonis, *Development Rights Transfer: An Exploratory Essay*, 83 Yale L. J. 75 – 129 (1974).

〔2〕 See Suitum v. Tahoe Regional Planning Agency, 520 U. S. 725 (1997).

〔3〕 See Vicki Been, *Transferable Development Rights Programs: Post – Zoning*, 78 Brook. L. Rev. 435 – 466 (2013).

〔4〕 参见沈守愚：《土地法学通论》，中国大地出版社 2002 年版，第 529 页；周建春：《农地发展权的设定及评估》，载《中国土地》2005 年第 4 期；刘国臻：《中国土地发展权论纲》，载《学术研究》2005 年第 10 期。

〔5〕 王育红、刘文海：《土地发展权的法律性质》，载《河北法学》2017 年第 4 期。

〔6〕 姚昭杰、刘国臻：《我国土地权利法律制度发展趋向研究——以土地发展权为例》，中山大学出版社 2016 年版，第 85 ~ 95 页。

〔7〕 朱一中、杨莹：《土地发展权：性质、特征与制度建设》，载《经济地理》2016 年第 12 期。

土地发展权的归属上，并形成了“国有论”“私有论”“共有论”等观点。比较有代表性的有“土地发展权并非土地所有权的派生权利，它因国家管制权的行使而成为一项独立的权利”，因而“我国应当坚持土地发展权国有模式，并通过完善具体制度来保障土地发展增益全民共享”〔1〕。与此截然相反的观点认为“土地发展权是土地所有权的组成部分，土地规划管制是作为主权者的国家对土地发展权的干预和限制，而非土地发展权的来源”，因而“土地增值收益的分配实现从‘土地发展权国有化＋建设用地指标管制’向‘规划管制＋发展权市场化交易’方式转变”〔2〕。也有学者在上述两种立场中选择了一个折中方案，认为土地发展权的主体应当是二元的，即国家和农民集体。〔3〕第四种观点对上述观点提出了批评，认为无论国有还是私有，均是对英国的经验的错判，“无法全面解释和证成正在开展的改革实践”，为此“应摒弃土地发展权私有论和国有论的无谓争论，正视我国发展权国有的制度现实，更新对其正当性基础的认识；同时在理念和制度上将土地发展权与土地增值收益脱钩，让集体和农民在一次和二次分配中都能获得增值收益，更加公平地实现地利共享”〔4〕。

近年来，国内也有部分学者对土地发展权的定价进行了研究，但主要集中在管理学和经济学领域，定量分析虽然目前成果偏少，却是一种发展的趋势。学者们的研究目前还是地区性的，并未发展出一种成熟的测算方式。比如，有学者结合北京市海淀区的土地利用总体规划，对海淀区北部地区农地发展价格

〔1〕 陈柏峰：《土地发展权的理论基础与制度前景》，载《法学研究》2012年第4期。另外关于“国有论”的论述还可参见沈守愚：《论设立农地发展权的理论基础和重要意义》，载《中国土地科学》1998年第1期；胡兰玲：《土地发展权论》，载《河北法学》2002年第2期；贾海波：《农地发展权的设立与权利属性》，载《中国土地》2005年第10期。

〔2〕 程雪阳：《土地发展权与土地增值收益的分配》，载《法学研究》2014年第5期。关于“私有论”的论述还可参见张安录：《可转移发展权与农地城市流转控制》，载《中国农村观察》2000年第2期；刘永湘、杨明洪：《中国农民集体所有土地发展权的压抑与抗争》，载《中国农村经济》2003年第6期；李长健、伍文辉：《土地资源可持续利用中的利益均衡：土地发展权配置》，载《上海交通大学学报（哲学社会科学版）》2006年第2期。

〔3〕 参见万磊：《土地发展权的法经济学分析》，载《重庆社会科学》2005年第9期；戴中亮、杨静秋：《农村集体土地发展权的二元主体及其矛盾》，载《南京财经大学学报》2004年第5期；许恒周：《农地发展权的设立与土地征用制度改革》，载《广东土地科学》2005年第3期；朱启臻、窦敬丽：《新农村建设与失地农民补偿——农地发展权视角下的失地农民补偿问题》，载《中国土地》2006年第4期。

〔4〕 彭錞：《土地发展权与土地增值收益分配——中国问题与英国经验》，载《中外法学》2016年第6期。

进行了测算,[1]类似的测算还有湖北宜昌、仙桃,[2]湖北武汉,[3]河南周口等地。[4]还有学者借助土地发展权的概念建构了农地非农化土地增值收益分配的测算模型,以服务改革的实践。[5]

土地发展权制度在我国虽没有落地生根,但一些地方实际上早已开展了类似的试验,因此国内学者对这一问题的研究也逐渐经历了“定性到定量”“总结国外经验到发掘本土资源”的过程,目前已有一部分学者着手研究基于我国国情和地方实践的土地发展权制度,如“浙江模式”“重庆模式”“广州模式”等,具有代表性的学者有汪晖、刘国臻、张鹏、张先贵等。[6]也有学者结合我国“三块地”改革的实践,开展了土地发展权与集体建设用地入市和“三权分置”等的关系的研究。[7]

(四)土地增值收益分配比例:从定性判断到定量分析

关于集体土地征收过程中土地增值收益的现行分配机制问题,理论界已经进行了大量实证研究。有学者以武汉市为样本,发现该市很多区域(江夏区)的农民基本没有分享到土地增值所获得的收益,而仅仅得到了原农业用途的补偿。[8]有学者在辽宁省辽阳市调研发现,集体土地被征收后,作为住宅用地和作为商业服务业用地,政府与农民的收益之比分别为0.92~1.28倍和2.04~

---

〔1〕 参见王永慧、严金明:《农地发展权界定、细分与量化研究——以北京市海淀区北部地区为例》,载《中国土地科学》2007年第2期。

〔2〕 参见任艳胜、张安录、邹秀清:《限制发展区农地发展权补偿标准探析——以湖北省宜昌、仙桃部分地区为例》,载《资源科学》2010年第4期。

〔3〕 参见汪晗、聂鑫、张安录:《武汉市农地发展权定价研究》,载《中国土地科学》2011年第7期。

〔4〕 参见陈维肖等:《基于土地发展权的征地补偿价格研究——以河南省周口市为例》,载《地域研究与开发》2016年第3期。

〔5〕 参见朱一中、曹裕:《农地非农化过程中的土地增值收益分配研究——基于土地发展权的视角》,载《经济地理》2012年第10期;梁流涛等:《农地非农化中土地增值收益及合理分配比例测算:理论方法与实证——基于土地发展权和要素贡献理论的视角》,载《干旱区资源与环境》2018年第3期。

〔6〕 参见汪晖、陶然:《论土地发展权转移与交易的“浙江模式”——制度起源、操作模式及其重要含义》,载《管理世界》2009年第8期;刘国臻:《论美国的土地发展权制度及其对我国的启示》,载《法学评论》2007年第3期;张鹏、刘春鑫:《基于土地发展权与制度变迁视角的城乡土地地票交易探索——重庆模式分析》,载《经济体制改革》2010年第5期;张先贵:《中国法语境下土地开发权理论之展开》,载《东方法学》2015年第6期。

〔7〕 参见张先贵:《土地开发权与我国集体经营性建设用地入市》,载《北方法学》2017年第2期;宗仁:《“三权分置”、土地发展权设立与征地制度改革》,载《江海学刊》2018年第2期。

〔8〕 参见陈莹、谭术魁、张安录:《武汉市征地过程中的土地增值测算》,载《中国土地科学》2009年第12期。

2.86倍。[1]也有学者通过对江苏省苏南、苏中、苏北地区样本县市2006—2011年间农地征收与出让中的土地收益分配格局抽样调查,发现农地非农化征收与出让过程中农民的土地收益占土地出让收益的比例约在3% ~16%,而地方政府的收益占75%以上。[2]

对于如何提高农民在土地征收过程中的土地增值分配比例这一问题,其与上述土地增值收益分配的归属密切相关,理论界和实务界目前主要有以下三种观点:第一种观点认为,现有的土地征收制度无须改革,只要提高集体土地征收补偿标准即可。这种观点通常坚持集体土地“涨价归公”理论,[3]或者认为集体土地发展权归国家所有,所以土地涨价主要应当归国家所有。第二种观点认为,应当优先充分补偿失地农民,剩余土地增值归公,[4]其理论依据是上述“公私兼顾”原则。第三种观点认为,政府征收集体建设用地(使用权)不能按照农用地的标准补偿,必须按非农用地的市场价格进行补偿,[5]其坚持的是“涨价归农”原则。

国外学术界对于土地增值分配的研究非常丰富,但主要集中在土地征收补偿市场价格的测算方面,而且朝着进一步科学化、精细化的方向演进。但究其本质而言,提高农民对土地增值收益的分配比例是一个极具中国特色的阶段性问题,因此西方学术界对此问题并没有太多研究和关注。事实上,想要确定一个具体的比例是非常困难的,因为我们无法准确测算出政府对土地的前期开发和整理到底带来了多少土地价值的增加,也无法明确土地管制、指标限制究竟对土地价格的增长有多少影响,从而也就无法明确土地增值收益在政府和集体、个人之间应当采用何种比例进行分配。但事实上可以通过逆向思维来回答这个问题,如果说政府获取土地增值收益是为了推动城市化,放弃土地出让金最大的担忧也来源于财政收入的直接减少将阻碍城市化,那么城市基础设施建设的资金完全可以通过预算和央地的财政关系进行测算,由此产生的节余部分理应分配给农民集体。而在实践中,土地增值收益调节金试点工作的开展也为

---

[1] 参见王书明、刘元胜、郭沛:《不同用途农村集体土地征收中的收益分配研究——以辽宁省辽阳市为例》,载《农业经济问题》2012年第10期。

[2] 参见诸培新、唐鹏:《农地征收与供应中的土地增值收益分配机制创新——基于江苏省的实证分析》,载《南京农业大学学报(社会科学版)》2013年第1期。

[3] 参见贺雪峰:《地权的逻辑——中国农村土地制度向何处去》,中国政法大学出版社2010年版,第4页。

[4] 参见周诚:《周诚自选集》,中国人民大学出版社2007年版,第85~103页。

[5] 参见刘守英:《城市化进程中的土地增值收益分配》,载《中国地产市场》2011年第12期。

测算具体的分配比例树立了信心。

（五）研究评述

从国内外既有的文献资料来看，国外对土地征收增值收益分配的认识无论在经济规律还是在制度建构上都较早，目前该领域的研究重点也已经从征收合宪性、补偿公平性等方面转向了对生态环境的影响和土地资源利用的代际公平等方面。而我国的研究呈现的一个基本特征是：党对土地政策的每一次调整都为新一轮中国土地法律制度改革奠定了基础，而每一个土地法律改革的阶段性目标又成功地吸引了学术界的研究投入。因此在中国语境下研究土地问题，在尊重学术共识的同时也应当充分把握政治共识，由此，中国学界虽然对党的十八大报告中提出的“改革征地制度，提高农民在土地增值收益中的分配比例”进行了集中讨论，也产出了大量的学术成果，但对于“公共利益的认定”“补偿标准的确定”“土地发展权的性质与归属”“土地增值收益分配的归属和机制”等问题仍旧没有达成共识或者主流意见，因此至少存在如下进一步探讨、发展和突破的空间。

第一，对十八大以来党中央关于土地制度改革的新理念、新思想、新战略系统解读不足。党的十八大以来，在农村改革、耕地保护、农村土地流转、农地“三权分置”、农民股份合作、全国土地调查、节约用地制度等土地管理领域提出了一系列新理念、新思想、新战略，中央全面深化改革领导小组也审议通过了《关于农村土地征收、集体经营性建设用地入市、宅基地制度改革试点工作的意见》《关于完善农村土地所有权承包权经营权分置办法的意见》《关于拓展农村宅基地制度改革试点的请示》等涉及农村土地流转、建设用地供给制度改革、耕地保护、土地规划管理的文件。但是，对如何将征地中的土地增值收益分配与上述其他土地制度改革相衔接，坚持将改革决策与立法决策相结合，从理论上对改革决策进行系统解读等问题的研究还非常不足。这不仅制约着土地管理法律制度的完善，也制约着学术研究的深度和广度。

第二，在党的土地政策和学术研究的对接上还缺乏系统性。进入新时代，党的土地制度改革政策朝向全盘性地解决土地问题。新时代中国特色社会主义土地管理法律制度完善的总基调是发挥市场在资源配置中的决定性作用，守住“三条底线”。农村集体土地改革的基本方向是推进集体土地“充权”和“放活”，国有土地改革的基本方向是集约节约、高效利用。为此，党中央分别安排了一个“土地征收、集体经营性建设用地入市和宅基地制度”联动改革（“三块地”改革)、两个“三权分置”改革和两个“增值收益分配”改革。以往的研究仅针对特殊问题而谈论特殊问题,却忽视了党的土地政策与特殊土地问题研究之间的衔接。相应地,学术研究也应打破学科藩篱,树立底线思维、体系思维。

第三,已有的学术共识出现萎缩现象。从学术史角度来看,在家庭联产承包责任制的推行(1978—1986 年)、土地使用权有偿出让制度的探索(1987—2003 年)两个阶段,我国的法学研究者为土地领域的制度建设和土地法治的发展做出了许多理论贡献,取得了许多理论共识,并对其他学科关于土地问题的研究产生了许多重要且积极的影响。但随后,由于土地制度改革进入“深水区”,土地法研究逐渐出现了既有理论共识逐渐萎缩、争论越发激烈的现象。面对这种情况,土地法研究者应当以现行法秩序为基础,以推动土地制度全面深化改革和国家治理现代化为目标,对我国土地法中的基本概念、术语以及相关规范的规范性质、规范地位、规范功能、规范意义展开深入研究。

第四,对土地增值收益等现象注重经济学考察却忽视法学权利本位的思考。面对诸如土地增值收益产生机理等问题,法学界集体沉默。尽管这一问题主要涉及经济学的基本原理,但是最终应当在法学范畴内思考这一问题,完成其从经济学概念到法学权利体系内容的转变,探索其在法学层面的意义。

第五,对国外制度的借鉴缺乏系统性和宏观性。事实上,近年来,以英、美、德、法、日等国为比较法考察对象的学术成果不计其数,在土地法研究领域更是呈现出一片繁荣的景象。但是只要细心观察便会发现,绝大多数的比较法研究停留在对单一制度的介绍,并没有挖掘各项土地制度之间,包括与此相关的司法制度之间的有机联系,也缺乏对诸如开发利益公共还原制度等的研究。这种研究现状会加剧制度移植的水土不服,因而亟待加强。

三、参考对象的选定

中国土地制度变迁的主导力量是国家和政党,如中华人民共和国成立后的土地改革运动,20 世纪 50 年代的集体化合作化运动,改革开放初期的家庭联产承包责任制,20 世纪 90 年代之后的大规模征地的城市化运动,以及近年来呼声高涨的“三权分置”“土地流转”,国家和政党均发挥了无可替代的主导作用。因此研究这一极具中国本土特色的问题最直接的方法可能是着眼于“本土资源”,对整个历史的发展进行法学分析并寻求可能的解释,以预测可能的趋势。

然而,“当一个人总是沉浸在自己的法律、自己的国家中时,就不能够从外部来观察这个事情,他有着一种心理上不可避免的倾向去认为那些历史性偶然或者暂时的社会情况是自然的、必然的。为了看清楚事物的本质,我们必须在一定的距离上作为一个陌生者去观察它”[1]。从某种意义上说,即便是仅仅进行发生学的研究,也应当秉持一个客观中立的立场。

在本书写作过程中,笔者对于中国问题运用了大量关乎美国法律与制度的素材,面对这种对外国法的研究,学者们难免会追问:通过美国土地征收和增值收益分配制度的进路研究中国的土地制度,可靠吗?外国的经验可以替代中国的经验吗?[2] 甚至连钱穆先生都有言:我们讨论一项制度,应该重视其地域性。[3]

有学者提出“应当在中国的土地上思考中国的土地问题”,而不应该过度苛求“以美为师”,并总结了中国土地法研究中以四个假设为内容的“转型范式”(Transition Paradigm)。[4]但事实上,以中美土地法律制度比较作为研究的进路早已成为学界最为活跃的研究中国土地制度的方法之一。

比较法研究的主要目的是通过对不同制度差异的分析,更清晰地认识比较对象之间的异同,并最终从功能主义的视角出发,对二者作出评价。茨威格特(Konrad Zweigert)认为功能比较方法主要分为提出问题、初步预测、收集法律、背景考察、概念转换和批判性评价等步骤。[5]卡佩莱蒂(Mauro Cappelletti)对功能比较法进行了进一步深化,并将之归纳为六步:第一步是在比较的对象中找

---

[1] Pierre Lepaulle, *The Function of Comparative Law*, 35 Harv. L. Rev. 838, 858 (1922).

[2] 苏力在《法治及其本土资源》中认为外国法治经验出于以下几方面的原因,其作用将是有限的:第一,知识在很大程度上具有地方性;第二,外国经验无法替代中国经验;第三,由于语言和文化的差异,在转述外国法治经验之时会不可避免地扭曲其本来面貌,即所谓“书不尽言,言不尽意”。参见苏力:《法治及其本土资源》,北京大学出版社1996年版,第18页。

[3] 参见钱穆:《中国历代政治得失》,九州出版社2012年版,第4页。

[4] 这四个假设包括:目标假设(teleological assumption)、概念假设(conceptual assumption)、路径假设(developmental assumption)和时代假设(temporal assumption)。概言之,该观点主要是指中国学者当下在研究中国的土地问题之时,自觉或不自觉地陷入了上述四个假设之中,认为:在目标上,学者们假设中国农村土地征收法律制度未来的发展目标应当是美国式的;在概念上,假设两国在“征地权力”的要素上是相同的,尤其是在中国现行《宪法》征地条款和美国宪法第五修正案的对比上更加明显;在实现路径上,既有研究普遍将未实现上述目标的原因归结于分税制改革之后出现的央地财权、事权不匹配以及随之而来的土地财政;而在时代假设上,现有研究认为农地征收作为一个亟待解决的问题,形成于改革开放,特别是分税制改革以后。具体可参见彭錞在第九届“政治、法律与公共政策”年会上的主旨发言。

[5] 参见[德]K. 茨威格特、[德]H. 克茨:《比较法总论》,潘汉典等译,法律出版社2003年版,第46~55页。

出它们所共同面临的问题和需求;第二步是研究比较对象各自为解决这一问题和需求所采取的法律方法;第三步是分析比较对象选择和制订不同法律方案的原因;第四步是进一步分析这些原因以及发展趋势;第五步是分析比较对象所选择和制定的法律方法是否符合社会需要;第六步是根据上述分析的社会需要、既定法律方案、实际影响、发展趋势等合理预测该问题未来的发展走向。[1]

因此,如果从比较法的功能主义视角来考察,为了寻求具有解释力和适用性的框架,在对象的选择上也应当考虑上述步骤。如果从历史角度考察,在进入20世纪以后,随着美国经济的高速发展,其城市化和城市空间结构均发生了巨大变化,一个最为显著的特征是城市化进程加快,大都市区化显现。1920年美国城市人口超过农村人口、1990年大都市区的人口数量占全国总人口的80%。虽然在20世纪70年代美国的郊区人口超过了城市人口,但20世纪美国城市化的主导趋势仍旧是大都市区化,而郊区化只是城市发展到一定阶段的规律性现象。[2]我国曾一度经历了限制大城市发展的阶段,但目前无论是国家中心城市的设立,抑或经济区、大湾区等区域城市群的规划都十分类似于美国20世纪的大都市区化,而在这一过程中,中美均通过大规模的征地运动来供给建设用地。为了避免违反联邦宪法第五修正案,美国在20世纪,尤其是20世纪40年代以后通过宽泛解释“公共使用”这一概念,为征地大开方便之门,而我国也有类似情形,在某些地方实践中甚至直接“架空”了这一征收要件。之所以呈现出这种共性和区别,是因为中美在不同的历史时期经历了同样的城市化发展的困惑,也都受制于城市发展的客观规律和土地征收的基本法治理念。但由于两国不同的政治制度、土地制度、司法制度,以及不同的历史原因,在征收的程序及补偿、救济等问题上呈现出不同的现实指向。在短时间内,为了满足城市化发展的需求,提供必要的建设用地与发展动力,中美两国的征收制度均暴露了大量的问题。比如,美国在2005年凯洛案之后就掀起了一轮限缩“公共使用”的浪潮,同时也在实践中逐渐发展和完善了公平市场价值和“最高最优”的适用规则。而我国更是在频发的征地矛盾中展开了大量关于征地制度改革的讨论,包括公共利益的界定、征地程序的完善、土地增值收益的分配、征收补偿

---

[1] 参见[意]毛罗·卡佩莱蒂:《比较法教学与研究:方法与目的》,王宏林译,载沈宗灵、王晨光编:《比较法学的新动向——国际比较法学会议论文集》,北京大学出版社1993年版,第15~19页。

[2] 参见王旭:《美国城市化的历史解读》,岳麓书社2003年版,第7页、第245页。

制度的改革、集体土地的流转入市等。相对于美国而言，我国的城市化建设起步较晚，土地法制建设相对滞后，但一个可以预见的趋势是：征收必须回归公共利益，而非基于公共利益的征收则需要依靠建立城乡统一的建设用地市场进行调节。[1]

虽然我国的土地制度改革在不同的历史时期打上了不同的时代烙印，但是对出现的诸如土地增值收益分配、大规模征地城市化、集体土地入市等问题并没有丰富的经验和发育成熟的法律体系予以应对。面对这种状况，如果我们能从美国的土地征收与增值收益分配制度建构史中抽离出具有一般意义的标志性框架，以观察我国土地征收与增值收益分配制度所出现的问题，或许可以在一定程度上避免国内理论资源匮乏的局面，同时也能寻求"潜在的对话者"。

另一个可能遭受的质疑在于：从制度层面而言，美国与中国的土地增值原理不尽相同，美国主要源于土地区划制度，而中国主要源于特殊的建设用地供给制度和征收补偿制度，即政府垄断建设用地市场，同时又低征高卖，形成极大的差价。既然在产生土地增值的原理上都存在如此大的差异，那么又谈何借鉴美国经验？事实上，如果从表面来看，两者确实存在较大分野，但美国经验仍旧可以带给我们面对中国问题的新思路。原因在于：首先，虽然在土地增值的制度层面两者存在区别，但从征收到补偿，再到增值收益的分配，两者仍旧存在大量的共性，这种共性的核心在于研究征收中的土地增值收益分配，本身所包含的不仅是分配这一环节，而且是一整个征收、补偿和分配制度，因此从整个有机联系的过程考察，美国经验具有很大的借鉴意义。其次，虽然两者引起土地增值的制度原因有所不同，但土地增值的基本原理，诸如地价、产权、地租、价值等却是相通的。最后，中国这一特殊的增值模式具有时代特性，同时也具有阶段性，改革的目标是"缩小征地范围"，"同地、同权、同价"，"提高农民在征地中土地增值收益分配比例"，最终让"市场在资源配置中起决定性作用"，到改革初见成效之时，我们可能面临与美国相似的问题，因此美国经验中的有益部分、符合我国国情的部分也同样可以服务于改革。

土地征收补偿问题对全世界而言都是最为重要的研究命题之一，尤其是对

---

[1] 参见方涧、沈开举：《土地征收中的公平补偿与增值收益分配》，载《北京理工大学学报（社会科学版）》2017 年第 3 期。

正处于快速城市化进程中的发展中国家而言意义更加不言而喻。[1] 土地征收与补偿制度是一个极其庞大而复杂的体系架构,其中涉及的不仅是法律,更不仅是公共利益、土地发展权、公平市场价值、开发利益公共还原等核心概念的机械叠加。笔者专注于考察相同或相似发展路径上具有代表性和实用价值的制度设计,并寻求其在中国语境下的理论延展性和实践可能性。当然,笔者对美国土地征收补偿及增值收益分配的研究并不是试图从中提取出概括性规律,更不意味着我国土地征收补偿及增值收益分配制度的设计必然遵循美国模式,而是想借助于其发生机制加深对共同基础、理想类型或发展趋势的认识,以便为我国制度的建构提供必要的理论和实践素材。[2]

因此,从上述意义而言,本书虽然用较大篇幅梳理、研究美国法,但并不是纯粹的外国法或比较法的研究。对于考察对象的选定也并非仅仅基于个人研究的旨趣及语言或材料方面的便利,而是基于我国问题的意识,也即在坚持公有制的前提下,探索我国能否发育出一套实质意义上的农地征收增值收益分配法律制度。也正因如此,对美国公共利益、土地发展权、公平市场价值、开发利益公共还原等制度的研究并非对土地制度的法制史研究或国别研究,而是试图在制度背后最大限度地抽离共同特征,以寻求内在联系。

四、研究范畴、方法与架构

(一)研究范畴

从增值的角度观察,在国有和集体所有两种土地所有制下,土地的增值可以分为农村土地增值和城市土地增值。城市土地的增值主要基于国有土地的深度开发,而国有土地上房屋的征收与补偿制度相对比较成熟,土地市场的建设也相对比较完善,因而本书不讨论这一问题。农村土地的增值又可以概括性地区分为内部性增值和外部性增值。内部性增值主要由农村土地的内部性流转、深度开发或者集体农业用地转化为集体建设用地引起,因该部分增值体量较小,且大多只涉及集体内部,在现实中并没有产生太多的矛盾,因此也不在本

---

〔1〕 雷切尔·阿特曼(Rachelle Alterman)曾论述到,当今中国对征地法规高涨的兴趣反映在五个方面,这五个方面相互作用:(1)高速的城市化;(2)快速提高的生活水平和城市中等收入群体的不断壮大;(3)旨在阻止大规模非正式“棚户区”的城市政策;(4)农村和城市土地制度在法律、经济和人口统计方面异常尖锐的分歧;(5)法治和善政方面陡峭的“经验学习曲线”。参见北大—林肯中心编:《土地制度的国际经验及启示》,科学出版社2018年版,第40页。

〔2〕 参见[日]大木雅夫:《比较法》,范愉译,法律出版社2006年版,第67~72页。

书讨论的范畴之内。相反,农村土地的外部性增值则是由征收改变用途和所有权性质或者集体经营性建设用地入市而引起的,这部分增值不仅产生的机理较为复杂,而且参与分配的主体繁多,增值的体量巨大,是我国土地征收的核心命题,因此农村土地的外部性增值,也即农地征收过程中产生的增值收益是本书的主要研究对象。

土地增值收益分配主要有两层含义:一层是土地增值收益的外部分配,也即国家和集体之间的分配;另一层是土地增值收益的内部分配,也即集体和成员之间的分配比例。[1]限于篇幅和研究的侧重,本书将研究的范畴限于外部分配,专注于讨论国家和集体之间的分配关系,而不讨论内部分配关系。

需要说明的是,从时间过程而言,本书的讨论始于征收,终于分配,不仅是对增值收益的一种简单评估与分配比例的确定,而是一整个征收、补偿、再分配的过程;是一个以确立征收标准为起点,以权利架构为基础,以公平补偿为重点,以开发利益公共还原为终点的过程。笔者的一个基本理念是:在研究中国的土地增值收益分配问题之时,既要吸收和尊重基本的征收补偿和分配原理、域外国家的经验,也要把握我国的特殊制度,从土地征收补偿制度、集体建设用地流转制度、土地产权制度等方面进行分析和建构。也正因如此,本书研究的重点虽然落脚于分配制度,但在转型期的中国,分配问题绝对不仅是分配这一个环节的问题,而是土地权利配置的问题。

另外,从严格意义上讲,集体土地征收增值收益并非一个法学概念,世界范围内也不存在任何一部法律对其给出了明确的定义。因此研究中存在“农转非过程中的土地增值收益分配”“城镇化过程中的土地增值收益分配”“农地非农化土地增值收益分配”“集体土地征收过程中的增值收益分配”之类的表述,而本书以“集体土地征收增值收益分配”称之。具体指代我国现阶段政府以土地征收的形式从农民手中获得土地,并支付一定的土地补偿费,在经过一定的土地整理之后,以招、拍、挂等方式出让土地使用权而获得巨额增值收益并进行分配这一现象。

(二)研究方法

鉴于命题的特殊性和切入的视角,本书主要采用了比较分析法、历史分析法、判例研究法和实证研究法进行研究。

---

〔1〕 参见岳永兵、刘向敏:《集体经营性建设用地入市增值收益分配探讨——以农村土地制度改革试点为例》,载《当代经济管理》2018年第3期。

比较分析法贯穿着本项研究的始末,这主要与本书的切入视角和笔者个人的教育背景相关,但绝非出于一时之喜好。事实上,比较分析法是开展土地法研究的重要进路,也是分析本土制度缺陷和从功能主义视角出发构建新制度的最直接研究手段,因此,无论是茨威格特的比较方法还是卡佩莱蒂的功能比较法都应当引起足够的重视。在本书写作过程中,基于讨论命题的特殊性,笔者着重关注了美国土地发展权的设置、公共使用的认定、公平市场价值的判断与实践、开发利益公共还原制度的运作等四项因素。之所以如此选择,是因为讨论集体土地征收增值收益的分配是一个以土地权利配置为核心,贯穿征收启动、征收补偿、二次分配的过程,而上述四项则是问题的关键,也是我们可以虚心参考的对象。

当然,土地征收与补偿制度是一个极其庞大而复杂的体系,其中涉及的不仅是法律,更不仅是公共利益、土地发展权、公平市场价值、开发利益公共还原等核心概念的机械叠加。这也并非一部彻头彻尾的比较法著作,而笔者对美国土地征收补偿及增值收益分配机制的研究也并不是试图从中提取出概括性规律,更不意味着我国土地征收补偿及增值收益分配制度的设计必然遵循美国模式。事实上世界上任何一个国家的土地法律制度在中国都不可能完全移植成功,只是想借助于其发生机制加深对共同基础、理想类型或发展趋势的认识,以便为我国制度的建构提供必要的理论和实践素材。

除了比较分析法之外,对中国问题的发掘和对美国制度的探索同样离不开历史分析法。过往的历史并非仅仅是尘封在书本中的谈资,径直研究当下问题并不能够提出从根源解决问题的革新策略。无论是中国问题的顽疾也好,美国经验的总结也罢,我们都不能将自己的目光狭隘地定格于当下,而是要从发生学的视角去探讨形成这一状况的潜在原因。因此,笔者将视角聚焦于中国集体土地征收增值收益分配的变迁史、美国土地发展权制度、公共使用判断制度、公平市场价值的形成制度以及特别受益费的制度生成之中,同时也梳理了十八大以来中央对于土地改革的重点部署和实践探索历程。

另外,判例研究法在本书写作过程中的作用也是不言自明的,尤其对于美国经验的探讨,判例研究是最主要的手段之一。研究英美法律制度,判例几乎是最为重要的素材,因为在判例法制度之下,法院对法律和个案的理解和阐释是形成法律制度的主要素材之一。本书在研究相关美国土地制度之时也将判例作为重要的分析资料,但在运用之时根据论证和分析的需要进行不同程度的考察。如在探讨土地发展权的基本结构、19 世纪之前“公共使用”的宪法含义之时，对多数判例只是进行分类整理，概括出一般性规则；而在诸如对 20 世纪“公共使用”的判断之时，则依据不同的开发模式选择了典型判例进行具体分析。这种讨论使问题得以精细化，避免了因讨论制度本身而引起的空泛。

最后笔者需要强调一下实证研究法在本书写作过程中的作用。尽管本书以学理性研究为主，但实证的研究也带来了诸多益处，至少从某种意义上印证了某些学理上的论断和笔者内心的判断。如地票制度的实践对于土地发展权释放的程度，产值倍数法、区片综合地价、公平市场价值在补偿之时的具体量化差异，土地出让金的用途和分配等，经过一系列的实证测算，都有助于本书核心观点的论述和表达。

（三）研究架构

除绪论和结论外，本书共分为七章，第一章从理论上探讨了土地增值收益分配的基础性问题，主要包括理论基础、生成机理和分配制度的历史变迁三部分，为全书的论述奠定了基本的理论基调。从理论基础展开，本章分别从土地增值收益产生的价值基础、分配的权利逻辑、分配的权力秩序和分配的内在机理四方面着重归纳、总结和评述了地租地价理论、产权理论、征收正当性理论和收入分配理论。在探究土地增值收益的生成机理之时，本书以“权利—规范”为分析框架探讨了这一中国问题的一般与特殊生成机理。最后，本章以我国土地征收补偿的最初形态为考察起点，梳理了我国集体土地征收增值收益分配制度的四个历史阶段。

第二章将问题延展到了中国语境之下集体土地征收增值收益分配的问题与改革，着重探讨了改革的背景和内涵、实践中具体的制度缺陷以及目前已经部署和开展的相关试点。本章结合党的十八大以来对土地改革的重点部署和《土地管理法》的修改，分析了改革的背景和集体土地征收增值收益分配制度改革的具体内涵和历史定位，并在此基础上分析和总结了集体土地征收增值收益分配的三大制度缺陷。与此同时，本部分对已有的相关试点工作进行了探讨和分析，揭露了改革试点的法律内涵与不足。

第三章至第六章针对前文所提问题研究了相应的土地法律制度改革措施及其本土化的可能性。第三章的重点是集体和个人分享土地征收增值收益的权利基础与核心——土地发展权。该部分以土地发展权的权利属性和权利构造为分析对象,着重探讨了土地发展权的法律本质,并从发生学角度梳理了土地发展权制度的产生与运行模式。最后从现实、立法和制度三个层面探讨了土地发展权中国化的实现进路。

第四章分析了公共利益作为国家参与分配之正当性理由。该部分主要以美国宪法第五修正案中的征收条款为分析对象,结合大量司法判例和美国的州法、联邦法,以征收条款的立宪原旨为起点,分析和总结了从立宪至今"公共使用"概念在美国土地征收中的变迁史。在总结其内涵与判断模式的基础之上,提出了公共利益判断的本土化架构方案,为征收权的启动和国家参与增值收益分享寻求了制度上的方案。

第五章以集体土地征收增值收益初次分配为视角切入,勾勒了公平市场价值补偿原则及具体运作的复杂图景。尤其是对于征收补偿计算时间的确立和最高最优使用规则的具体适用进行了分析,本部分结合大量判例和法律规定,进行了系统的分析和归纳。与此同时,该部分运用实证分析的方法对比了产值倍数法和区片综合地价与公平市场价值之间的差异,并以上述理论和实践分析为基础建构了公平市场价值的本土观及其适用面向。

第六章探讨了集体土地征收增值收益二次分配的理论原理与实践机制。该部分的核心概念是特别受益费,该制度基于特别利益而展开,是公共开发增值回收的核心,与征收权和警察权也有着复杂的联系。该部分从制度源头梳理了特别利益的内涵,厘清了特别受益费与警察权和征收权之间错综复杂的关系,并且在解构其运作模式的基础上,以"征收—给付"为视角,探讨了该制度在中国的理论可能性和经济可行性。

第七章提出了集体土地征收增值收益分配的二层次理论,勾勒了集体土地征收增值收益分配制度改革的总框架,总结了上述制度改革的目标、原则和进路,并在此基础上分析了上述各个制度之间的有机联系[见表1-1]。

表 1-1　本书结构示意表

章节	征收补偿与增值收益分配结构	中国问题	具体方案	改革总目标
第一章	集体土地征收增值收益分配的理论基础与历史变迁	/	/	/
第二章	集体土地征收增值收益分配的问题与改革探索	/	/	/
第三章	土地发展权作为集体和个人参与分配之正当理由	如何坐实农地集体所有的物权属性?	土地发展权制度	同地、同权 城乡统一建设用地市场
第四章	公共利益作为国家参与分配之正当理由	1. 如何确定符合我国国情的土地征收范围? 2. 如何协调集体经营性建设用地入市改革(改革建设用地供应制度)?	公共利益认定机制	缩小征地范围
第五章	集体土地征收增值收益之初次分配	如何改革政府定价的补偿模式,让市场发挥主导作用?	公平市场价值的确立与运作方式	同地、同价 让市场在资源配置中发挥主导作用
第六章	集体土地征收增值收益之二次分配	如何协调农民补偿与政府进行公共开发建设的资金分配?	开发利益公共还原制度的确立与运作方式	提高农民在土地增值收益分配中的比例
第七章	集体土地征收增值收益分配之框架与保障	/	/	/

五、研究意义、创新与局限

(一)研究意义与创新

本项研究的命题是我国当下土地改革的核心命题之一,也是众多学者关注的对象,本书在研究上存在以下意义或者可能的创新。

第一,将集体土地征收增值收益分配视为一个从征收启动、征收补偿到二次分配的完整过程,并将之与所谓的"规划制定和变更程序不完善""缺乏协议购买制度""告知程序不合理""征收审批机构中立性与公正性不足""补偿方式单一""缺乏听证程序"等一系列表象问题相剥离,揭示了问题的核心在于土地权利的配置。

第二,以"权利—规范"为视角揭示了在中国特殊的土地制度之下土地征收增值收益产生的特殊机理,为继续深入思考这一问题提供了除经济学之外的法学解释方案,为针对根源性问题寻求可能的答案提供了更为直观的视角。

第三,更为深入地对接了党的土地政策与学术研究。进入新时代,党的土地政策朝向解决更为全面和深入的土地问题。本书系统梳理和总结了十八大以来党中央在土地改革领域的重点部署,并分析了相关改革之间的有机联系。

第四,以内部性视角剖析了土地发展权的法律属性和权利结构,尝试探讨土地发展权植入中国物权体系的理论和现实可能性,并从理论上建构了一套立法方案及与之相对应的制度蓝本。

第五,深入分析和考察了公共使用概念在美国宪法第五修正案征收条款中的含义,解构了美国从立宪之初至今对公共使用概念在司法和立法上进行判断的变迁史,以历史分析视角勾勒了该概念在不同历史时期的特征、取向及判断模式。在此基础上,得出了从名录控制论转向民主程序控制论的基本结论,并构建了判断公共利益的本土化方案。

第六,精细化论述了公平市场价值的基本原则与操作规范,并以实证数据揭示了产值倍数法、区片综合地价与公平市场价值在补偿上的差距,同时以国有土地上的房屋征收与补偿规则为参考对象,设计了与之相匹配的集体土地征收的公平市场补偿机制。

第七,引入和介绍了开发利益公共还原制度,从发生学视角考察了这一制度的本质内涵,并厘清了其与特别利益、征税权、警察权等概念之间的区别和联系。同时引入了"征收—给付"的理论视角,论证了特别受益费制度在中国的理论可能性与经济可行性。

(二)研究局限

任何研究都存在局限性,本项研究也不例外。尤其是以下几个方面,更是让笔者感到惶恐不安。首先,本书讨论的核心是分配制度,但事实上仅仅讨论分配制度对于中国土地制度的改革意义有限,因而讨论增值收益的分配必须结合征收补偿制度、集体建设用地入市制度、税收制度等。也正因如此,讨论内容的冗杂性给材料的取舍带来了一定的困难。尽管笔者试图详细建构各个制度之间的联系,并始终以增值收益分配为主线展开论述,但事实上很难全面把握其中的内在联系。

其次,笔者虽然试图以最大的诚意去探求问题的本质,并尽最大的努力从理论上探索制度移植的可能性,且在一定程度上建构了本土化的实施方案。但是不得不承认的是,土地制度的移植不仅是理论上的证成,也涉及笔者所未能了解和掌握的政治现实。因此在制度的架构中,难以通盘考虑制度改革的成本、阻碍等因素。

最后,正如前文所述,我国的研究呈现出的一个基本特征在于:党对土地政策的每一次调整都为新一轮中国土地法律制度改革奠定了基础,而每一个土地法律制度改革的阶段性目标又成功地吸引了学术界的研究投入。尤其是在十八届三中全会之后,土地改革进入全面深化阶段,与之相应的土地法论文也井喷式爆发。但囿于笔者的精力和资料获取的局限性,无法完全总结浩如烟海的文献,也无法及时更新最新的研究成果与中央的文件,实为遗憾。

第一章

集体土地征收增值收益分配的理论基础与历史变迁

中华人民共和国成立伊始,马克思主义政治经济学奠定了我国最根本的政治和经济制度的基础,并且作为一种指导思想,在土地领域发展出了极具中国特色的国家所有和集体所有两种所有制并存的土地公有制。改革开放之后,中国逐步推行家庭联产承包责任制(1978—1986 年),并尝试进行市场经济体制改革,从这个时期开始,中国的决策者们借鉴西方现代经济理论建立了以土地出让制度、土地有偿使用制度为核心的土地市场制度(1987—2003 年),如果说前者的核心是农民与土地关系的变革,那么后者则是为了适应社会主义市场经济重点推进土地所有权和使用权的分离。随着 2004 年宪法修正案第 20 条的改动,以及《土地管理法》和《城市房地产管理法》的修改,土地征收和集体建设用地制度改革(2004—2012 年)一度成为热议的话题。时至今日,以十八届三中全会通过的《关于全面深化改革若干重大问题的决定》为标志,我国土地制度一扫之前十年沉闷和停滞不前的状态,加速进入“全面深化改革”的新阶段。

但与此同时,学者们也都敏锐地观察到,基于不同的理论基础和时代背景所形成的土地所有制和土地使用、土地收益分配制度之间在现代产生了理论和现实的冲突,已然成为改革的巨大障碍。因此厘清不同的基础理论,明晰土地增值收益产生的机理以及在我国的演进历史是研究这一问题的基础和前提。

第一节 集体土地征收增值收益分配的理论基础

一、地租地价理论:土地增值收益产生的价值基础

“地租是一个历史范畴,在不同的社会形态下,由于土地所有权性质不同,地租的性质、内容和形式也不同,体现着不同的社会生产关系。”〔1〕从一般意义上而言,地租是“土地使用者由于使用土地而缴给土地所有者的超过平均利润以上的那部分剩余价值”〔2〕,“地租的占有是土地所有权借以实现的经济形式”〔3〕。从历史发展的维度观察,以佩第(Petty)、斯密(Smith)、〔4〕李嘉图(Ricardo)〔5〕等为代表的政治经济学家发展了古典政治经济学地租理论;以萨伊、〔6〕马尔萨斯(Malthus)为代表的政治经济学家发展了庸俗政治经济学地租理论;以阿尔弗雷德·马歇尔(Alfred Marshall)、〔7〕保罗·萨缪尔森(Paul A. Samuelson)、雷利·巴洛维(Raleigh Barlowe)〔8〕为代表的学者们发展了现代西方经济学地租理论;而马克思、恩格斯在批判继承古典地租理论的基础上创立了全新的地租理论体系。〔9〕与地租有所不同的是,地价体现的不是出售土地使用权所获得的经济报酬,而是土地所有权的价格,也即出售土地所有权的经济报酬,但二者在本质上都是土地所有权的经济价值的体现。

---

〔1〕 朱一中:《地方治理背景下的土地增值收益分配研究:土地产权与土地租税费》,光明日报出版社2017年版,第26页。

〔2〕 张远索:《集体土地增值收益分配研究》,中国农业出版社2015年版,第19页。

〔3〕 中共中央马克思恩格斯列宁斯大林著作编译局:《马克思恩格斯全集》(第25卷),人民出版社1974年版,第871页。

〔4〕 相关内容参见[英]亚当·斯密:《国民财富的性质和原因的研究》(上),郭大力、王亚南译,商务印书馆1972年版。

〔5〕 相关内容参见[英]彼罗·斯拉法主编:《大卫·李嘉图全集》(第1卷),郭大力、王亚南译,商务印书馆2013年版。

〔6〕 相关内容参见[法]萨伊:《政治经济学概论》,陈福生、陈振骅译,商务印书馆2011年版。

〔7〕 相关内容参见[英]阿尔弗雷德·马歇尔:《经济学原理》,文思编译,北京联合出版公司2015年版。

〔8〕 相关内容参见[美]雷利·巴洛维:《土地资源经济学——不动产经济学》,谷树忠等译,北京农业大学出版社1989年版。

〔9〕 更为详细的分类可参见毕宝德主编:《土地经济学》,中国人民大学出版社2001年版,第77~78页。

(一)马克思主义地租理论:原理与指导

在劳动价值理论和剩余价值理论的基础上,马克思将地租区分为级差地租(级差地租Ⅰ、级差地租Ⅱ)、绝对地租和垄断地租三种形式。按照马克思的理论,级差地租来源于不同的生产技术在不同丰度的土地上生产出来的个别产品的价格与社会生产价格的差额。因为这种差额与土地资源的有限性、土地的肥力以及生产力的高低密切相关,因而被称为级差地租。而资本主义便是利用对优厚的土地资源的垄断经营占有了这种超额利润。马克思进一步总结认为,土地的"肥沃"、"区位"和"连续投入资本"的差异导致了土地级差地租。其中级差地租Ⅰ是由于土地的"肥沃"程度和"区位"因素的差异带来的超额利润转化而来的;而级差地租Ⅱ则是因为连续投资而产生的。[1]与此不同的是,绝对地租的形成原因是土地所有权的垄断,垄断地租的来源则是某些具有特殊自然条件的土地所生产的产品的垄断价格带来的超额利润。

现阶段,马克思主义地租理论为确定我国集体土地增值收益分配主体等关键性问题提供了必要的理论指导。在我国现有的土地所有制下,集体土地属于集体所有,因而基于土地原始因素引起的级差地租Ⅰ应当由土地所有者——农民集体所有;而级差地租Ⅱ则应当属于投入资本或劳动的承包经营者所有。同时,按照"贡献—获益"理论,国家对集体土地及其周边进行了投资,相应地改变了集体土地的"区位",也应当分享由此带来的部分级差地租Ⅰ和级差地租Ⅱ。

(二)马克思与西方经济学地价理论:增值收益分配下的意义

地租理论与地价理论密不可分,就我国土地制度改革而言,马克思和西方经济学的地价理论最具代表意义。根据马克思的地价理论,土地的价格就是地租的购买价格,而地租则由土地的物质价值所带来,其决定因素为土地资本的利息和真正的地租。而西方经济学范畴内的地价理论则来源于市场价格理论,并主要包含了土地供求理论、土地收益理论和均衡价格理论。

上述地价理论对我国当下集体土地增值收益分配制度的建构具有重大意义,概括而言至少体现在以下几个方面:第一,土地收益是指该土地在其最佳用途类别下的收益,因此在测算土地价格的时候应当以"最高最优用途"为原则,与此相关的是在进行征收补偿之时也应当按照市场价格,而非原用途的价格。第二,土地价格在很大程度上由供求关系决定,因此如何建构更科学合理的建

---

〔1〕 中共中央马克思恩格斯列宁斯大林著作编译局:《马克思恩格斯全集》(第25卷),人民出版社1974年版,第761、863页。

设用地供给制度,加强集体用地的自由流转成为土地改革的关键性问题之一。第三,土地价格受区位因素影响很大,不同区位的土地价格差异巨大,因此如何均衡因土地规划而引起的土地价格变化也是一个无法回避的问题。第四,土地价格是一种权益价格,交易动力并非土地本身,而是以土地为载体的权利及其可能带来的收益,因此如何落实集体及农民在集体土地上的各项权利,维护其合法权益显得至关重要。

二、产权理论:土地增值收益分配的权利逻辑

产权不仅是法学领域的核心术语,同样还是经济学领域的重要概念。两者虽然均使用了产权这一术语,但无论是在内涵还是在外延上均存在较大差异。经济学上从未有过一个明确的产权的定义,[1]其最大的贡献在于对经济行为中的权利配置关系进行了精细的刻画,并且建构了系统的研究范式。而法学意义上的产权具有明确的内涵和相对完整的分类体系,无论是大陆法系还是英美法系,虽然在对产权的界定上各有侧重,但本质上都是通过人和物之间的关系来明确产权的归属,并通过具体的分类明确各项权利的边界。[2]但无论是法学界还是经济学界,对产权的认识都有一个最基本的共识,那就是产权不是一项单一的权利,而是权利的集合,其本质即是这些权利产生的人与人、人与物之间的关系。

"土地产权是存在于土地之上的排他性的完全权利,它也是土地所有权、土地租赁权、土地抵押权、土地承包权、土地经营权、地役权等权利的集合。"[3]在我国土地产权体系中,由于特殊的制度安排,虽然我国规定了国家所有和集体

---

〔1〕 在经济学界,德姆赛茨被认为是较早进行相关研究并获得较为完备的研究成果的代表性学者,他提出:"所谓产权,意指使自己或他人受益或受损的权利。"[美]R. 科斯、[美]A. 阿尔钦、[美]D. 诺斯等:《财产权利与制度变迁——产权学派与新制度学派译文集》,上海三联书店1991年版,第97页。科斯也同样指出,产权是人们行使一定行为的权利。富鲁普顿、佩杰威齐以及我国的一些学者则将产权定义为一种社会关系。参见[美]诺思:《经济史中的结构与变迁》,陈郁等译,三联书店上海分店1991年版,第21页;吴九兴、王秀兰:《土地产权与失地农民土地权益保护》,载《经济体制改革》2008年第6期;吴渭、刘永功:《产权视角下的农村土地征迁与利益博弈》,载《兰州学刊》2015年第2期。

〔2〕 如王利明认为:"法律上的产权概念并不复杂。所谓产权,就是指财产权。"王利明:《物权法研究》(上卷),中国人民大学出版社2013年版,第36页。《牛津法律大辞典》中对产权的解释是:财产权是指存在于任何客体之中或之上的完全权利。不要把财产视作单一的权利,而应当把它当作若干独立权利的集合体。江平、巫昌祯认为产权与人身权相对应,是直接和经济利益相联系的一项权利,相关内容参见江平、巫昌祯主编:《现代实用民法词典》,北京出版社1988年版。

〔3〕 邵恒心等:《土地增值收益分配制度改革研究》,中国大地出版社2016年版,第25页。

所有两种土地所有制，但本质上，这两种所有权并不具有民法上所有权的实质内核，现实中，集体土地则通过土地使用权的形式实现物权化，并大致可以分为土地承包经营权、建设用地使用权和特殊类型资源性土地承包经营权三类。[1]

产权理论，尤其是土地产权理论的发展为解释和解决我国集体土地增值收益分配问题提供了重要的理论基础。第一，土地产权制度是保障各方，尤其是农民集体和个人土地权益不受侵害的基础；第二，明确土地产权是完善市场交易、建立市场秩序的重要前提；第三，清晰的产权能够实现市场的高效资源配置；第四，土地产权结构为确定利益分配的结构提供了基础依据。

三、征收正当性理论：土地增值收益分配的权力秩序

“绝对所有权”盛行时期，财产权作为一种“独有的和专断的支配权”为西方各界所接受，财产权一度成为最神圣不可侵犯的权利之一。[2]然而一个不争的事实是，无论世界各国将保护私有财产置于如何崇高的位置，理论和实践中国家征收权都始终存在，并发挥着无可替代的作用。于是横亘在学者面前的问题是：既然保障私人财产权被奉为至理箴言，那么土地征收权的正当性依据是什么？对这一问题的追本溯源是理解国家正当行使征收权的前提和基础，也是改革我国征地和土地增值收益分配制度的理论武器。

我国学界的主流观点认为土地征收权的诞生源于私有财产权不可侵犯理论的衰微[3]和财产权社会义务学说的兴起。[4]这种将财产权的社会义务作为对土地征收权正当性的解释显然是一种误解，因为早在财产权社会义务观产生之前，无论是法国的《人权与公民权利宣言》还是美国宪法，都未禁止土地征收，

---

[1] 《宪法》第 9 条和第 10 条规定了自然资源和土地的归属，《民法典》的物权编在“用益物权”编设有两章规定了土地承包经营权和建设用地使用权，另设一章专门规定“宅基地使用权”，作为建设用地使用权的特殊形式。另外《草原法》《森林法》等对特殊资源性土地的承包经营权作出了规定。关于我国土地使用权的独特性等内容，可参见高富平主编：《土地法学》，高等教育出版社 2016 年版，第 94～135 页。

[2] See Thomas S. Ulen, *The Public Use of Private Property*, in Nicholas Mercuro ed., Taking Property and Just Compensation, Kluwer Academic Publisher, 1992, p.164.

[3] 如李龙等认为：第一次世界大战后，私有财产的神圣性开始淡化。1919 年《魏玛宪法》、1946 年及 1958 年《法国宪法》都出现了财产征用条款。参见李龙、朱孔武：《财政立宪主义论纲》，载《法学家》2003 年第 6 期。

[4] 如石佑启认为，土地征收权产生的理论背景在于进入现代社会以后，政府职能由消极转向积极，对私有财产的限制也相应加强，私人财产权负有一定的社会义务，因而出于公共利益也并非绝对不可侵犯私人财产权。参见石佑启：《征收、征用与私有财产权保护》，载《法商研究》2004 年第 3 期。

而宪法土地征收条款的诞生并非为了授予征收权,而是限制征收权。[1]事实上,财产权社会义务是对“所有权绝对”的反思,其社会经济背景是个人的基本生存状态从主要依赖私有财产到主要依赖社会关联的转变,而二者在最基本的法律后果上存在巨大差异,对财产的征收必须予以补偿,而财产权承担社会义务则是不会被补偿的。[2]学界的另一种思路是通过警察权(Police Power)[3]或者保留权利(Reserved Right)、固有权力(Inherent Power)等理论,又或者用经济解释为征收寻求一定的正当性。

(一)保留权利与固有权力理论

格劳秀斯(Hugo Grotius)在其1625年的著作《战争与和平法》中首次提及“土地征收权”(Eminent Domain),其本意是“至上权”。[4]依据格劳秀斯的理论,国家在诞生之初便对其每个臣民的全部私产享有本原的和绝对的所有权,更为重要的是,此所有权优先于任何成员对财产的占有。进而每一个个体对财产的占有并非与生俱来,而是源于主权者的授权,这种授权的逻辑前提是国家对财产享有内在的保留权利,可以通过行使这一终极所有权限制或者剥夺个体享有的财产权利。相应地,国家行使土地征收权的正当性在于国家对土地享有内在的保留权利,对土地享有终极的所有权,其实质乃是财产权的行使。

该理论虽然曾风靡一时,但由于其存在无法克服的内在缺陷,早已成为历史陈迹。因为格劳秀斯的理论显然混淆了国家作为主权者和财产所有者的双重身份,而且也忽视了人们结成政府的目的之一是保障个体在先的财产权的理论假设,更无法回答为什么由个体创造的不动产也遵循这一原理的现实状况。

---

〔1〕参见丁鹏、邹爱华:《论宪法财产征收条款的限权逻辑》,载《社会科学主义》2012年第4期。

〔2〕学界对征收和财产权的社会义务的区分主要从特别牺牲理论和期待可能性理论两方面入手。特别牺牲理论认为,所谓征收是在个案中对特定人财产利益的个别侵犯,如果法律只是一般性地规定个人的某种财产在某种情况下应该承担义务,则这种概括性规定是针对所有相关财产的,所以只是一种社会义务,而非个案性的征收。期待可能性理论以国家对财产权限制程度的不同来区分征收和社会义务,主张征收是对于财产权的重大侵害,而社会义务则是对财产权的轻微限制。参见张翔:《财产权的社会义务》,载《中国社会科学》2012年第9期。

〔3〕参见[美]理查德·A.艾珀斯坦:《征收——私人财产和征用权》,李昊、刘刚、翟小波译,中国人民大学出版社2011年版,第113~170页。该书将Police Power翻译为治安权,但是因为国内学界的用语习惯,此处用警察权替代。

〔4〕格劳秀斯以欧洲中世纪主权者的紧急权为基础提出了土地征收权这一概念,并断言:“臣民的财产受制于国家的土地征收权,进而国家或为国家行事者……为了公用事业(public utility)……可以使用甚至剥夺和毁灭该财产。”J. B. Genlin & David W. Miller, *Federal Eminent Domain*, the Michie Company, 1982, p. 3. 转引自沈开举主编:《中国土地制度改革研究》,法律出版社2014年版,第243页。

基于此，西方世界逐渐放弃了格劳秀斯的保留权利理论，而发展出了固有权力理论，认为土地征收权并非一种财产权，而是一种国家主权。任何主权国家无须任何证明，天然地享有这一权力，而且该权力是合法政府的必需品。土地征收权作为主权国家的一项固有权力，无须任何授权，因此宪法上的征收条款并非赋权条款，而是一种对既有权力的制约。[1]

(二)经济解释论

随着经济学和法经济学的兴起，以托马斯·尤伦(Thomas S. Ulen)[2]、艾珀斯坦(Epstein)[3]和波斯纳(Posner)[4]为代表的学者们从法经济学的角度解释了征收权的正当性基础。传统意义上讲，个人自治乃普通法原则之核心，但在推崇个人意思自治之时，蕴含的一个前提假设是协商成本与法律执行成本为零或者接近于零。事实上，在很多情况下，自愿交易的成本非常高昂以至于达成交易的可能性也几乎为零，但这些交易的达成会极大地促进公共利益。基于此，必须赋予政府强制交易的权力，而土地征收则是一种典型的强制购买，这也正是经济解释论中土地征收权的正当性根据。

具体而言，交易成本包含寻找成本、讨价成本和执行成本三个要素。寻找成本是找到交易对象的成本，这主要取决于物品在市场上的稀缺性；讨价成本主要是达成交易的成本，对于一个简单的交易甚至都不存在讨价还价的情况，但是对于一个耗时长、合作要求高的交易而言，讨价成本会相当高；执行成本是指完成和执行交易的成本。在复杂的市政工程等领域，因为要提供复杂的公共物品，因此成本相当高昂。例如土地的征收，因为存在大量的利害关系人，如果完全依靠个人意思自治，则很难达成交易，或者说交易的成本会相当高昂，因此必须依靠政府的土地征收权促进公共福祉。这一解释带给当下中国的有益启示还在于，因为征收权存在的基础是通过自愿交易的方式提供公共物品的成本过高，因此只有在提供公共物品所必需的范围之内才能行使征收权，而不能随意扩大征收权的范围。

---

[1] See J. B. Genlin & David W. Miller, *Federal Eminent Domain*, the Michie Company, 1982, p. 2. 尽管固有权力理论相较保留权利理论而言，更有助于解释征收的正当性，但其对于为何主权中必然包含土地征收权却未有充分论述，因此也存在进一步发展的空间。

[2] 参见[美]罗伯特·考特、[美]托马斯·尤伦：《法和经济学》，史晋川、董雪兵等译，格致出版社、上海三联书店、上海人民出版社2012年版。

[3] 参见[美]理查德·A. 艾珀斯坦：《征收——私人财产和征用权》，李昊、刘刚、翟小波译，中国人民大学出版社2011年版，第113～170页。

[4] 参见林立：《波斯纳与法律经济分析》，上海三联书店2005年版。

四、收入分配理论:土地增值收益分配的内在机理

收入分配是经济生活中的重要环节,长久以来,西方经济学家们掌握着收入分配理论的话语权,并在不同的历史阶段形成了“按劳分配”“按要素分配”“平等分配”等理论。这一系列分配理论的提出都植根于特定的历史环境,并且相互关联,可以出现在同一时间和同一区域内。这些收入分配理论为我国收入分配制度的建构提供了大量的理论参考,其中马克思政治经济学分配理论和福利经济学收入分配理论对新时期我国集体土地征收增值收益分配制度的建构更是意义深远。

(一)马克思政治经济学分配理论

与西方经济学的分配理论有所不同的是,马克思主义的分配理论更强调以劳动价值论为基础,深刻阐释了生产力、生产关系与分配之间的联系,以及收入分配中的公平问题。[1]马克思认为分配关系是生产关系的反面,其本质上和生产关系是同一的。生产关系和分配关系相互作用,相互统一。一方面,生产关系决定分配关系;另一方面,分配关系又反作用于生产关系,唯有两者相互适应,才能解放和发展生产力,才能巩固生产关系。[2]

马克思的收入分配理论还强调了分配的公平性,全面发展、共同富裕的理念和国家在收入分配中的作用。生产资料占有的不平等带来了社会财富分配的两极分化,在转型期的中国,诸如土地之类的生产要素逐渐资本化,使其经济价值大幅提升,但由于分配制度的不完善带来了严重的两极分化。收入分配改革的最终目的是实现全面发展与共同富裕,因此要建构协调与共享的发展与分配模式。

---

〔1〕 在马克思政治经济学分配理论诞生之前,欧洲经济学界存在三种主要的收入分配理论。第一种是以萨伊为代表的庸俗经济学家的“三位一体”分配观点,认为工资是劳动的报酬,利息是资本的报酬,地租是土地的报酬,三种要素在生产过程中发挥作用,在参与分配时各自取得相应的报酬份额;第二种是以大卫·李嘉图为代表的古典经济学家提出的以劳动价值论为基础的分配理论,并认为分配问题是经济学的核心问题;第三种是以约翰·穆勒为代表的经济学家所支持的折中主义收入分配理论。参见韩文龙、谢璐:《马克思经济学收入分配理论的核心范畴及启示》,载《经济纵横》2018 年第 5 期。

〔2〕 对于收入分配,马克思主义经典作家在不同时期围绕不同问题从不同的角度进行过思考和论述,形成了一系列具有深远影响的观点,包括社会再生产四环节理论、消费与分配关系理论、社会再生产“按比例”规律、社会扣除理论、社会保障理论、相对贫困理论以及征收高额累进税、遗产税的主张等。参见韩晓明、贾康:《马克思主义经典作家关于收入分配的理论要点》,载《财政科学》2018 年第 7 期。

(二)福利经济学收入分配理论

福利经济学收入分配理论认为,分配可以分为三次。初次分配以生产要素为依据。但每个人占有的生产要素存在差异,因此这种分配方式会引起贫富差距的扩大,不利于社会的稳定发展。故而,在进行初次分配之后要通过实施社会福利制度进行二次分配,调节收入差距。初次分配和二次分配带有强制性,因此,出于公平分配的考量,可通过道德进行三次分配,如捐赠、扶贫等。

在集体土地征收增值收益的分配问题上,如果遵循上述分配思路,那么在初次分配中,政府应当尊重和承认集体土地所有权人基于土地这一生产要素而取得的土地发展权,并按公正补偿的基本原则给予补偿。同时,为了更好地兼顾各方利益,在二次分配中应当更加注重公平,通过税收等形式实现土地增值收益的二次分配。

第二节　集体土地征收增值收益的生成机理

一、权利视角下土地增值收益生成的一般机理

诚如上文所言,从经济学角度来看,目前中国学界主要将土地增值归为自然增值和人工增值两大类,[1]并且将土地增值的具体原因解释为投资、供求、用途转换、区位变化等,相应地存在投资性增值、供求性增值、用途性增值、区位性增值等几种形式。而从法学角度考量,以权利为观察视角,则可以将土地增值收益分为权利保有增值收益和权利移转增值收益两大类。

权利保有增值是指在不改变权利主体的前提下,由于对土地进行生产要素的投入而带来的土地价值的增加。例如土地承包者通过改良土壤、修建灌溉设施来增加土地农产品的产出;宅基地使用权人通过修建道路和花园改善居住环境提高房屋的价值;集体建设用地使用权人通过整理土地、扩建厂房等提高生产效率,都是这一增值形式的具体体现。

权利移转增值是指由于土地权利的移转而带来的土地价格的增加,具体而言又可以分为土地所有权的移转带来的增值和土地使用权的移转带来的增值。国家通过征收的形式,将集体土地所有权转变为国家所有权,并通过这种形式

[1] 参见周诚:《论土地增值及其政策取向》,载《经济研究》1994年第11期。

改变土地的性质、区位和用途，在法学意义上最为直观的表现便是土地所有权的移转，也正是因为所有权的这种移转才使集体土地能够释放其内在的经济价值，在法学上集中体现为土地发展权的实现。集体土地在未被征收的情况下，还可以通过土地承包经营权的流转带来土地增值收益。在我国，土地承包经营权具有排他使用和处分的权能，土地承包经营权人可通过转包、互换、转让等方式流转土地承包经营权，实现市场化配置，由此引起的土地增值便是土地使用权权利移转增值。

二、中国法规范下土地征收增值的特殊机理

与一般意义上的土地增值原理有所不同，虽然我国的集体土地也会因为诸如投资等因素而产生增值，但是一个更为特殊的中国现象是：集体土地在经过征收之后，其价值通常会呈现出巨大的增加。从一般意义上讲，对集体土地的征收不应该引起土地增值，因为土地征收是为了公共利益，而征收补偿则是为了使被征收人恢复到土地未被征收时的状态。但在中国的特殊语境下，政府通过“垄断建设用地一级市场 + 低征高卖”的形式引起了特有的“土地征收过程中的增值”。更为准确地讲，这是对我国现阶段政府以土地征收的形式从农民手中获得土地，并支付一定的土地补偿费，经过一定的土地整理之后，以招、拍、挂等方式出让土地使用权而获得巨额增值收益这一现象的统称。

就目前而言，尽管 2019 年修正的《土地管理法》删除了原《土地管理法》第 43 条规定的“任何单位和个人进行建设，需要使用土地的，必须依法申请使用国有土地”，并在第 63 条确立了集体经营性建设用地入市制度，从规范维度明确了集体土地直接入市的条件和范围。但无可否认的是，集体经营性建设用地的面积相对较少，而且至今仍处于试点阶段，并未真正全面铺开，因此，就绝大部分集体土地而言，依旧没有摆脱“先征后用”和“集体建设用地原则上禁止流转”的制度枷锁。

也正因如此，事实上目前绝大多数集体土地的开发依旧沿袭的是“先征后用”和“集体建设用地原则上禁止流转”的制度。通过这两项制度安排，原则上，集体土地除特殊情况外不能用于建设，且流转也基本限于集体经济组织内部，绝大部分集体土地无法直接进入土地市场进行交易，其开发建设必须先通过征收转为国有土地之后，并以招、拍、挂的形式出让使用权实现。因此，政府事实上在源头上垄断了建设用地一级市场。更为重要的是，尽管《宪法》将“公共利

益”作为启动征收的前提条件,但在《土地管理法》的特殊制度安排下,“公共利益”条款“列举+兜底”式的安排,尤其是《土地管理法》第45条第5项,将“在土地利用总体规划确定的城镇建设用地范围内,经省级以上人民政府批准由县级以上地方人民政府组织实施的成片开发建设需要用地的”也纳入“公共利益”范畴,使这一限制条款基本失去了现实意义。实践中对土地的征收并未严格区分公共利益和非公共利益,征收权的泛滥行使进一步加剧了土地财政市场的膨胀。

垄断建设用地一级市场之后,土地征收增值直接通过“低征高卖”的形式表现出来。尽管2019年修正的《土地管理法》用区片综合地价取代了原有的产值倍数法进行征收补偿,但是这种补偿方式其本质仍旧是一种政府指导价,但在招、拍、挂过程中,又以“市场价值”为基础进行使用权转让,以此形成巨大的差价。因此,在研究中国的土地增值收益分配问题之时,既要吸收和尊重基本的征收补偿和分配原理、域外国家的经验,但同时也要把握我国的特殊制度,从土地征收补偿制度、集体建设用地流转制度、土地产权制度等各方面进行分析和建构。也正因如此,本书研究的重点虽然落脚于“分配制度”,但在转型期的中国,分配问题绝对不仅是分配这一个环节的问题,而是土地权利配置的问题。

第三节 集体土地征收增值收益分配制度的历史变迁

一、直接没收阶段(1949—1952年)

“无论从哪个角度审视中华人民共和国土地政策的变迁史,它都堪称20世纪中国的一部大事记。”[1]中华人民共和国成立初期,为了巩固政权,消灭剥削,塑造新的土地格局,地方和中央制定了一系列土地法律规范。据考证,“征用”一词最早出现在上海市人民政府于1949年12月12日颁布的《处理无主土地暂行办法》之中,该办法第9条规定:“代管土地如政府有征用必要时,得于征用之。”[2]而“征收”一词最早见于1950年1月政务院发布的《关于处理老解放区市郊农业土地问题的指示》,该指示第1条规定:“没收地主土地、征收旧式富

〔1〕[荷]何·皮特:《谁是中国土地的拥有者——制度变迁、产权和社会冲突》(第2版),林韵然译,社会科学文献出版社2014年版,第8页。

〔2〕参见高海燕:《二十世纪中国土地制度变迁》,法律出版社2015年版,第51页。

农出租的土地,为了城市建设与工业发展之需要,一律收归国有,由市人民政府管理,并分配给无地与少地农民使用。”

1950 年 6 月 24 日,政务院制定了《铁路留用土地办法》,该办法第 6 条规定:“铁路因建筑关系,原有土地不敷应用或有新设施需要土地时,由铁路局通过地方政府收买或征购之。”此处所称“收买”与“征购”,内涵相当或接近于征收,但是该法办没有进一步规定如何补偿的问题。随后,在 1950 年 6 月 28 日,为了废除地主阶级封建剥削的土地所有制,中央人民政府公布并实施了《土地改革法》,首次以法律的形式确认了土地征收,并系统地规定了土地的集中与分配。[1]同年 9 月 16 日,中央人民政府政务院出台《关于铁路留用土地办法的几点解释》中规定,征用公地,无须拨价,如所征土地系《土地改革法》第 3 条但属于学校、孤儿院、养老院、医院等依靠土地收入维持费用者,应通过地方筹发地价。

1950 年 11 月 21 日,政务院通过了《城市郊区土地改革条例》,并在第 14 条规定:“国家为市政建设及其他需要征用私人所有的农业土地时,须给以适当代价,或以相等之国有土地调换之。对耕种该项土地的农民亦应给以适当的安置,并对其在该项土地上的生产投资(如凿井、植树等)及其他损失,予以公平合理的补偿。”此条例所规定的土地征收补偿体现于两个方面:一是补偿方式上,既有金钱补偿,也有实物补偿;二是补偿标准上,对土地之补偿为“适当代价”,对地上附着物与其他损失的补偿则为“公平合理的补偿”。

通过上述梳理可以发现,尽管 1950 年年底通过的《城市郊区土地改革条例》中规定了土地征收的补偿问题,也出现了“公平合理的补偿”等字眼,但这并非现代意义上的公正补偿,或者说,并非当时的时代主旋律。中华人民共和国成立初期的主要任务依旧集中在消灭剥削阶级上,因此征收的主要目的是分地给农民,使其能满足基本的生存需求,本质上是一种没收,而非现代意义上的对财产权损失的补偿。

二、较低补偿阶段(1953—1987 年)

土地改革在中国具有无可替代的历史意义,它是从半殖民地半封建社会转

---

[1] 《土地改革法》第 3 条第 1 款规定:“征收祠堂、庙宇、寺院、教堂、学校和团体在农村中的土地及其他公地。但对依靠上述土地收入以为维持费用的学校、孤儿院、养老院、医院等事业,应由当地人民政府另筹解决经费的妥善办法。”

向现代社会的必要环节。在中华人民共和国成立后的“土改”中,主要以没收的形式完成对土地的再分配改革,之所以没有选择征购的方式,是因为这既是一项经济制度的改革,又是推进政治变革的一场阶级斗争。[1]“到一九五二年冬,除台湾省和一部分少数民族地区以外,全国的土地改革基本结束,使三亿无地或少地的农民分得了约七亿亩土地和其他生产资料。”[2]这一时期,土地改革形成的土地的农民私有制度,既不是产权市场长期自发交易的产物,也不是国家仅仅对土地产权自发交易过程中施加某些限制的结晶,而是国家组织大规模群众通过斗争直接重新分配原有土地产权的结果。[3]

在大部分农民获得了土地之后,解放和发展生产力成为土地制度改革的主要目标,然而正如上文所言,分散的小农经济无法支撑我国建设现代化工业国家的目标,同时我国又存在私人兼并土地的风险和国家建设用地稀缺等问题,于是中央采取了新的举措确保经济的发展。这些举措概括而言主要包括:建立土地征收制度,为大规模的经济建设提供土地来源;建立二元土地所有制,削弱小农私有对土地供给的障碍;确立社会主义计划经济体制,全国开始按计划进行大规模开发。

由于我国的传统文化在一定程度上缺失对私人财产权的珍视与尊重,加之中华人民共和国成立之初特殊的历史环境,在完成社会主义三大改造的决策下,人们将私有财产视为公有制的对立物,强调生产资料归整个社会所有,国家利益具有至高无上的地位。从中华人民共和国成立到改革开放初期诞生的三部宪法(1954 年、1975 年、1978 年)无一不体现着这种价值取向:财产权并非公民基本权利的范畴,如果有也仅限于维持生存、延续生命所必需的“生活资料”;[4]公共利益具有至高无上的地位,任何私有财产权的行使以不损害公共利益为前提,同时出于公共利益的需要,国家可以对城乡土地实行征购、征用或直接将其收归国有。

1954 年《宪法》在“公民的基本权利和义务”一章中并未提及对公民财产权的保护,只是在总纲中略有涉及。与此形成鲜明对比的是,“五四宪法”第 101 条明确规定“中华人民共和国的公共财产神圣不可侵犯。爱护和保卫公共财产

[1] 参见杜润生:《杜润生自述:中国农村体制变革重大决策纪实》,人民出版社 2005 年版,第 19 页。
[2] 中共中央文献编辑委员会编:《毛泽东著作选读》(下册),人民出版社 1986 年版,第 877 页。
[3] 参见罗必良等:《产权强度、土地流转与农民权益保护》,经济科学出版社 2013 年版,第 59 页。
[4] 参见沈开举主编:《行政补偿法研究》,法律出版社 2004 年版,第 58 页。

是每一个公民的义务”。“七五宪法”和“七八宪法”中也有“社会主义的公共财产不可侵犯”,“禁止任何人利用任何手段,破坏社会主义经济和公共利益”等内容。具体到土地,在公有制的号角下,为了尽快完成社会主义初级阶段的基本任务,土地已经不再可能成为私有财产。[1]甚至在“七五宪法”和“七八宪法”中取消了作为土地征收最基本构成要件的“公共利益”。

自改革开放以来,我国《宪法》对私有财产权的保护力度逐步增强。“八二宪法”承认了“个体经济”是社会主义公有制经济的补充,同时也明确国家对公民私有财产的保护范围扩大到了“合法财产的所有权”。[2]然而在社会主义公有制的根本前提之下,土地的财产属性并不突出,国家利益至上成为最主流的立法导向。因为此时的土地征收条款虽然出现了“公共利益”的要件却依然没有“补偿”要件,土地的征收也是为了国家经济的发展,为了城市化的需要。同时特意指出“公共财产神圣不可侵犯”,以区别于私有财产。

反映到具体的土地法律,当时征用土地的主要依据是1953年中央人民政府政务院[3]颁布的《中央人民政府政务院关于国家建设征用土地办法》(以下简称《办法》)。[4]《办法》是我国首部比较完整的土地征用行政法规,其内容以征用土地的原则、补偿标准、安置办法等为主,为我国土地征用征收制度的形成

[1] 中华人民共和国成立后的一段时期内,土地所有制的基本格局是以农民土地私有制为主体的多种所有制并存。1949年9月通过的《中国人民政治协商会议共同纲领》拉开了中华人民共和国第一次土地改革的序幕,1950年6月颁布的《土地改革法》更是将这一改革推至高潮,农村土地的改革确定了以农民土地私有为主体的土地所有制。但是随着国内经济的复苏,个体的农业生产很难提高效率,于是中共中央于1951年发布了《关于农业生产互助合作的决议(草案)》,主张通过开展互助合作、建立互助组来克服生产困难,扩大经营规模。这一时期的初级社土地依旧属于农民个体私有,但在随后的高级社合作中,土地所有权逐渐演化为劳动群众集体按份共有。在互助组运动的基础上,又催生了更高一级的制度——人民公社。1962年9月27日,八届十中全会通过了《农村人民公社工作条例修正草案》,明确了生产队的集体土地所有制,确定了以生产队为基本单位的“三级所有、队为基础”的农地政策。1975年和1978年两部《宪法》也都对集体所有制的形式作了明确规定。

[2] 1988年修改《宪法》时明确肯定了私营经济的宪法地位,1999年《宪法修正案》则进一步将个体经济和私营经济上升为“社会主义市场经济的重要组成部分”。

[3] 政务院是1949年10月21日至1954年9月27日中华人民共和国“国家政务的最高执行机关”,是中央人民政府的一个机构。政务院并非最高国家行政机关,而是国家政务的最高执行机关。而国务院,也称中央人民政府,是最高国家行政机关。

[4] 参见新华社:《中央人民政府政务院关于国家建设征用土地办法》,载《新黄河》1953年第12期。

奠定了基础。[1]由于制定该办法时，农村还没有合作社化，因而农村土地也主要以农民私有为主，征收的也主要是这部分土地，为了保障国家经济建设用地需求，该办法依旧规定了补偿原则和标准，以调整国家和农民之间的关系。

在中央的推动下，中国农村很快实现了从初级社到高级社的转变，农村高级社的格局基本奠定。[2] 1958 年，农村社会主义改造基本完成，高级农业合作社遍布全国，农村土地基本完成了从农民个人私有到集体所有的过渡。[3]为了解决失地农民就业安置不当、土地资源严重浪费、耕地急剧减少[4] 等问题，1957 年 10 月 18 日国务院全体会议第五十八次会议对该办法进行了修正，并于 1958 年 1 月正式公布施行。新的办法与之前的相比，针对性地提出了节约用地的要求，明确了农业安置的原则，[5]同时调整了征地补偿的标准，由原来的以土地最近 3 ~5 年产量总值为标准降低到以最近 2 ~4 年产量总值为标准，并将补偿的对象由农民个体转变为合作社。在此后的二十多年里，新修改的《办法》一直是我国土地征用的主要法律依据。

---

〔1〕《办法》第 8 条第 1 款规定："被征用土地的补偿费，在农村中应由当地人民政府会同用地单位、农民协会及土地原所有人（或原使用人）或由原所有人（或原使用人）推出之代表评议商定之。一般土地以其最近三年至五年产量的总值为标准，特殊土地得酌情变通处理之。如另有公地可以调剂，亦须发给被调剂土地的农民以迁移补助费。"第 2 款规定："对被征用土地上的房屋、水井、树木等附着物及种植的农作物，均应根据当地人民政府、用地单位、农民协会及土地原所有人和原使用人（或原所有人和原使用人推出之代表）会同勘定之现状，按公平合理的代价予以补偿。"

〔2〕参见孙宪忠：《争议与思考——物权立法笔记》，中国人民大学出版社 2006 年版，第 453 页。

〔3〕1956 年，第一届全国人民代表大会第三次会议通过的《高级农业生产合作社示范章程》掀起了社会主义运动的新高潮。1956 年年底，中国农村基本实现了从半社会主义合作化到完全社会主义合作化的转变。互助组和初级社时期，土地均为农民所有，不同之处在于初级社时期农民采用土地入股、获得土地报酬的形式，而高级社时期则取消了土地报酬，社员的全部土地归合作社公有，社员实行统一经营、统一分配。高级社时期的农地政策实现了农村土地的集体所有，使中国农地制度发生了根本性的变化。参见司野：《集体土地征收增值收益分配制度研究》，郑州大学 2017 年博士学位论文，第 52 ~53 页。

〔4〕据资料显示，1958—1960 年耕地转用和损毁 2.18 亿亩。但从郑振源先生的分析来看，当时所调查的耕地情况与实际情况是有出入的。具体原因主要有以下几点：其一，由于当时收取农业税，致使农民普遍为了少交税而少报、瞒报实际土地面积；其二，对于新开垦的荒地，"三五年不交农业税"，也未算入实际面积之列；其三，丈量技术的落后导致误差太大等。基于以上种种原因，才造成 1957 年以后耕地面积每年净减少 700 ~1000 万亩的假象。参见郑振源：《郑振源土地利用文集》，中国大地出版社 2007 年版，第 148 页。

〔5〕在中华人民共和国成立前，连年的战争使中国广大的农村陷入了极度的贫困。对当时的农民来说，能在城市拥有一席之地是新时期对新生活的一种追求。一部分在"解放了"的狂热心情刺激下不安于现状的农民，一部分被专政的失地者，都迅速涌向城市，但是，在一穷二白的基础上建立起来的新政权根本无力满足大量涌入城市的人流带来的粮食、住房和就业等方面的需求。1952 年至 1957 年，农村人口占全国总人口百分比下降了 2.9%。数据资料参见农业部政策法规司、国家统计局农村司编著：《中国农村 40 年》，中原农民出版社 1989 年版，第 410 页。

十一届三中全会后,在改革开放的大背景下,经济建设活动迅速开展,建设用地的需求呈现出井喷式增长,耕地面积急剧下降,土地征收和补偿出现了新的问题。在这一新局势下,1982 年 5 月第五届全国人民代表大会常务委员会第二十三次会议决定,原则批准《国家建设征用土地条例》,由国务院公布施行。[1]为了细化条例中的规定,使其更具现实操作性,原国家计委、农牧渔业部、城乡建设环境保护部于次年联合印发了《〈国家建设征用土地条例〉若干问题的说明》。自此以后,各省、自治区、直辖市也制定了辖区内的建设征用土地实施条例。与以往的规定相比,提高了补偿的标准,强化了国家土地征用权,同时完善了土地征用程序,明确了审批主体。从一定意义上讲节约了土地,提高了土地利用效率,也完善了国家建设征用土地的立法。[2] 1986 年 6 月,全国人大常委会在吸收了该条例中征收、补偿以及相关实践经验的基础上,审议并通过了《土地管理法》。

总体而言,这一阶段呈现出的一个基本特征是虽然土地征收已经不再是阶级斗争的工具,但是为了保障国家经济建设,完成计划经济时代的任务,服从征收、服务经济建设仍旧是一项义务,征收补偿的标准也较低。

三、提高补偿阶段(1988—2002 年)

在延续了多年"崇公抑私"之后,转折点出现在 1988 年的《宪法修正案》。国家对公益和私益的平衡逐渐回归理性,土地使用权得以依法转让。与此相对应的是,1988 年 12 月 29 日第七届全国人民代表大会常务委员会第五次会议通过了对《土地管理法》进行修改的决定,并明确规定国有土地和集体土地的使用权可以依法转让。但是就征收补偿的标准而言,较修正前的《土地管理法》并没有变化,依旧以前三年平均年产值的 3 ~6 倍为准。

而关于补偿标准较大的改变出现在 1998 年对《土地管理法》的修订上,这是《土地管理法》第二次进行修正,修正后的《土地管理法》于 1999 年 1 月正式

---

〔1〕 事实上,该条例的目的是降低土地征收的成本,保证政府所界定的国家建设的顺利推进。参见吕克白:《关于〈国家建设征用土地条例(草案)〉的说明——一九八二年四月二十八日在第五届全国人民代表大会常务委员会第二十三次会议上》,载《中华人民共和国国务院公报》1982 年第 10 期;转引自蔡乐渭:《中国土地征收补偿制度的演进、现状与前景》,载《政法论坛》2017 年第 6 期。

〔2〕 在该说明颁布之后,国务院又于 1984 年颁布了《关于改革建筑业和基本建设管理体制若干问题的暂行规定》,原农业渔业部、国家计委等部门联合制定颁布了《关于征用土地费实行包干使用暂行办法》和《国家建设征用菜地缴纳新菜地开发建设基金暂行管理办法》等。参见高海燕:《二十世纪中国土地制度变迁》,法律出版社 2015 年版,第 53 页。

颁布实施。这次修正的一个显著特征是提高了征地补偿的标准,将耕地征收的补偿标准由原来的前三年平均年产值的3~6倍提升至6~10倍,安置补助费提高至4~6倍。[1]

与此同时,依据新修订的《土地管理法》,国务院又于1998年12月出台了《土地管理法实施条例》,对补偿费的归属进行了规定,明确土地补偿费归农村集体经济组织所有,地上附着物及青苗的补偿费归地上附着物及青苗所有者所有。

与之前相比,由于经济体制改革的不断深入和权利保障意识的增强,"崇公抑私"的思想逐渐得到改变,补偿的标准明显提高,补偿制度也逐渐完善。

四、变革补偿阶段(2003年以后)

2003年,十六届三中全会正式启动土地征收制度改革,2004年的《宪法修正案》进一步规定"公民的合法的私有财产不受侵犯","国家为了公共利益的需要,可以依照法律规定对公民的私有财产实行征收或者征用并给予补偿"。但是令人遗憾的是,对于补偿,《宪法》并未作出进一步的说明,对于土地增值收益的分配更是很难从中解读出令人信服的含义。

2004年修正的《土地管理法》延续了1999年《土地管理法》关于补偿的规定,规定土地补偿费为前三年平均年产值的6~10倍,安置补助费为前三年平均年产值的4~6倍、最高不得超过15倍,总和不得超过30倍。在这一阶段,原国土资源部更是印发了大量的规范性文件落实《土地管理法》。[2] 2004年10月,国务院又颁布《关于深化改革严格土地管理的决定》,规定以统一年产值标准或区片综合地价标准补偿,以同地同价为目标。2019年,《土地管理法》完成了第三次修正,并最终确定了"征收农用地的土地补偿费、安置补助费标准由

---

〔1〕 虽然在补偿标准上有所提升,但是距离正当补偿仍然存在较大差距,因为官方认为,根据《宪法》关于"国家为了公共利益的需要,可以依照法律规定对土地实行征用"的规定,征地是一种国家行为,也是农民对国家应尽的一种义务,不是农民向国家卖地。国家征用的土地再出让时,决定不同地价的级差地租是国家投资形成的,原则上这项收益应当属于国家。参见《关于〈中华人民共和国土地管理法(修订草案)〉的说明》,1998年4月26日,第九届全国人民代表大会常务委员会第二次会议。

〔2〕 如1999年9月,原国土资源部颁布了《关于贯彻执行〈中华人民共和国土地管理法〉和〈中华人民共和国土地管理法实施条例〉若干问题的意见》的通知;1999年12月颁布了《关于加强征地管理工作的通知》;2001年颁布了《关于切实做好征地补偿安置工作的通知》。

省、自治区、直辖市通过制定公布区片综合地价确定”[1]的方案(见表1－1)。

近年来,有关征地制度改革的总体思路渐趋明朗,目前我国正处于经济社会发展进入新常态的转型时期,已经充分意识到了改革农村土地增值收益分配制度的重要性和紧迫性,也为农村土地增值收益分配制度指明了方向。

从整个土地法律制度中征收(用)补偿制度的发展脉络来看,补偿标准逐步回归理性,但是与学者们长久以来呼吁的“市场价值”相比,依旧存在相当一段差距。因为一个不争的事实是,无论是长久以来沿用的平均年产值倍数法也好,区片综合地价也罢,其本质都是政府定价,都无法准确客观地反映被征土地的具体价值。因此,就这一角度而言,包括增值收益如何分配在内的一些问题仍旧将长时间阻挠我国土地法制改革的进程。[2]

表1－1　我国征地补偿标准演化一览表

时间	名称	制定机关	补偿规定
1950年6月	《土地改革法》	中央人民政府委员会	一般情况下,征收不予补偿;但农民如因买地、典地而蒙受较大损失时,给予适当补偿
1950年11月	《城市郊区土地改革条例》	中央人民政府政务院	提供适当安置,给予农民公平合理补偿
1953年12月	《关于国家建设征用土地办法》	中央人民政府政务院	一般土地以其最近3年至5年产量的总值为标准,特殊土地得酌情变通处理之。如另有公地可以调剂,亦须发给被调剂土地的农民以迁移补助费。对被征用土地者的生产、生活有影响的,应按照公平合理的原则给予补偿费或补助费;征用合作社的土地,补偿费发给合作社,但社员大会或者社员代表大会认为对社员生活没有影响,不需要补偿,并经当地县级人民委员会同意,可以不发给补偿费

〔1〕《土地管理法》第48条第3款规定,征收农用地的土地补偿费、安置补助费标准由省、自治区、直辖市通过制定公布区片综合地价确定。制定区片综合地价应当综合考虑土地原用途、土地资源条件、土地产值、土地区位、土地供求关系、人口以及经济社会发展水平等因素,并至少每三年调整或者重新公布一次。

〔2〕参见王静:《城镇化中土地制度改革的未来走向——中国近10年研究成果综述》,载《甘肃行政学院学报》2013年第4期。

续表

时间	名称	制定机关	补偿规定
1958 年 1 月	《国家建设征用土地办法》(修正)	国务院	将补偿标准由原来的以土地最近 3 ~ 5 年产量总值为标准降低到以最近 2 ~ 4 年产量总值为标准,补偿对象由农民个人转变为合作社
1982 年 5 月	《国家建设征用土地条例》	国务院	土地补偿标准(前三年平均产值的 3 至 6 倍)、安置补助标准(前三年平均产值的 2 至 3 倍,最高不得超过 10 倍)两项总和不得超过被征土地年产值的 20 倍
1983 年 6 月	《〈国家建设征用土地条例〉若干问题的说明》	原国家计划委员会、农牧渔业部、城乡建设环境保护部	
1987 年 1 月	《土地管理法》	全国人民代表大会常务委员会	
1988 年 12 月	《土地管理法》(修正)	全国人民代表大会常务委员会	
1999 年 1 月	《土地管理法》(修正)	全国人民代表大会常务委员会	按照被征用土地的原用途给予补偿;土地补偿费,为前三年平均年产值的 6 至 10 倍、安置补助费为前三年平均年产值的 4 至 6 倍但最高不得超过 15 倍;总和不得超过 30 倍
2004 年 8 月	《土地管理法》(修正)	全国人民代表大会常务委员会	
2004 年 10 月	《关于深化改革严格土地管理的决定》	国务院	以统一年产值标准或区片综合地价标准补偿,以同地同价为目标
2020 年 1 月	《土地管理法》(修正)	全国人民代表大会常务委员会	征收农用地的土地补偿费、安置补助费标准由省、自治区、直辖市通过制定公布区片综合地价确定。制定区片综合地价应当综合考虑土地原用途、土地资源条件、土地产值、土地区位、土地供求关系、人口以及经济社会发展水平等因素,并至少每三年调整或者重新公布一次

第二章

集体土地征收增值收益分配的问题与改革探索

第一节　集体土地征收增值收益分配的制度缺陷

一、土地发展权被隐形国有

（一）土地发展权隐形国有的理论面向

土地发展权是一个舶来品，也是法学界多年来在内部性视角之外，寻求外部性解决土地征收补偿、增值收益分配的核心法律术语之一。[1] 学界对其内涵的基本共识是：基于对未利用土地加以利用、转变土地用途、提高土地利用强度等的自由在法律上创设的一种与土地所有权分割而可以独立使用、处分的财产权。[2]

在我国的土地权利体系中，土地发展权在国有土地和集体土地中呈现出截然不同的定位。观察国有土地权利体系可以发现，国有土地发展权是土地所有权的应有子权利。也有学者将农地的土地发展权概括为“农地发展权”[3]，但两者在法律本质上是一致的。在国有土地开发的过程中，国家利用土地规划和

---

〔1〕 对土地发展权进行比较法研究主要集中于美国、英国和法国的相关制度。比较有代表性的成果如刘国臻：《论美国的土地发展权制度及其对我国的启示》，载《法学评论》2007 年第 3 期；彭錞：《土地发展权与土地增值收益分配——中国问题与英国经验》，载《中外法学》2016 年第 6 期；高洁、廖长林：《英、美、法土地发展权制度对我国土地管理制度改革的启示》，载《经济社会体制比较》2011 年第 4 期。

〔2〕 参见高富平主编：《土地法学》，高等教育出版社 2016 年版，第 249 页。

〔3〕 丁德昌：《农地发展权的法律属性与权利结构》，载《政治与法律》2020 年第 1 期。

行政审批在国有土地上增设了土地发展权,同时又以土地所有者的身份出让国有土地使用权,以此获得国有土地的土地发展权,达到所有权与发展权的统一。事实上,在出让从国有土地所有权中分离出的国有建设用地使用权时,土地发展权也一起被转让给了受让人。

但是反观集体土地所有权,由于受到严格的用途管制和流转限制,除却新《土地管理法》允许满足条件的集体经营性建设用地入市流转外[1],对于绝大部分土地而言,集体土地所有权人都无法自行改变土地的用途,更无权将集体土地直接流转进入土地一级市场,而是只能通过先征后用的方式,由国家将土地征收为国有土地之后,再以招、拍、挂等形式出让国有土地使用权,并收取出让金。国家正是通过土地用途管制和土地征收制度将土地发展权从集体土地的产权束中剥离,并通过行政管理权将其吸收,杜绝了土地市场化调整的可能。可见,在当下的集体土地所有权中缺乏一定的土地发展权。从补偿角度来讲,我国对农地的补偿仅仅考虑了对土地承包经营权等用益物权的补偿,忽视了非经营性土地权利即土地发展权。而正是由于农村土地征收中土地发展权理念的缺失,使我国尚未建立起土地发展权制度,导致这项本该归属于土地所有者的土地发展权益未得到充分保障。

在现有的土地产权不清且集体土地所有者主体虚化的大背景下,失地农民所获得的补偿过低,问题突出。在缺乏对集体土地发展权最基本的承认和肯定的前提下,土地增值收益的分配结构呈现出极度不合理的状态,各方主体对集体土地征收增值收益的博弈逐渐凸显,征地矛盾频发。

(二)土地发展权隐形国有的现实面向

集体土地的土地发展权被隐形国有这一事实可以在长期的征地实践中得到证实。与城市不同的是,我国农村目前并不存在土地增值税,但是政府却通过土地征收的方式变相课征了近乎100%的土地增值收益。有学者在江苏、福建、广东、吉林、陕西、四川等省调查后发现,在大部分地区,农民大约只得到了地价5%～10%的补偿,有的甚至更少。[2] 也有学者研究了我国23个省(自治

---

[1] 2019年8月26日第十三届全国人民代表大会常务委员会第十二次会议通过了新《土地管理法》,新法删除了原《土地管理法》第43条关于"任何单位和个人进行建设,需要使用土地的,必须依法申请使用国有土地"的规定,同时在第63条增加了集体经营性建设用地入市流转的规定。一方面,法律对这一问题的规定较为笼统;另一方面,对集体土地入市规定了较多的限制条件,因此就集体土地和国有土地两权平等这一问题还有很大的改革空间。

[2] 参见汪晖、陶然:《中国土地制度改革:难点、突破与政策组合》,商务印书馆2013年版,第67页。

区、直辖市)2010 年征收土地增值收益数据及其分配情况,发现村集体(农民)、政府、开发商所获得的增值收益比例为 3.70∶22.32∶73.98,也就是说,当前农村集体土地增值收益分配格局极不理想。[1] 由于我国特殊的土地制度,集体土地无法直接进入土地一级市场进行交易和流通,因此也不存在集体土地的土地市场,长久以来,我国一直采用产值倍数法来计算补偿额,各地补偿额的区别只是由于计算倍数的不同。因此,笔者拟通过全国土地征收面积及农地占比、政府土地出让收入及占财政收入比重、补偿款占土地出让金之比等三组数据来证明集体土地发展权通过征收被隐形国有化的事实。

1. 全国土地征收面积体量庞大,其中农地占比高(见图 2-1)。[2] 从 2006 年至 2017 年的统计数据来看,我国集体土地被征收的总面积和农地被征收的面积常年维持在一个较高的水平,其中最高涨幅出现在 2009 年,征地总面积比 2008 年增长了 48.36%,而被征收的农地占被征收土地的比例平均维持在 75.2%。从全国范围来看,土地征收面积的峰值出现在 2011 年,达到了 56.87 万公顷,此后虽然逐年递减,但是依旧维持在一个很高的水平。2012—2017 年的土地征收面积分别为 51.78 万公顷、45.3 万公顷、38.96 万公顷、37.32 万公顷、32.82 万公顷、28.83 万公顷,农用地占比则平均维持在 76.3%。

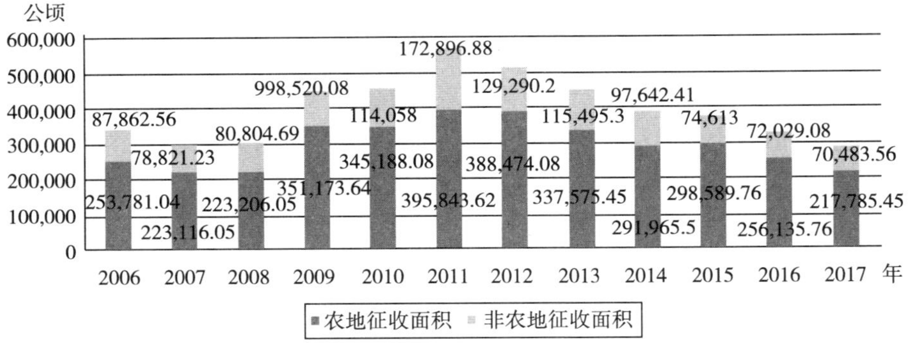

图 2-1 2006—2017 年全国农地及非农地征收面积

2. 政府出让土地收入惊人,且占财政收入比重偏高(见图 2-2)。全国土地出让价款从 2003 年的 5400 亿元增长到最高时期 2013 年的 4.4 万亿元,年均涨幅

---

〔1〕 参见林瑞瑞、朱道林、刘晶等:《土地增值产生环节及收益分配关系研究》,载《中国土地科学》2013 年第 2 期。

〔2〕 数据来源:《2013 中国国土资源统计年鉴》、《2016 中国国土资源统计年鉴》和《2018 中国国土资源统计年鉴》。

超过22%。尤其是2009—2011年，土地出让收入的增速基本维持在60%/年。2012年由于受到房地产市场调控的影响，出让价款有短暂的下降，但在随后的2013年又迅速攀升。随后三年土地出让价款有所浮动，但基本维持在3万亿元以上。[1] 到2016年年末，全国105个主要城市的平均综合地价为3826元/平方米，与2000年相比，足足提高了404%，其中商业用地均价6937元/平方米，居住用地5918元/平方米，工业用地782元/平方米，与2000年相比，分别提高了428%、748%和97%。[2] 从全国2016年的平均数据来看，土地出让金占财政收入的比重高达41.79%，部分地区将“土地财政”视为最主要财政来源，比较突出的有安徽、江苏、浙江和福建，土地出让金占财政收入的比重分别达到了90.03%、78.11%、68.26%和52.33%，对土地出让金的依赖性十分严重。

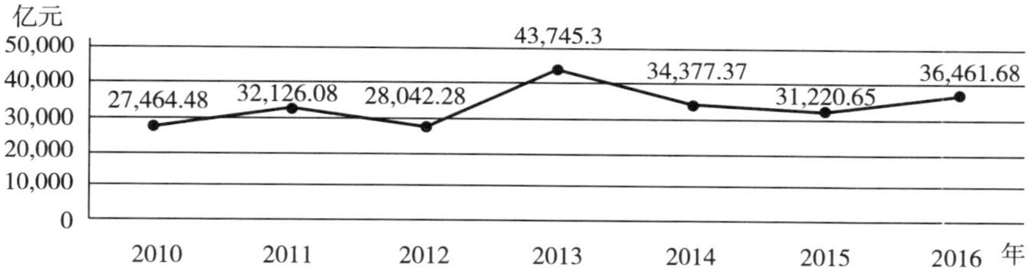

图2-2　2010—2016年国有建设用地出让价款情况

3.失地农民获得的补偿远远低于土地出让金，土地发展权被隐形国有。笔者曾以2017年为土地征收补偿的时间点，统计了31个省份（不含我国香港特别行政区、澳门特别行政区和台湾地区）当年安置补偿款的价格（元/亩）与各省份当年土地平均出让价格（元/亩）的比值，得出的结果是即使补偿款按照前三年（2014—2016年）平均年产值的30倍计算，补偿款占土地出让金的比重除去新疆、宁夏和青海之外，基本在15%以下。[3] 换言之，有85%以上的土地出让金通过土地发展权隐形国有化的方式从农民的权利束中被剥离（见图2-3）。即使是按照2020年1月1日正式实施的修正后的《土地管理法》规定的“区片综合地价”计算，补偿款与土地出让金相比也依然微不足道。

---

〔1〕 数据来源：《2017中国国土资源统计年鉴》。

〔2〕 数据来源：《2017中国国土资源统计年鉴》。

〔3〕 参见方涧：《我国土地征收补偿标准实证差异与完善进路》，载《中国法律评论》2019年第5期。

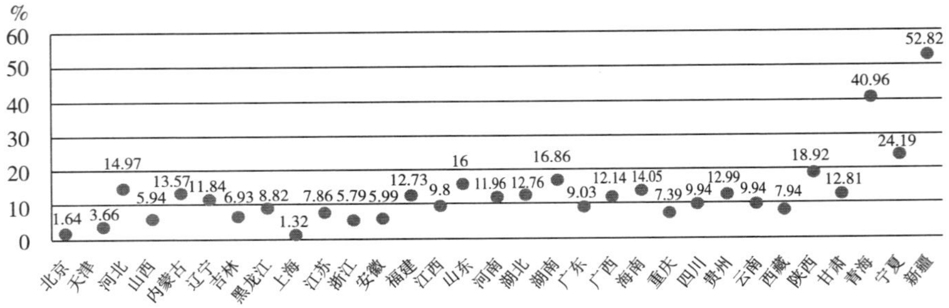

图 2-3　2017 年全国各省份土地征收补偿占出让价格比重

由上述分析可知,隐藏在集体土地中的土地发展权在我国的土地权利体系中并没有被置于应有的位置,时至今日我国的法律概念体系也没有正式接纳土地发展权;而实践中,集体土地在现有的法律框架体系内被"低征高卖"。这种征收补偿模式掩盖的一个基本事实是:土地发展权被隐形国有。而且从已有的数据分析可知,这份土地发展权的价值体量惊人,不仅为地方财政所高度依赖,同时也是农民权利丧失的主要表现之一。

二、公共利益被彻底架空

(一)现行土地征收制度之症结:"架空"而非"泛化"

长期以来,学者们对《土地管理法》的不足之处进行了不同程度的分析,并主要集中在以下几个方面:(1)《土地管理法》所设定的土地权属与管理关系只是对土地全部公有化的思路的沿袭,政府在这一制度下严控了土地利益。[1] (2)《土地管理法》在设计理念上存在"权利主体缺少意思自治","土地产权、土地市场和土地管理的多重二元属性","国有土地和集体土地在法律地位上的实质不平等"[2]等。(3)《土地管理法》存在诸如"与市场规律背道而驰""土地资源分配不均"[3]等。(4)《土地管理法》没有对土地发展权进行现实关怀。[4] 但是无论是学界还是实务界,一致认为现行征地制度是《土地管理法》

[1] 参见许乙川:《现行〈土地管理法〉的不足及修改完善思路》,载《法治研究》2013 年第 6 期。

[2] 参见陈利根、张金明:《城乡统筹一体化与土地法的协同创新——土地法的体系化立法模式构建》,载《河北法学》2013 年第 9 期。

[3] 参见陈利根、张金明:《城乡统筹一体化与土地法的协同创新——土地法的体系化立法模式构建》,载《河北法学》2013 年第 9 期。

[4] 参见王育红、刘文海:《土地发展权的法律性质》,载《河北法学》2017 年第 4 期。

的症结所在,[1]也是改革和完善现行《土地管理法》的重中之重。[2] 主流观点认为,现行集体土地征收制度的症结在于“公共利益认定的泛化”和“征收程序的缺位”[3]。这种观点在司法实践中很容易得到印证,因为在绝大部分的土地征收纠纷中,当事人都是基于这两点而提起的诉讼。

事实上,这种观点难免有片面解读征收理论和实践之嫌,因为简单地将公共利益和正当法律程序两个要件进行一般化解读难以回应复杂的中国现实。通过梳理我国现行法律中的几个重要条款我们就可以清晰地发现,《宪法》第10条第3款、《民法典》第117条、《土地管理法》第2条第4款均规定,国家只有在“为了公共利益的需要”才能行使土地征收和征用权。然而2019年修正前的《土地管理法》又在第43条将国有土地和建设行为进行了制度捆绑,并在第63条对集体建设用地的流转进行了限制。这样的制度设计长久以来产生了一个巨大的理论困惑:即城市土地国有与征地公共利益目的限制之间的关系应当如何协调?[4]在实践中,这一制度设计也同样带来了极大的困惑。因为一方面国有建设用地的存量十分有限,要进行城市化必然需要征收大量集体土地;另一方面并非所有的城市化都必然基于公共利益,诸如商场、写字楼、住宅等的建设很难认定属于公共利益目的还是商业利益目的。[5] 但这些设施的建设却需要大量的土地,这些土地从何而来? 现行法律,尤其是《土地管理法》并未对此进行回应。因此在现实中,对于非基于公共利益的建设项目,如果地方政府按照原《土地管理法》第43条的征地要求对集体土地进行征收,那么就会违反《宪

---

[1] 参见曹艳芝:《我国农村土地征收中存在的问题及其制度完善》,载《社会科学家》2006年第2期。

[2] 参见刘禹涵:《我国土地征收制度改革的问题与走向》,载《河北法学》2017年第4期。

[3] 刘婧娟:《土地征收的程序合法性要件分析——域外经验与中国问题》,载《河北法学》2012年第4期。

[4] 学界对《宪法》第10条第1款“城市的土地属于国家所有”的讨论肇始于周其仁教授提出的“征地悖论”,经过系列讨论之后,宪法学者的思路从修宪逐渐转向释宪。一类学者将目光聚焦于该条中的“属于”一词,从条文本身的性质进行分析。如范进学教授认为,“城市的土地属于国家所有”是一条原则规范而非规则规范;而与之完全相反的观点则认为第10条第1款与第3款共同构成一个授权性规则。巩固教授在分析自然资源的国家所有中坚持,《宪法》上的“国家所有”是一种宪法性公权,与私法上的所有权区别明显。还有一类学者将目光聚焦于“城市”一词,如黄忠教授认为在此的“城市”应当是一个“以人的城市化为皈依的概念”;肖明新博士则认为这里的“城市”所指代的就是行政区划上的城市;彭錞博士则坚持“历史说”的观点,认为《宪法》第10条第1款所称的城市只包括1982年修宪时既有的城市范围内的土地。

[5] 在美国,“公共利益”抑或“公共使用”的范畴随着 Cole v. City of LaGrange, Berman v. Parker 和 Hawaii Housing Authority v. Midkiff 之后不断扩大,但在 Kelo v. City of New London 判决以后,掀起了一轮限缩趋势。具体可参见沈开举、方涧:《由 Kelo 案谈土地征收中“公共使用”的界定主体及其对中国的启示》,载《公民与法(法学版)》2015年第1期。

法》第10条、《民法典》第117条和《土地管理法》第2条中所规定的“为了公共利益的需要”；然而如果严格恪守非基于公共利益不得征收的原则，绕开土地征收程序，允许集体土地权利人有偿出让集体建设用地，那显然又与原《土地管理法》第43条和第63条相悖。

因此，现实中的做法是直接越过对公共利益的认定，一律“先征后用”。在理论上，这一做法违背了征收的基本原理，在实践中，也引起了大量的法律纠纷。通过上述梳理我们不难发现，现行征地制度的主要症结并不在于公共利益的概念被“泛化”，而是这一征地要件被完全“架空”。关于征地制度的上述条款在法律体系内部无法自洽，也无法对现实给予应有的回应。在理想状态下，公益用地和非公益用地应当适用不同的产权规则，[1]公益征收和交易转移也应当采用不同的路径：对于符合公共利益的用地需求，应通过公正补偿进行征收；对于不符合公共利益的用地需求，则应当保障土地权利人进行自由交易的权利。

(二)新《土地管理法》之核心方案：变革与缺陷

针对上述问题，2019年修正、2020年正式实施的《土地管理法》作出了回应，首先删除了原《土地管理法》第43条和第63条的规定，同时增加两条(第45条和第63条)予以替代。新增的两个条文分别对公共利益和集体经营性建设用地入市作出了规定。新增加的第45条用“正面列举+兜底”的方式列举了五种具体的公共利益事项。前4项主要涵盖了国防外交、基础设施建设、公共事业、拆迁安置等事项，第5项将“在土地利用总体规划确定的城镇建设用地范围内，经省级以上人民政府批准由县级以上地方人民政府组织实施的成片开发建设需要用地的”也归为公共利益。

表面看来，现行《土地管理法》第45条似乎是对《宪法》第10条第3款、《民法典》第117条和《土地管理法》第2条第4款中的“公共利益”条款在法律体系内部的呼应，也是对“征收必须基于公共利益”这一土地征收基本原则的遵循，同时落实了十八届三中全会关于“缩小征地范围”的政策要求。事实上，如果仔

[1] 根据制度经济学的产权保护规则，产权规则可以分为财产规则、责任规则和不可转换规则三部分。公益用地应当适用责任规则，即国家为了公共福祉，可以强制购买财产，而财产所有人基于其作为社会成员的责任，有义务将其财产转让给国家；而非公益用地应当遵循财产规则，财产所有人有权根据意思自治来决定对财产的处分，国家只能通过平等协商来购买土地。See Guido Calabresi & Douglas Melamed, *Prop - erty Rules, Liability Rules and Inalienability: One View of the Cathedral*, 85 Harvard Law Review. 1089 (1972).

细分析便会发现,现行《土地管理法》第45条中对公共利益的界定除了《国有土地上房屋征收与补偿条例》第8条进行衔接以外,并没有真正落实《宪法》的规范和十八届三中全会的精神,也并不是对征收理论的积极践行。

现阶段,我国还维持着城乡分割的二元土地所有制,征收是集体土地转为国有土地的主要方式。根据现行《土地管理法》的规定,在理论上征收的确与公共利益挂钩了,但是将“在土地利用总体规划确定的城镇建设用地范围内,经省级以上人民政府批准由县级以上地方人民政府组织实施的成片开发建设需要用地的”也界定为公共利益却会带来更大的问题。

首先,这一规定意味着可以为了“成片开发建设需要”而征收土地,事实上也就是从立法上明确“成片开发建设需要”是因公共利益而征收土地,或者说“成片开发建设需要”成为当然的公共利益需要。根据这一规定,只要是在城市规划范围内,无论是进行诸如学校、道路、公立医院等公益设施的建设,还是写字楼、商务楼、商场等非公益设施的建设都可以被认定为“确需征收集体所有的土地”的合法依据。

其次,相对于城市规划区外的集体所有土地,位于城市规划范围内且在城市建成区外的集体土地最具区位优势,如果因此被纳入征收范围,一方面不利于土地市场的有效自由供给,另一方面将导致农民集体丧失最具有市场价值的土地资本。而更为直接的法律纠纷在于,根据现行《土地管理法》第63条的规定,“土地利用总体规划、城乡规划确定为工业、商业等经营性用途,并经依法登记的集体经营性建设用地,土地所有权人可以通过出让、出租等方式交由单位或者个人使用”,那么城市规划区内的集体经营性建设用地又应当如何处理?自由流转还是等待征收程序?显然,这个问题需要进一步明确。

事实上,这一规定具有深刻的历史渊源。早在1950年,中央人民政府政务院就颁布了我国第一部对土地征收及公共利益进行专门规定的法律文件《城市郊区土地改革条例》,其中第14条规定:“国家为市政建设及其他需要征用私人所有的农业土地时,须给予适当代价,或以相等之国有土地调换之。”随后,中央人民政府根据建设用地的需要颁布了《关于国家建设征用土地办法》,几乎将“兴建国防工程、厂矿、铁路、交通、水利工程、市政建设及其他经济、文化建设”等同于公共利益。随后,在公共利益的界定方面具有巨大进步的是2011年颁布的《国有土地上房屋征收与补偿条例》,其中第8条对公共利益进行了相对明确的立法界定,包括“市政公用等公共事业”的建设,“由政府依照城乡规划法有关规定组织实施的对危房集中、基础设施落后等地段进行旧城区改建”等。关于我国集体土地公益征收的演化见表2－1。

表2－1 我国法律中集体土地公益征收的演化

实施时间	法律名称	内容
1953年	《国家建设征用土地办法》	第2条采取了不完全列举的方式,“公共利益”约等于国家工程和市政建设
1954年	《宪法》	第13条首次明确提出国家基于“公共利益”可以对土地进行征收
1975年	《宪法》	第6条第3款征收不再以“公共利益”为限制
1978年	《宪法》	第6条第3款征收不以“公共利益”为限制
1982年	《国家建设征用土地条例》	以概括式进行立法,并将经济发展成分加入征收目的之中,第2条将公共利益界定为“国家进行经济、文化、国防建设以及兴办社会公共事业”
1982年	《宪法》	第10条第3款恢复了“公共利益”征收的规定
1986年	《土地管理法》	第2条规定国家为了公共利益的需要,可以依法对集体所有的土地实行征用;第21条将公共利益界定为“国家进行经济、文化、国防建设以及兴办社会公共事业”
1988年	《土地管理法》(修正)	第21条将公共利益界定为“国家进行经济、文化、国防建设以及兴办社会公共事业”
1999年	《土地管理法》(修正)	删去了1986年、1988年《土地管理法》第21条的规定,仅保留了“国家为公共利益的需要”,同时在第43条规定了建设用地使用申请制度
2004年	《土地管理法》(修正)	未对公共利益的认定作出修改
2004年	《宪法修正案》	第10条区分了征收和征用,同时将“公共利益的需要”作为征收和征用的基础条件
2007年	《物权法》	第42条规定了公共利益,但是未作出具体说明
2018年	《宪法修正案》	未对公共利益作出修改和说明
2020年	《土地管理法》(修正)	第45条通过“列举＋兜底”的方式规定了公共利益的具体内容
2021年	《民法典》	第117条规定了公共利益,但是未作出具体说明

从世界范围来看，公共利益具有显著的广泛性、社会历史性和主观性，[1]各国对公共利益的认定也处于一个相对动态的过程，并主要形成了列举式、概括式和折中式三种主流的立法例。[2] 这三种立法例存在各自的利弊：列举式相对简单易操作，严格限制了司法机关和行政机关对征地的自由裁量权，能在很大程度上保护财产权，但其缺点也相当明显，因为公共利益的类型是动态的，通过列举在理论上无法穷尽所有类型，对于城市建设快速发展的中国而言，这种方式反而会阻碍社会经济的发展。概括式言简意赅，目的性明确，但是在操作时需依托于成熟的司法审查体制和完善的公众参与途径，无论是对司法工作人员还是对一般民众都提出了极高的要求，就整个法治环境而言，我国尚不具备实施该模式的现实条件。相对而言，折中式的立法模式具有原则性与灵活性相结合的特点，比较适合我国国情。现行《土地管理法》也采用了折中式的立法模式，应当说具有一定的合理性。但最大的问题就在于上文所分析的将政府为实施城市规划而进行成片开发建设的需要也界定为公共利益的合法形式，这无疑是将公共利益变成了一个什么都装的箩筐，也就在很大程度上降低了这种立法例的可操作性和意义。

从改革的另一个领域来看，处理好集体经营性建设用地入市和缩小征地范围两者之间的关系对于界定公共利益至关重要。因为从功能主义视角来看，对公共利益的界定最直接的目的是缩小征地范围。就目前情况来看，只有提供集体经营性建设用地流转这一新的供地途径，才能为缩小征地范围奠定基础；同样，也只有切实采取措施缩小征地范围，才能为集体经营性建设用地流转创造更多空间。[3] 因此，笔者认为应当删除现行《土地管理法》第 45 条第 1 款第 5

---

〔1〕 参见耿利航：《如何界定公共利益——美国联邦最高法院“凯洛诉新伦敦市案”的剖析和启示》，载《法学杂志》2007 年第 2 期。

〔2〕 列举式就是逐条列举公共利益的范围，最典型的是日本制定的《土地征用法》，该法明确规定了可行使土地征收权的公共利益的范围，如根据城市规划确定的道路、公园建设等。具体可参见张迎新、王立正：《国外土地征用公共利益原则的界定方式》，载《国土资源情报》2003 年第 9 期。概括式最大的特点是仅仅概括性地规定公共利益是合法征收的必要条件，但并未规定具体的公共利益的内容，而是通过个案审查进行认定。这种方式最典型的代表国家是美国，美国历史上公共使用的范畴出现过一个摇摆的阶段。具体可参见沈开举、方涧：《由 Kelo 案谈土地征收中“公共使用”的界定主体及其对中国的启示》，载《公民与法（法学版）》2015 年第 1 期。折中式既对公共利益作出概括性规定，又列举公共利益的范围，如我国台湾地区“土地法”就属于这种类型。具体可参见欧阳君君、杨国永：《台湾地区土地征收中的公共利益界定程序及其争论》，载《江汉学术》2014 年第 6 期。

〔3〕 参见宋志红：《中国农村土地制度改革研究——思路、难点与制度建设》，中国人民大学出版社 2017 年版，第 347 页。

项的规定，并扩大集体所有土地入市的范围。

三、补偿标准被完全简化

相对于集体土地被政府征收而言，更多的集体土地所有权人关心的是补偿问题。《土地管理法》中的征地补偿制度长久以来都是学者们抨击的对象，[1] 尤其是对于被征农地补偿标准的设置，在比较法视野下更是成了重点研究的对象。[2] 原《土地管理法》第47条采用的土地征收补偿标准是土地原用途+年产值倍数法，且补偿总额"不得超过土地被征收前三年平均年产值的三十倍"。

而现行《土地管理法》采用的是综合区片地价的补偿方式。虽然补偿标准一直在提高，但是其计算方式依旧不科学，长久以来沿用的一直是原用途的倍数补偿法，而综合区片地价本质上仍然是一种政府指导价，而非市场价，并不能准确地反映产权意义下的地价，本质上讲，具有补助性质。[3] 虽然在补偿额计算中蕴含着社会保障的因素，但是这种计算补偿金额的方式显然极大地剥夺了农民对土地增值利益的分享权，事实也证明集体土地的补偿金往往只有其出让金价格的几十分之一甚至几百分之一。

公正补偿（公平补偿）是目前世界公认的征收补偿原则，[4] 就其内涵而言，不同的国家和不同的法律实践中对其存在不同的解读。[5] 就我国的实践而言，《宪法》对此并未作出规定，但"公平合理补偿"[6]、"合理的补偿"[7]、"相应

---

[1] 学者对我国土地征收补偿标准的批判是多方面的，概括而言主要有补偿原则不统一、补偿标准不清晰且过低、补偿捆绑的社会功能过多却缺乏对财产本身之补偿、未按市场价值进行补偿等。具有代表性的论文有宋志红：《美国征收补偿的公平市场价值标准及对我国的启示》，载《法学家》2014年第6期；渠滢：《我国集体土地征收补偿标准之重构》，载《行政法学研究》2013年第1期。

[2] 参见刘向民：《中美征收制度重要问题之比较》，载《中国法学》2007年第6期。

[3] 参见蔡乐渭：《中国土地征收补偿制度的演进、现状与前景》，载《政法论坛》2017年第6期。

[4] 公正补偿的目的在于根据宪法的平等原则公平弥补当事人基于公共利益而受到的个别损失。在长久以来的理论探索中，形成了结果责任说、危险责任说、人权保障论等，但目前的主流学说为特别牺牲说和公平负担平等说。特别牺牲说由德国学者奥托·迈耶所创，他认为任何财产权的行使都要受到一定内在的、社会的限制，只有当对财产的征用或限制超出了这些内在限制之时，才产生补偿问题，简言之，当受到特别且不平等的牺牲时，才能获得补偿。公平负担平等说由法国学者首创，该理论认为国家在任何情况下都应以平等为基础为公民设定义务，政府的活动是为了公共利益而实施的，其成本应由社会全体成员平均分担。

[5] 公正补偿的概念是抽象而不确定的，学者们对其的认识也处于变化之中。德国、日本、美国在其国内立法中也体现出了不同的价值选择。概括而言可以分为完全补偿说和适当补偿说两种，但两者的分野在当今已日渐模糊，表现出了趋同化的态势。

[6] 1950年11月政务院第五十八次政务会议通过的《城市郊区土地改革条例》第14条。

[7] 1983年12月公布的《城市私有房屋管理条例》第4条。

的补偿"等表述散见于法律、法规、规章及其他规范性文件之中。最后,中央又提出了"确保被征地农民生活水平有提高、长远生计有保障"和"提高农民在土地增值收益中的分配比例"[1]的原则。总而言之,作为集体土地征收补偿中最重要的立法文件,《土地管理法》所规定的补偿数额的计算方式不仅不能满足公正补偿的标准,而且内容过于简单(见表2－2、表2－3)。

表2－2　中华人民共和国成立后宪法文本中主要的有关土地征收补偿的条款

文件名称	内　　容
1949年《中国人民政治协商会议共同纲领》	第3条:中华人民共和国必须取消帝国主义国家在中国的一切特权,没收官僚资本归人民的国家所有,有步骤地将封建半封建的土地所有制改变为农民的土地所有制,保护国家的公共财产和合作社的财产,保护工人、农民、小资产阶级和民族资产阶级的经济利益及其私有财产,发展新民主主义的人民经济,稳步地变农业国为工业国
1954年《宪法》	第13条:国家为了公共利益的需要,可以依照法律规定的条件,对城乡土地和其他生产资料实行征购、征用或者收归国有
1975年《宪法》	第6条第3款:国家可以依照法律规定的条件,对城乡土地和其他生产资料实行征购、征用或者收归国有
1978年《宪法》	第6条第3款:国家可以依照法律规定的条件,对土地实行征购、征用或者收归国有
1982年《宪法》	第10条第1款:城市的土地属于国家所有 第10条第3款:国家为了公共利益的需要,可以依照法律规定对土地实行征用(由2004年《宪法修正案》修改为"国家为了公共利益的需要,可以依照法律规定对土地实行征收或者征用并给予补偿")

表2－3　中华人民共和国成立后法律和政策文件中主要的有关土地征收补偿标准的条款

文件名称	补偿标准
1950年《城市郊区土地改革条例》	合理补偿
1953年《关于国家建设征用土地办法》	以最近3～5年产量的总值为标准补偿
1958年《国家建设征用土地办法》	以最近2～4年的定产量的总值为标准补偿

---

[1] 2013年"中央一号文件"。

续表

文件名称	补偿标准
1982 年《国家建设征用土地条例》	提出土地补偿费、安置补助费、地上附着物和青苗补偿费
2004 年《土地管理法》	提高土地补偿费和安置补助费总和的上限标准为 30 倍平均年产值
2004 年《关于深化改革严格土地管理的决定》	制定并公布征地的统一年产值标准或区片综合地价
2012 年《关于加快发展现代农业进一步增强农村发展活力的若干意见》	确保被征地农民生活水平有提高、长远生计有保障,并提出要提高农民在土地增值收益中的分配比例
2019 年《土地管理法》	区片综合地价

通过对上述文本的梳理,至少可以得出以下结论:

第一,宪法始终未对征收补偿的原则作出规定。对于补偿原则的规定,在中国宪法上一直存在严重的缺位现象。补偿条款的缺失导致现实中土地征收补偿案件完全依赖于纷繁复杂的法律文件、政策甚至行政机关的自由裁量。虽然 2004 年《宪法修正案》中增加了征收的补偿责任条款,但依旧缺乏对补偿原则的规定。《宪法》第 10 条第 3 款规定:“国家为了公共利益的需要,可以依照法律规定对土地实行征收或者征用并给予补偿。”“依照法律”的立法本意是将补偿设定权委诸立法,通过立法行为来确定补偿的标准、方式、执行等。然而,在缺乏原则性规定的前提下,很难杜绝下位法任意设定补偿标准的混乱现象。

第二,对征收的补偿经历了从无到有、从低标准到高标准的过程。起临时宪法作用的《中国人民政治协商会议共同纲领》对征收补偿并未作出直接规定,仅在第 3 条对“公共财产和合作社的财产”“私有财产”的保护作了政策性的宣誓。随后,“五四宪法”首次在文本中直接对征收问题作出了规定,但在提及“公共利益”的要件时却忽略了“补偿”,虽然补偿是公用征收的应有之义,或曰“唇齿条款”,但未对补偿作出规定却也是立法的遗憾,更为“征而不补”提供了可乘之机。“七五宪法”和“七八宪法”是特殊时期的产物,在征收补偿的规定上存在退步。第一次对“补偿”作出明文规定的是 2004 年的《宪法修正案》,这是中华人民共和国成立以后,第一次以宪法文本的形式确定了补偿制度,对从宪法上规范征收行为、保护私人财产权具有划时代的意义。同时,如前文所述,法律、法规、规章以及其他规范性文件在补偿问题上比《宪法》先行了一步。补偿的标准也随着社会主义市场经济和城市化的发展,呈现上升趋势。

第三,中国没有统一的土地市场。1982年《宪法》第10条第1款规定:“城市的土地属于国家所有。”在此基础之上,形成了城市土地国有、农村土地集体所有的城乡二元体制。同时还应当引起注意的是中国实行了严格的耕地保护政策和土地用途管制,对于耕地、建设用地、商业用地、工业用地等未经批准,不得改变用途。这就意味着“农地转为城市建设用地必须同时完成国有化,政府征地就成为农地转用的唯一合法的途径”[1]换言之,在农村集体土地改变用途变成非农自用的建设用地时,必须在国家垄断下,通过“征收—补偿”的方式将农村集体土地投入市场,而不能直接将农村集体土地投入市场,更无法因此确定其市场价值。虽然学界对1982年《宪法》第10条的解释持续发酵,但无论采取何种解释方案,到目前为止始终只是一种学理解释,并不能改变持续多年的征地逻辑,更不可能因此未经立法者确认而改变征地制度。

事实上,现行《土地管理法》对此进行了重大改革:该法首先确立了公平合理补偿的原则,其次规定了补偿的基本内容,最后将计算补偿金额的标准调整为“区片综合地价”。

应当说,现行《土地管理法》在补偿问题上具有一定的进步性,不仅取消了年产值倍数法的补偿计算方式,还提出了公平合理补偿原则,补偿农民宅基地及房屋、被征地农民的社会保障费用等,同时采取了“区片综合地价”标准来确定补偿额,这一系列规定能在一定意义上提高征收补偿的标准。就世界主要发达国家而言,无论是理论上还是立法上,对公正补偿的理解大体趋同,尽管在立法语言上具体的表述和补偿项目所涵盖的范围有所差异,但本质上都是为了构建符合本国情况的市场定价模式。[2] 以美国为例,公平市场价值的计算方式为“最优用途下的土地价值－实际所需开发成本－政府承担的风险损失”[3]。笔者认为确定市场价值只是达到公平补偿的手段,而非目的。[4] 市场价值的确定依赖于发育成熟的土地市场,在法律和制度缺位的前提下,盲目确定集体土地

[1] 周其仁:《农地产权与征地制度——中国城市化面临的重大选择》,载《经济学(季刊)》2004年第4期。

[2] 参见叶必丰:《城镇化中土地征收补偿的平等原则》,载《中国法学》2014年第3期。

[3] 沈开举、方涧:《美国“公平市场价值”补偿方式及启示》,载《中国土地》2015年第12期。

[4] 参见方涧、沈开举:《土地征收中的公平补偿与增值收益分配》,载《北京理工大学学报(社会科学版)》2017年第3期。

的市场价格也是不科学的,而“统一年产值标准/区片综合地价 + 增值收益分配”的模式则为变相回归市场价值提供了新的路径。[1] 而现行《土地管理法》在补偿方案的设计上也选择了利用“区片综合地价”这一模式,但遗憾的是未规定增值收益分配的比例及其确定规则。但事实上,即使是“统一年产值标准/区片综合地价 + 增值收益分配”的模式也只是一个过渡性的方案,最后的落脚点还是应当回归市场价值,也即土地的“最高最优用途”,要让“市场在资源配置中发挥决定性作用”。

因此,现行《土地管理法》的补偿思路还是基于“被征收土地的原用途进行补偿”,因为即便以区片综合地价为基准,即便考量的因素多么全面,其本质上依然是政府定价,而非市场定价。而且在“按照被征收土地的原用途”进行价格估算的基础上,如果不增加增值收益分配这一环节,也很难变相回归到市场价值。有学者提出利用“市场价格公平补偿 + 合理征收土地税”的双层分配机制来建构土地增值收益分配机制。[2] 应当说这是一种较为理想的方式,而且在实践中也进行了一定的尝试。[3] 但无论是笔者提出的“统一年产值标准/区片综合地价 + 增值收益分配”这一过渡性模式还是“市场价格公平补偿 + 合理征收土地税”这一理想型模式,最终的目的都是让补偿价格趋近或者等于市场价格,显然现行《土地管理法》距这一目标还有较远的距离。

第二节 集体土地增值收益分配的改革探索

土地征收补偿的过程包含着土地增值收益在不同主体之间进行利益分配的过程,利益分配的失衡是引起征地矛盾的主要原因,因此,从中央到地方积极

---

〔1〕 笔者曾提出的方案是:“征收土地的,应当进行公平补偿。对被征收土地价值的补偿,应按照被征收土地所在区域的区片综合地价和土地增值收益的一定比例确定。区片综合地价由具有相应资质的土地价格评估机构根据被征收土地所在区域的土地的年产值、用途、地理位置、人均收入水平等,独立综合评定。土地增值收益在政府与农民集体之间的分配比例,由省、自治区、直辖市规定,并报国务院审批。”参见沈开举、方涧:《〈土地管理法〉第 47 条修改建议》,载《中国社会科学报》2017 年 4 月 12 日,第 5 版;方涧、沈开举:《土地征收中的公平补偿与增值收益分配》,载《北京理工大学学报(社会科学版)》2017 年第 3 期。

〔2〕 参见程雪阳:《土地发展权与土地增值收益的分配》,载《法学研究》2014 年第 5 期。

〔3〕 如财政部和原国土资源部于 2016 年在农村集体经营性建设用地入市领域所推行的土地增值收益调节金制度就是对这一分配模式的积极探索。

探索的不同土地改革模式本质上是一个利益分配机制重构的过程，也即从利益分配的失衡状态调整到均衡状态的过程。事实上，中国在城镇化过程中面临的城镇开发土地供应不足、农村建设用地闲置荒废、耕地面积减少等问题都通过“征地—增值收益分配”的过程集中体现出来，而各个地区对土地增值收益分配制度的有效探索也往往是现行征地制度改良下的产物，其中最典型的代表就是地票制度与集体经营性建设用地入市制度。地票的交易模式制度构建过程是对地方政府抑制和攫取土地发展权的改革，集体经营性建设用地入市则是对政府垄断建设用地一级市场的改革。[1]

一、地票交易制度的探索

正是由于在传统的征地补偿模式之下暴露了大量问题，在中央并未明确表态的情况下，地方却在土地发展权移转的问题上做出了积极有益的尝试和实践。这些尝试运用了土地发展权移转制度的基本原理，基于不同的侧重与目的展开，但是通过考察 1998 年以来地方政府的土地利用创新政策可以发现，地方一直在尝试用各种方式突破中央对耕地非农化的限制，或者突破耕地保护的传统模式，并伴随着一定程度的市场化。[2] 而其中重庆的地票制度自 2008 年进行国内首次交易以来，立刻获得了学界和政府的高度关注[3]。这一制度为我国在法律框架内释放土地发展权的价值积累了大量宝贵的经验。

有学者认为重庆地票制度能促进耕地占补平衡制度的完善，优化建设用地布局，提高农村建设用地利用效率，促进缩差共富；[4] 也有观点认为，从长期来看，由于农村建设用地的指标转移，会导致在日后发展过程中该地区出现无指标可用的状况；还有观点认为，地票交易尽管解决了农村闲置建设用地的再利用与变现的问题，但也为城市建设用地过度扩张提供了途径。[5] 那么，重庆地

---

[1] 除了地票制度与集体经营性建设用地入市改革之外，还存在一些值得关注的实践措施，如区片综合地价、留地安置、土地入股等。但与“集体土地征收增值收益分配”关联最为密切、影响力最为深远的还是前述两种模式。具体可参见宋志红：《农村土地改革调查》，经济科学出版社 2016 年版，第 22 页以下。

[2] 如为了粮食安全与耕地保护，出现了成都的“拆院并院”、天津的宅基地换房、浙江嘉兴的“两分两换”等制度；为了达到缓解建设用地指标不足和耕地保护的双重目标，出现了建设用地指标跨省转移的“浙江模式”。

[3] 参见黄忠：《地票制度研究》，法律出版社 2019 年版，第 4 页。

[4] 参见黄美均、诸培新：《完善重庆地票制度的思考——基于地票性质及功能的视角》，载《中国土地科学》2013 年第 6 期。

[5] 参见朱道林：《土地增值收益分配悖论：理论、实践与改革》，科学出版社 2017 年版，第 157 页。

票制度与土地发展权之间具有何种关系？对土地价值的释放和回归发挥了多少作用？在我国土地征收补偿制度改革中又具有何种意义？

（一）地票交易的本质：土地发展权的空间移转

明确地票交易的本质是探讨上述问题的逻辑起点，也是厘清上述问题的关键。为了保持城市建设和耕地保护之间的平衡，我国确立了以建设用地指标控制为核心手段的土地用途管制国家垄断建设用地一级市场等制度。但这种制度设计显然无法满足城市化对建设用地的高度需求：一方面城市建设用地指标供给远远不足，且占用了耕地的指标；另一方面出现农村人口向城市转移、农村宅基地闲置等问题，可以说用地指标的行政计划配置是促成地票交易产生的根本原因。[1]

2008 年在中央的支持下，[2]，重庆市通过了《重庆农村土地交易所管理暂行办法》，在随后的 12 月 4 日成立了重庆农村土地交易所，并于当日举行了全国首宗地票交易。所谓地票交易，是指“将农村闲置的宅基地及其附属设施用地、乡镇企业用地、农村公共设施和公益事业建设用地等农村集体建设用地复垦成耕地后，在经国土管理部门验收合格后，折合成一定数量的建设用地增减挂钩指标”[3]，然后发给农户地票作为指标凭证，并用于在农村土地交易所出售，买受者可以依据购得的地票申请相应面积的国有建设用地进行落地开发。地票的落地依旧遵循土地征收的相关程序。[4] 简言之，地票交易主要经历了“复垦—交易—落地—分配”四个环节。如今，重庆市已出台了大量文件用以规

[1] 我国对于建设用地的计划管理主要是通过实施土地利用总体规划和土地利用年度计划来实现的，而指标是进行具体开发建设的前提。然而多年的实践早已证明这种计划管理模式由于信息不对称和决策者的有限理性，难以解决规划滞后于社会发展的问题，土地供求矛盾在发达地区显得异常明显。据统计，早在 1999 年年底，就有 14 个省、市突破了 2000 年的规划指标，其中 5 个省、市突破了 2010 年的规划指标。参见郑振源：《土地利用总体规划的改革》，载《中国土地科学》2004 年第 4 期。

[2] 早在 2004 年 10 月，国务院就下发了《关于深化改革严格土地管理的决定》，提出城镇建设用地增加要与农村建设用地减少相挂钩；2007 年成渝两地“全国统筹城乡综合配套改革试验区”批准成立；在重庆农村土地交易所成立后不久，国务院于 2009 年 1 月 26 日正式公布《关于推进重庆市统筹城乡改革和发展的若干意见》，大力支持重庆开展土地实物交易和指标交易试验，逐步建立城乡统一的建设用地市场。

[3] 张先贵：《地票交易的法律性质及其规制》，载《南京农业大学学报（社会科学版）》2015 年第 4 期。

[4] “地票交易”的概念主要来源于《重庆农村土地交易所管理暂行办法》，但是根据 2016 年 1 月 1 日起实施的《重庆市地票管理办法》，国有建设用地也可以申请复垦，但就目前而言，复垦的主要是集体建设用地。

范地票交易。[1]

对于地票交易的法律性质，目前学界主要存在“指标交易说”[2]、“地役权说”[3]和“土地发展权交易说”[4]三种意见。从地票这一表象来看，其记载的是一定数量的建设用地指标，实质是农村建设用地复垦为耕地后产生的指标凭证。因此，其交易的标的并非具体复垦的土地，也不是其落地时的建设用地，更非土地所有权或使用权本身，而是可购买的建设用地的指标数量。因此，从这个意义上讲，地票交易确实是一种指标交易，但这只是一种对表象的简单描述，并未真正深刻揭示出地票交易的法律内涵。而从运行机制来看，地票交易是将一块农村建设用地复垦为耕地（类似供役地），再将相同面积的农业用地转变为建设用地（类似需役地），这一交易模式具有地役权制度的基本特征。但这种将地票交易的法律本质解释成地役权的方案虽然可以在一定程度上将其纳入用益物权的一般模式之中，却阻碍了新权利的生成，更为重要的是，诸如地票交易的登记、转让、抵押等很难通过地役权制度进行有效规范。

事实上，地票交易的过程即是土地发展权空间移转，或者说土地发展权流转的过程。正是由于我国的土地利用规划和土地用途管制制度，才更加凸显了其土地发展权流转的本质内涵。从世界范围来看，土地发展权制度滥觞于英国1947年的《城乡规划法》。[5] 在所有权社会化取代绝对化的过程中，土地发展权理念业已作为一项独立于土地所有权而可单独处分的财产权被世界各国官方所承认。美国等英美法系国家和法国等大陆法系国家虽然在土地发展权的制度设计和具体实施中略有差异，但是都主要通过土地发展权转移来实现土地的配置和流转。[6] 土地发展权移转制度是一项以市场为基础和导向，将开发土地的权利从土地所有人转移到土地开发者，让土地开发权在市场主体之间得以流通，以弥补土地分区规划缺陷的制度。它允许土地开发中因分区规划而受到限制的部分通过土地发展权移转的形式转移给符合规划的开发者。

---

[1] 在重庆市出台的相关文件中，比较重要的有《重庆市地票管理办法》《重庆农村土地交易所管理暂行办法》《重庆市农村建设用地复垦项目管理规定（试行）》《重庆市经营性国有土地使用权公开交易办法》《关于规范地票价款使用促进农村集体建设用地复垦的指导意见（试行）》《关于完善地票价款分配的补充意见》《优化农村建设用地复垦及地票交易流程方案》等。

[2] 郭振杰、曹世海：《“地票”的法律性质和制度演绎》，载《政法论丛》2009年第2期。

[3] 黄忠：《地票交易的地役权属性论》，载《法学》2013年第6期。

[4] 杨庆媛、鲁春阳：《重庆地票制度的功能及问题探析》，载《中国行政管理》2011年第12期。

[5] 参见程雪阳：《土地发展权与土地增值收益的分配》，载《法学研究》2014年第5期。

[6] 参见洪小翠、楼江：《我国土地发展权配置与流转制度设计》，载《上海国土资源》2014年第3期。

从地票交易过程中的权利义务角度分析，将集体建设用地复垦并通过验收形成地票之后，该复垦土地由集体建设用地变成了农用承包地，相应的权利则由宅基地使用权或者集体建设用地使用权转变成了土地承包经营权。土地承包经营权人无法对复垦后的土地进行开发建设，相应的土地发展权则转移到了土地发展权的接受地区，也即地票权利人申请通过征收程序进行开发的土地上。政府通过征收和招、拍、挂等过程最终将相应的土地出让给地票权利人后，地票权利人便成了相应的国有建设用地使用权人，可以在符合规划的前提下进行开发建设，地票持有人从地票出让方购买到的其实是农村集体建设用地复垦为耕地所释放出来的土地发展权。故而本质上，建设用地指标是土地发展权的量化和表现，地票则是这种量化后土地发展权的凭证，地票交易的本质就是土地发展权的交易。

这种交易模式与美国的土地发展权移转制度具有相似之处。土地发展权移转制度的运作原理在于将土地潜在的开发利益与土地相分离，同时创设一个市场用于出售这些开发利益。行政规划部门经过勘测和调研决定形成具体的土地规划方案，确定受保护的出让区土地和替代开发的受让区土地。出让区即为输出土地发展权的区域，随着规划的确定和土地发展权交易的进行，出让区土地的开发就会受到土地规划的严格限制，更确切地讲，出让区的土地所有者一旦接受了其土地发展权的价值并约定在契约中，他便会受到一般规定和契约中额外约定的限制，丧失了相应的对土地进行再开发的权利。受让区是接受土地发展权，对开发密度有市场需求，能进行深度开发的区域。[1] 出让区的土地相当于地票制度中复垦用于制作地票的土地，而受让区的土地则相当于购买地票用于开发的土地。两者的本质均为土地发展权的交易和移转（见图2－4）。

图2－4 土地发展权交易与地票交易对比图

（左图：土地发展权交易图；右图：地票交易图）

---

〔1〕 参见方涧、沈开举：《土地发展权：中国问题与美国经验》，载《学习论坛》2018年第2期。

（二）地票交易的效果：土地发展权的价值回归

在地票交易过程中，主要形成了起拍价格和成交价格两种现实价格，地票起拍价是指地票竞拍的起始价，这种起始价本质上是政府确立的最低交易保护价。起拍价其实是一项管理工具，目的在于保护农民的权益，避免由于信息不对称、不专业等因素引起市场价格失衡的情况。[1] 因此，地票起拍价的考量因素主要为地票生产成本和市场状况、经济发展程度等，尤其地票的生产成本、新增建设用地有偿使用费、耕地复垦费及地票落地区域的经济承受能力等是考量的重点因素。之所以从成本角度评估地票的起拍价，是因为无法在实践中准确衡量指标带来的价值量；而从经济学角度考量，如果售价低于成本，出售人通常会因为亏本而选择不交易。如目前重庆市地票交易设定了 17.8 万元/亩的最低交易保护价。然而，真正决定地票价格的应当是地票落地后所能产生并能转移到购买者手中的剩余价值的大小，而非其生产成本。地票成交价格是地票在农村土地交易所交易形成的价格，是一种通过市场形成的价格。根据《重庆农村土地交易所地票交易规则》，当申购面积小于或者等于可交易面积，或仅有一位购买者申请时，采取挂牌的方式进行交易；当申购面积大于可交易面积，且有两个及以上购买人时，采取拍卖的方式进行交易，价高者得。截至 2022 年年底，重庆土交所公司累计交易地票 36.3 万亩、724.42 亿元，亩均成交价超过 19 万元。

在价格形成机制中，复垦集体建设用地的土地发展权价值，或者说增加的价值为“地票成交价 – 复垦成本”的结果，[2] 地票价款的分配也是在此基础上按照一定比例在农户和集体经济组织之间进行的。复垦成本主要包含项目工程成本、项目管理成本和项目融资成本三项。关于地票价款的分配问题，当时的重庆市国土房管局先后发布了《关于规范地票价款使用促进农村集体建设用地复垦的指导意见（试行）》、《关于完善地票价款分配的补充意见》（已废止）、《关于调整地票价款分配及拨付标准的通知》（已废止）三份文件，对项目补偿成本（土地使用权补偿费、房屋及地上附着物补偿费、农户购房补助费）是否计算在成本中提前扣除、农户和集体经济组织获得地票价款溢价的最低保护价、复垦成本的计算等问题作出了调整。

根据最新的规定，地票价款分配的方式为“地票成交价 – 复垦项目工程成

---

[1] 参见李南洁：《地票价格探析：基于耕地价格的思考》，载《西部论坛》2013 年第 3 期。
[2] 参见《重庆市地票管理办法》第 29 条。

本(1.5 万元/亩) – 管理成本(1.1 万元/亩) – 复垦项目融资成本(1.1 万元/亩)"后剩下部分按照农户分得 85% 和集体经济组织分得 15% 的比例分配。以 30 万元/亩的地票成交价计算,农户分得部分为 22.36 万元/亩,集体经济组织分得部分为 3.95 万元/亩。

从形成机制来看,地票价格其实是源于新增建设用地级差地租中的经济价值,它是对农地非农化下土地发展权收益的部分分割。[1] 而从整个地票交易的操作轨迹来看,由于地票竞买的票面价格可以直接用于折抵土地出让金,也即从原来的开发商一次性将土地出让金交付给政府变成了两次交付。因此地票的价格并非远郊区建设用地通过市场交易所达到的土地价格,而是政府通过征收获取出让金,对远郊区(地票产生地)农民进行转移支付的一种形式。

地票交易前后所形成的价格反映了土地的增值收益,其本质就是土地发展权的释放和回归。这种释放和回归包含了两个层次的意义:一方面,取得地票的权利人因为拥有地票而获得了开发相关土地的权利;另一方面,基于这种用途变更和开发强度的增加而产生了一定的土地增值收益,这种增值收益便投射到了地票的价值之中。地票的成交价由市场供求决定,而非由政府决定。当用地指标大于市场需求之时,其价格便会下降;相反,当用地指标不能满足市场对建设用地指标的需求之时,其价格便会上涨。地票交易的本质是土地发展权的交易,通过地票交易,级差地租低的地块置换到级差地租高的地块,实现了城乡级差地租的价值化,从而产生增值,并通过城市土地增值收益返还远郊农村。[2]

(三)重庆地票模式的有益启示

虽然重庆地票模式并非征收过程中土地增值收益的直接分配,但是通过分析我们可以得出这样一个结论:地票价格是被征收土地出让金的组成部分,给予宅基地退出农民地票价格补偿,实际上是将征收过程中产生的增值收益进行转移支付。

贺雪峰教授对于以建立统一的城乡建设用地市场为手段,使农村土地价值显化,并以此来达到发展农村经济、缩小城乡差距的观点,一直怀有质疑的态度。其中一个重要原因就在于,一旦国家放开了土地市场,在国家紧缩政策之下,城市建设用地稀缺性就会消失,这样一来,影响城市建设用地价格的唯一因

---

〔1〕 参见谭林丽、刘锐:《城乡建设用地增减挂钩:政策性质及实践逻辑》,载《南京农业大学学报(社会科学版)》2014 年第 5 期。

〔2〕 参见朱道林:《土地增值收益分配悖论:理论、实践与改革》,科学出版社 2017 年版,第 162 页。

素就只有区位因素。正好处在城市边缘或开发区的集体土地就可获得与城市土地同等的价格,当地就可以获得较为可观的经济收入。但这样的农村仅占全国农村的5% ~10%,更多的处于偏远地区的农村是无法享受到土地市场开放后,由市场化所带来的土地增值收益的。不能否认,这样的疑虑是存在一定的道理的。而重庆地票制度正是在征收制度和用途管制制度的基础上,实现了对更多农村地区的土地增值收益的转移支付。重庆地票模式不仅为我们提供了土地增值收益社会返还的一种思路,同时也对被征地者的增值收益分配提供了一种参考。

目前的难点是,我们无法准确测算出政府的土地前期开发整理到底带来了多少土地价值的增值,也无法明确土地管制、指标限制究竟对土地价格增长的影响是多少,从而也就无法明确土地增值收益在政府和土地所有者——集体经济组织之间应当采用何种方式、何种比例进行分配。如果说这将是永远横亘在土地增值收益分配制度研究上的一个不可逾越的难题,那么至少重庆地票制度带给了我们三点有益的启示:(1)土地增值收益权的归属应完全取决于农地收益权的归属,也即土地实现的价格收益应当归土地权利人所有,其他主体拥有的是分享权;(2)地票的价格通过"最低价格保障+公平竞拍"的方式确定,土地的价格也应当由市场决定;(3)在外部分配上,依据土地增值的性质进行区分,在内部分配上,通过"确定比例+最低限额"的方式确定。

此外,虽然生产地票的农村的确因为地票交易而收获了土地发展权的经济价值,而且相较于传统的征地补偿模式获得了更大的收益,同时也增加了耕地,使复垦和收益同步实现,可以说在"城乡建设用地增减挂钩"的探索上成效显著。但从本质上讲,这并未改变集体土地征收增值收益分配的现状。地票落地之后所沿用的依旧是传统的征地补偿模式,进入这一环节之后已与地票没有关系,相应土地的增值收益依旧归政府享有。[1] 地票之于征地制度就犹如前菜之于主食,尽管这一前菜比以往更加开胃,可是主食依旧没有变化。

二、集体经营性建设用地入市

土地增值收益分配与征地的关系十分密切,征地制度不改革,土地增值收

---

[1] 也有学者认为地票制度前景不明朗,增加了土地权利体系的复杂性,因此发展空间有限。但事实上,其弊端在于依旧没有从根本上改变传统的"征收—出让"模式。参见冯桂:《重庆地票制度的价值及其对城乡一体化改革的启示》,载《国家行政学院学报》2014年第1期。

益分配制度将很难落实。科学界定公共利益是缩小征地范围的重要措施之一，而想要从制度层面彻底解决征地范围的难题还必须依靠建设用地供应制度的改革。因为更深层次的原因在于我国特有的建设用地供应制度，而集体经营性建设用地使用制度的改革则是当前大有作为的一块，能从制度层面开辟一个突破口用以解决国家垄断建设用地市场，长久未能缩小征地范围的问题。[1] 科学确立公共利益的标准和开放集体经营性建设用地入市犹如缩小征地范围的两条腿，一条为了解决技术层面的“征收口子”问题，另一条则从内部供应上改变“征收需求”问题。两条腿必须协调运动，唯有通过对公共利益的界定从法律上缩小征地的口子，方能为集体经营性建设用地入市开辟可能的空间；也只有开辟集体经营性建设用地入市这一新的供地途径，才能使对公共利益的界定真正起到缩小征地范围的作用。

(一)集体建设用地使用制度：法律与现实之间

按照传统分类，我国集体建设用地分为三类，分别是乡(镇)企业用地、乡镇(村)公共设施和公益事业用地、宅基地。乡镇(村)公共设施和公益事业用地主要用于建造学校、卫生所等公益性设施，原则上禁止流转或商业使用，因此在实践中并没有太多纠纷。[2] 宅基地具有很强的身份性，宅基地使用权是农民基于集体成员的身份而享有的一种权利。[3] 无论是在管理方式还是在制度安排上都迥异于其他集体建设用地，由此，确切符合集体经营性建设用地条件的只有乡(镇)企业用地。

关于乡(镇)企业用地的管理主要规定在《土地管理法》第60条、第63条，《民法典》第397条、第398条中。《土地管理法》修正前的制度概括而言有以下三点：(1)从主体上讲，该类土地必须以农村集体经济组织为主体；(2)从用途上看，该类土地仅限于农村集体经济组织自身兴办企业或者农村集体经济组织以土地使用权入股或联营与他人共同举办企业；(3)从流转上分析，一方面禁止

---

[1] 党的十七届三中全会、十八届三中全会均为此指明了方向，同时，中共中央办公国务院办公厅联合印发《关于农村土地征收、集体经营性建设用地入市、宅基地制度改革试点工作的意见》，对这一问题在中央层面作出了部署，但具体细节仍存在诸多分歧。

[2] 参见《土地管理法》第59条、第61条。

[3] 目前关于宅基地去身份化和允许宅基地流转的呼声络绎不绝，但无论是《土地管理法》抑或《民法典》均保留了这种身份特性。有学者指出：“中国农村的宅基地制度是集体化的产物，是仅存的资源稀缺程度很高却仍然采取福利分配的制度安排之一……土地制度改革中，宅基地制度是最为独特、最为敏感，也是最难以决断的一项。”参见刘守英：《农村宅基地制度的特殊性与出路》，载《国家行政学院学报》2015年第3期。

主动流转,但另一方面又承认被动抵押("地随房走")和破产、兼并等引起的被动转移。

由此,集体建设用地在我国现行法律框架下呈现出如下图景:(1)集体建设用地的用途和流转受到包括《土地管理法》《民法典》在内的法律的严格限制;(2)原则上集体土地未经征收不得用于建设,但村民建设住宅、兴办乡镇(村)公共设施和公益事业、兴办乡镇企业(包括农村集体经济组织自身兴办企业或者农村集体经济组织以土地使用权入股或联营与他人共同举办企业)这三种特殊情况下可以不经征收手续直接使用相应的集体建设用地进行开发建设;(3)上述三种集体建设用地使用权原则上不得主动流转,但因企业破产、兼并,厂房抵押以及集体经济组织成员内部出卖或出租房屋等三种原因引起集体建设用地使用权转移的除外(见表2-4)。

表2-4　建设用地流转限制表

土地性质	建设用地	
国有土地	划拨土地	不可流转(可转为出让)
	出让土地	可流转
集体土地	乡镇企业用地	破产、兼并等情形下可被动流转
	农民宅基地	可在本集体经济组织内部随房屋一并流转
	乡镇(村)公共设施和公益事业用地	不可流转

可见,集体经营性建设用地入市仅限于上述乡镇企业用地一种情形,其流转在现有法律框架下也仅限于被动抵押("地随房走")和破产、兼并等几种被动情形。但这种政府垄断建设用地市场,将集体土地排除在城市化范围之外的制度设计作为引起征地问题的根源受到了极大的批判。因此,在现实中,只要对中国土地问题稍加关注便可察觉:集体建设用地的实际使用和流转状况,已经大大超越了上述法律限定的范围,[1]如部分农村的批发市场、农贸市场、小产权房等,而且这已经成为一种普遍存在的现象,且大部分是自发或借助改革的旗号突破现行法律规范。据调查,现实中类似的非法流转已经存续近二十余

〔1〕参见宋志红:《中国农村土地制度改革研究——思路、难点与制度建设》,中国人民大学出版社2017年版,第192页。

年，而且形式用途多样、主体各异。[1]

(二)集体经营性建设用地入市：从地方到中央

早在中央开展试点工作之前，地方就已经迈出了探索性的步伐。[2] 尤其是成都、苏州、佛山、深圳、重庆等地更是积累了宝贵经验(见表2－5)。通过这些地方的探索，企业落户农村，集体土地利用率得以提高，大量农民在当地非农化就业，村集体的土地收益也大大提高。[3] 但由于缺乏统一的法律规范和配套的制度，在实践中集体建设用地的流转和法律地位仍旧与国有土地存在不小的差距，而且为了追逐利益，地方的做法有时会对土地规划和耕地保护等造成不良影响，面对纠纷时也缺乏最基本的法律指引。因此，地方的探索依旧任重道远。

表2－5　部分地区集体经营性建设用地改革探索

地区	流转方式	主要文件
成都市郫都区	土地使用权拍卖	《郫都区农村集体经营性建设用地入市规定》《成都市集体建设用地使用权流转管理办法》
贵州省湄潭县	土地使用权拍卖	《湄潭试验区农村集体建设用地使用权流转管理实施方案》
深圳市凤凰社区	土地使用权拍卖	《深圳市原农村集体经济组织非农建设用地和征地返还用地土地使用权交易若干规定》《广东省集体建设用地使用权流转管理办法》
苏州市相城区	年租制	《苏州市农村集体存量建设用地使用权流转管理暂行办法》
佛山市南海区	出让、转让、出租、抵押	《佛山市南海区集体建设用地使用权流转实施办法》
重庆市	采取挂牌或拍卖方式进行地票交易	《重庆农村土地交易所管理暂行办法》(已失效)

[1] 参见宋志红：《集体建设用地使用权流转法律制度研究》，中国人民大学出版社2009年版，第18～24页。

[2] 国务院从1999年开始在安徽、广东、上海等地进行集体建设用地流转的试点工作，广东省南海市(现南海区)早在1992年即认可了集体经济组织在坚持所有权性质不变的前提下，统一规划出租土地或者厂房的行为。需要说明的是，虽然中央正式提出“集体经营性建设用地入市”这一概念是在2014年的“三块地”改革意见中，但其本质内涵与之前各地的探索是一致的。

[3] 参见邓宏乾：《中国土地收益分配问题研究》，中国社会科学出版社2017年版，第54～63页。

面对这一趋势，中央审时度势，逐步确立了改革的方向（见表2－6）。早在1999年国务院便开始在地方试点，并于2004年对集体建设用地的流转作出了政策上的松动，尽管当时中央的安排还处于试探性阶段，也缺乏明确具体的操作规范，但是改革的步伐却从未停止，改革的方向也逐步从政策松动过渡到明确支持。在随后的十七届三中全会中，相关政策将集体建设用地进行了公益性和经营性的划分，并对"土地利用规划确定的城镇建设用地范围外"的集体经营性建设用地的流转作出了部署。十八届三中全会则更为大胆地取消了"土地利用规划确定的城镇建设用地范围外"这一限制条件，只强调了"符合规划和用途管制"，这使可流转的集体经营性建设用地的范围不断扩大。中央层面正式启动集体经营性建设用地改革始于2014年，原国土资源部也于2015年响应了中央号召，将"集体经营性建设用地入市"加入《土地管理法》修正的内容之中。2020年1月1日，新修正的《土地管理法》删除了原法第43条关于"任何单位和个人进行建设，需要使用土地的，必须依法申请使用国有土地"的规定，允许集体经营性建设用地在符合规划、依法登记并经本集体经济组织2/3以上成员或者村民代表同意的条件下，通过出让、出租等方式交由集体经济组织以外的单位或者个人直接使用。同时，使用者取得集体经营性建设用地使用权后，还可以转让、互换或者抵押。目前，随着"三块地"改革和试点工作的推行，应当说，中央的意图十分明显，改革也从地方的自发性尝试过渡到中央的确认阶段。[1]

表2－6　中央对集体经营性建设用地改革方向的确认

时间	文件名称	发布部门	有关内容
2004年	《关于深化改革严格土地管理的决定》	国务院	禁止非法出让、出租集体土地，承认集体建设用地使用权的依法流转

---

〔1〕尽管集体经营性建设用地入市试点在各地如火如荼地进行，也逐步得到了中央的认可，但各地在实践中依旧产生了大量现实问题，比较有代表性的有：第一，早在中央确认之前地方就存在不少私下流转的情况，这部分土地往往情况特殊，法律纠纷复杂；第二，集体土地产权归属不清，导致"农民集体"的代表无法充分行使权利；第三，集体经营性建设用地入市改革在税收方面并无全国人大授权，其抵押也没有明确授权，依然受到民法的限制；第四，由于公共利益的界定不明确，征收权滥用的现象依旧普遍，集体经营性建设用地入市的空间受到严重挤压；第五，长久以来各地对土地财政过度依赖，突然转变形式使地方政府积极性不高。参见宋志红：《农村土地改革调查》，经济科学出版社2016年版，第62～105页；宋志红：《中国农村土地制度改革研究——思路、难点与制度建设》，中国人民大学出版社2017年版，第188～271页。

续表

时间	文件名称	发布部门	有关内容
2008 年	《关于推进农村改革发展若干重大问题的决定》	中共中央	将农村集体建设用地划分为公益性建设用地和经营性建设用地,并指明了城镇建设用地范围外的经营性建设用地入市"统一市场、同地同权"的改革道路
2013 年	《关于全面深化改革若干重大问题的决定》	中共中央	建立城乡统一的建设用地市场。在符合规划和用途管制前提下,允许农村集体经营性建设用地出让、租赁、入股,实行与国有土地同等入市、同权同价
2015 年 1 月	《关于农村土地征收、集体经营性建设用地入市、宅基地制度改革试点工作的意见》	中共中央办公厅、国务院办公厅	从中央层面开启集体经营性建设用地入市改革的试点
2015 年	《关于授权国务院在北京市大兴区等三十三个试点县(市、区)行政区域暂时调整实施有关法律规定的决定》	全国人大常委会	对试点工作予以授权,并正式启动
2019 年	《土地管理法修正案(草案)》(征求意见稿)	国土资源部	将第 63 条修改为:县级土地利用总体规划、乡(镇)土地利用总体规划确定为工业、商业等经营性用途,并经依法登记的集体建设用地,土地所有权人可以通过出让、出租等方式交由单位或者个人使用,并应当签订书面合同,明确用地供应、动工期限、使用期限、规划用途和双方其他权利义务
2020 年	《土地管理法》	全国人大常委会	删除了旧法第 43 条关于"任何单位和个人进行建设,需要使用土地的,必须依法申请使用国有土地"的规定,允许集体经营性建设用地在符合规划、依法登记,并经本集体经济组织成员的村民会议三分之二以上成员或者三分之二以上村民代表同意的条件下,可通过出让、出租等方式交由集体经济组织以外的单位或者个人直接使用。同时,使用者取得集体经营性建设用地使用权后,还可以转让、互换或者抵押

(三)改革的难点与阻力:理论争议与现实顾虑

集体经营性建设用地入市的本质在于改变原有的政府垄断建设用地一级市场的土地供给模式,让集体经营性建设用地像国有建设用地一样直接进入土地一级市场进行交易流转。而农民集体可以以土地所有权人的身份在符合土地规划的前提下,直接出让或出租集体建设用地使用权,或者以土地使用权入股,而不需要通过征收程序将其变为国有土地。通过这种方式,可以将征收与用途转变这两个法律性质原本就完全不同的行为从捆绑状态分离,回归到本该处在的位置。需要强调的是:流转的仅仅是土地使用权,所有权的性质并没有因此而改变;一级流转市场的主体是农民集体,而不能是农民个人;流转必须坚持用途管制。当下的改革,不仅面临着诸多理论争议,也面临着大量现实的顾虑,其中,以下几方面显得尤为突出。

1. 集体经营性建设用地入市的宪法障碍

无论是缩小征地范围改革也好,还是集体经营性建设用地入市改革也罢,两者都无法脱离城镇建设用地这一要素,改革的核心问题在于:谁有资格成为城镇建设用地的提供者?根据我国《宪法》第 10 条的规定,“城市的土地属于国家所有”,因而,无论是现行土地制度改革的支持者还是反对者,都必须在宪法的框架内进行说理。一个显而易见的矛盾是:推行集体经营性建设用地入市改革之后,城市范围内就会出现集体土地,而与《宪法》第 10 条相违背。[1]

2. 集体经营性建设用地入市的范围

(1)“圈内”“圈外”之争。明确集体经营性建设用地入市的范围本质上要回答的是:哪些集体经营性建设用地可以不经征收直接入市流转?由此带来的第一个争议是允许流转的集体经营性建设用地是否应仅限于“土地利用规划确定的城镇建设用地范围内”,也即所谓的“圈内”“圈外”之争。其理论争议的根源在于上述《宪法》第 10 条的“城市的土地属于国家所有”的规定。如果将流转范围限制在“圈外”便意味着“圈内”的集体经营性建设用地依旧要沿用固有的

---

〔1〕 事实上,多年前周其仁教授便提出了著名的“征地悖论”,因为根据法律规定,城镇建设必须使用国有土地,而农用地转为城镇建设用地的唯一合法途径是征收,但是根据《宪法》,征收的唯一合法理由是公共利益。那么按照此种逻辑,非公共利益性质的农用地转建设用地就处在一个十分尴尬的位置:如果不经过征地,那么相当于城市中出现了集体土地,而与《宪法》第 10 条第 1 款的“城市的土地属于国家所有”相违背;如果经过征地,那么又与《宪法》第 10 条第 3 款的“国家为了公共利益的需要,可以依照法律规定对土地实行征收或者征用并给予补偿”相矛盾。参见周其仁:《农地产权与征地制度——中国城市化面临的重大选择》,载《经济学(季刊)》2004 年第 4 期。

征收模式;反之“圈内”的集体经营性建设用地在保留了集体所有权的基础上获得了自由流转的权能,但会造成城镇规划区内的国家所有与集体所有的土地并存的局面,引发与“城市的土地属于国家所有”的规定的矛盾。

(2)是否限于“存量”之争。这一争论的核心在于:是否应当将可流转的集体经营性建设用地限定在流转之前业已确定的土地上,而排除规划后新增的集体经营性建设用地?现有政策在这一问题上出现了分歧:十八届三中全会的决定与全国人大常委会授权试点时的表述并不一致,这也带来了现实的困境。[1]

3. 集体经营性建设用地入市的收益分配

在集体经营性建设用地入市被《土地管理法》确定之后,随即衍生出的问题是:国家、集体、土地使用者、农民个人等主体应当如何分配土地增值收益。该问题目前没有一个统一的分配规则。2016 年 4 月财政部和原国土资源部印发的《农村集体经营性建设用地土地增值收益调节金征收使用管理暂行办法》中也规定,调节金按入市或再转让土地增值收益的 20% ~50% 征收。一方面,国家应当以何种方式参与这种分配以及如何确定其比例是一个重大问题;另一方面,这种增值收益的获取模式与土地征收中区片综合地价的模式如何协调也成了一个不可忽视的问题。

4. 财政、政府管制与自治经营的现实顾虑

现实层面最大的障碍来自地方政府长时间以来形成的对土地财政的依赖,我国众多城市财政收入的重要来源之一便是土地出让金。放开集体建设用地入市的口子就意味着逐步打破地方对建设用地一级市场的垄断,政府无法继续大规模地低征高卖,从眼前利益而言,地方政府自然不会全力支持。即便获得了地方政府的支持,也将对其管制能力产生重大考验。在当下土地用途管制如此严苛的前提下,依旧存在大量农用地私自转为建设用地的情形,在放开入市限制之后,若对流转的管制能力无法马上补足,基于利益的驱使,占用耕地、抗拒合法征收等情形可能会更频繁地发生。除了对地方政府存在顾虑之外,还有

---

〔1〕《中共中央关于全面深化改革若干重大问题的决定》有关“在符合规划和用途管制前提下,允许农村集体经营性建设用地出让、租赁、入股,实行与国有土地同等入市、同权同价”的表述,没有将允许入市的集体土地限定为存量集体建设用地。全国人民代表大会常务委员会《关于授权国务院在北京市大兴区等三十三个试点县(市、区)行政区域暂时调整实施有关法律规定的决定》则将允许入市的集体土地限定为存量集体经营性建设用地。《国土资源部关于印发〈农村土地征收、集体经营性建设用地入市和宅基地制度改革试点实施细则〉的通知》(国土资发〔2015〕35 号)则将允许入市的集体土地限定为存量集体建设用地。

对农民的担忧。在赋予农民集体对集体土地更完整的物权之后,农民集体虽然坐实了集体建设用地的所有权,但也意味着其要对这些土地的出让进行规划,对收益进行分配和管理,这种具有高度独立性和专业性的工作可能对目前在法律上还没有完全发育成熟的农民集体来说是一种极大的挑战。

(四)入市改革的总思路:回应与评价

关于入市的宪法障碍问题,学界对《宪法》第 10 条“城市的土地属于国家所有”的解释已经十分细致,也有了足够的理论准备,有学者从“属于”一词着手,提出了“原则规范说”“授权性规则说”;有学者着眼于“国家所有”,提出“名义所有论”“宪法性公权论”;也有学者从“城市”一词出发,提出了“人口城市化论”“历史城市论”等。上述解释虽然不尽完美,但基本能为集体经营性建设用地入市提供宪法上合理的解释路径。退一步而言,当《宪法》不符合实践需要之时,完全可以启动修宪程序。

在完成宪法层面的解释之后,“圈内”“圈外”的问题也就迎刃而解,一个积极的信号是,虽然党的十七届三中全会采用了“圈内”“圈外”的观点,但是十八届三中全会却取消了这一限定。实践中也不断摸索出了“国有化模式”[1]和“规划区内整体转让权利流转 + 规划区外直接流转”的模式。至于是否应限于存量,无论是从改革的目的还是从这种限制的必要性考虑,都能得出不应限于存量用地的结论。因为对土地利用活动的规制,主要是要发挥土地利用总体规划和城乡规划等社会性规制机制的作用,因而从某种意义上说,只要确保了用地的规划相符性,就能够实现土地的合理利用和控制建设用地规模的公共目的,也就没必要将入市用地限定为存量建设用地。

在分配问题上,根据初次分配基于产权、二次分配基于税制的原则,国家并非集体经营性建设用地的产权人,故不应直接参与初次分配,而应当通过合理的税收体系来调节收入分配,同时将土地征收增值收益的分配模式也进行统一。这样从转变政府角色、保护农民集体产权抑或平衡收益等角度进行考量,都更加合理。

现实中的财政、政府管制与自治经营等问题确实会成为地方推行改革的强

[1] 如浙江宁波、温州等地便采用这种模式,具体做法是先将集体建设用地所有权转为国有,办理国有土地出让或租赁手续,同时将收取的土地收益大部分返还给集体经济组织。参见刘允洲主编:《制度创新之路——农村集体建设用地流转管理实践与理论》,人民日报出版社 2001 年版,第 190 ~ 191 页。

烈阻碍。但是正因如此,我们更应该清醒地认识到,唯有通过改革,才能更好地促进土地资源的配置效率,转变政府土地经营者的角色,使其专注于土地管理,逐步清理非法用地。但现阶段考虑到改革的动力问题,应当在增值利益分配格局中适当考虑相关部门的利益。至于农民自治经营能力的问题,这会随着集体土地产权制度、国家监察机制的建立和实践的磨炼逐渐得以改善。

"重大改革于法有据",一项新制度的推行不仅需要寻找法律上的依据,更要通过建构一整套完备的法律体系予以确认和规范。这套法律体系的建构不仅包括对《宪法》的解释甚至修改,还包括修改《土地管理法》《民法典》,制定《集体建设用地流转法》《土地征收法》《农民集体法人组织法》,完善登记、储备、交易、分配、监督、社会保障等配套制度。

首先,启动宪法解释机制,对《宪法》第 10 条进行解释,扫除集体经营性建设用地入市的宪法障碍。[1] 其次,利用《土地管理法》和民法典物权编修改相关内容的契机,确认集体经营性建设用地入市流转的合法性,制定《集体建设用地流转法》等专项法律,具体规定集体建设用地流转的基本原则、适用范围、方式、登记、合同、争议解决、监督等内容,并以此为契机出台《土地征收法》,完善征收制度。最后,制定《农民集体法人组织法》,通过立法完成对农民集体的法人化改造,明确其权利义务和具体的运行模式,为今后的改革进行铺垫。

第三节 兼顾国家、集体、个人土地增值收益分配的法律回应

土地问题是一个具有极强时代性和政策性的命题,因此,只有将研究范畴置于整个中央农地改革框架下去审视才能窥见其应有的位置;同时从全局角度发现其与其他改革之间的关系,以更客观、科学的方式认识和推动土地制度的变革向良性方向发展,以完成"兼顾国家、集体、个人的土地增值收益分配"的目标。

---

[1] 中共中央《关于全面推进依法治国若干重大问题的决定》强调要"健全宪法解释程序机制"。《宪法》作为根本大法,其用语和概念的外延并非都有明确的界限,启动宪法解释机制,一方面可以践行"宪法的生命在于实施,宪法的权威也在于实施";另一方面可以更好地运用和完善宪法解释机制,全面推进依法治国。

一、土地制度改革的政治背景

2022 年党的二十大报告中强调要“深化农村土地制度改革,赋予农民更加充分的财产权益”。其实,自 2012 年召开十八大后,党中央和政府就在农村土地制度改革方面加快了脚步,并相应出台了一系列重要政策进行重点部署。十八大报告早已在耕地保护、征地制度和土地用途管制等三个领域为土地制度改革奠定了基础。就征地制度而言,党的十八大报告指明,“改革征地制度,提高农民在土地增值收益中的分配比例”“让广大农民平等参与现代化进程、共同分享现代化成果”。2013 年,党中央、国务院发布的一号文件重申“加快推进征地制度改革。依法征收农民集体所有土地,要提高农民在土地增值收益中的分配比例,确保被征地农民生活水平有提高、长远生计有保障。加快修订土地管理法,尽快出台农民集体所有土地征收补偿条例”。中央一号文件同时又强调,中央在“稳定农村土地承包关系”“改革农村集体产权制度”等领域作出了安排,提出“必须健全农村集体经济组织资金资产资源管理制度,依法保障农民的土地承包经营权、宅基地使用权、集体收益分配权”。十八届三中全会细化了全面深化改革的各项工作,尤其指出农村土地制度改革是新时期改革的重中之重。2014 年 1 月,中共中央、国务院印发《关于全面深化农村改革加快推进农业现代化的若干意见》,在“农村土地承包”“农村集体经营性建设用地入市”“宅基地管理”“征地”等四个领域对深化农村土地制度改革作出了要求。中央更是在十八届四中全会上提出了要“制定和完善发展规划、投资管理、土地管理、能源和矿产资源、农业、财政税收、金融等方面法律法规,促进商品和要素自由流动、公平交易、平等使用”。为新时期的土地管理法制建设指明了方向。

在 2014 年 9 月 29 日召开的中央全面深化改革领导小组第五次会议中提出并阐释农村土地“三权分置”这一概念。此次会议还审议了《关于引导农村土地承包经营权有序流转发展农业适度规模经营的意见》和《积极发展农民股份合作赋予集体资产股份权能改革试点方案》。前者正式提出了农村土地的“三权分置”,确定了农业用地经营制度改革的方向;后者则为完善集体土地所有权制度提供了有益探索。

2014 年 12 月 2 日,中央全面深化改革领导小组第七次会议召开会议指出:“坚持土地公有制性质不改变、耕地红线不突破、农民利益不受损三条底线,在试点基础上有序推进。”[1]紧跟其后的是中共中央办公厅、国务院办公厅于2015年1月10日联合印发的《关于农村土地征收、集体经营性建设用地入市、宅基地制度改革试点工作的意见》,这一意见正式为征地制度、集体经营性建设用地、宅基地“三块地”的改革拉开帷幕。

在随后的改革中,中央全面深化改革领导小组又相继审议通过了《积极发展农民股份合作赋予集体资产股份权能改革试点方案》《关于完善农村土地所有权承包权经营权分置办法的意见》《关于完善产权保护制度依法保护产权的意见》《关于划定并严守生态保护红线的若干意见》等文件,在上述土地改革领域作出了更为具体的安排。[2] 中共十九大更是创造性地提出了“乡村振兴”“组建自然资源部”“组建生态环境部”“组建农业农村部”等主张,为全面系统地解决好“三农问题”指明了方向。2022年2月22日,中共中央、国务院《关于做好2022年全面推进乡村振兴重点工作的意见》发布,对农村改革任务进行了重点部署。[3] 上述有关土地制度改革的系列会议和重要文件等涵盖了当下中国土地制度改革最为迫切和最为核心的问题:集体土地产权的实现形式、征地补偿制度、集体经营性建设用地入市制度、宅基地管理制度、土地承包经营制度、耕地保护制度。而本书将研究的重点放在征收补偿制度上,尤其是最为核心的征收和增值收益分配问题上,同时因为关系密切,本书也将涉及部分集体经营性建设用地入市改革的内容。

在中央的统一安排和部署下,地方的改革和试点相继展开,与以往相比,十八大之后,我国土地改革试点呈现出不同的特点:第一,改变了以往分部门各自行动的状态,而是由中央进行统筹;第二,推行“依法土改”,农村土地制度改革试点采用全国人大授权模式,如全国人大常委会授权国务院在33个试点县(市、区)行政区域暂时调整实施有关法律法规;第三,明确了改革的红线。

---

[1] 《鼓励基层群众解放思想积极探索　推动改革顶层设计和基层探索互动》,载《人民日报》2014年12月3日,第1版。

[2] 2015年11月2日,中共中央办公厅和国务院办公厅联合印发了《深化农村改革综合性实施方案》,对农村改革作出了综合部署,但是对农村土地制度的改革基本没有超出前述改革文件的范围,只是对这些文件的内容进行了总结。

[3] 该意见在农村改革方面的核心内容为:开展第二轮土地承包到期后再延长30年整县试点;巩固提升农村集体产权制度改革成果,探索建立农村集体资产监督管理服务体系,探索新型农村集体经济发展路径;稳慎推进农村宅基地制度改革试点,规范开展房地一体宅基地确权登记;稳妥有序推进农村集体经营性建设用地入市;推动开展集体经营性建设用地使用权抵押融资;依法依规有序开展全域土地综合整治试点;深化集体林权制度改革;健全农垦国有农用地使用权管理制度;开展农村产权流转交易市场规范化建设试点;制订新阶段深化农村改革实施方案。

二、《土地管理法》的回应与增值收益分配的改革内涵

十八大之后，中央展开了一系列重要的部署，另一个值得我们注意的是，2019 年 8 月全国人民代表大会常务委员会通过了关于修改《土地管理法》的决定，新《土地管理法》于 2020 年 1 月 1 日起正式生效。《土地管理法》的修改不仅牵动着所有中国土地法学者的心，也是对中央一系列重要部署的正式立法回应。现行《土地管理法》除附则外共有七章，分别是总则、土地的所有权和使用权、土地利用总体规划、耕地保护、建设用地、监督检查和法律责任。

而有关土地增值收益分配的问题，中央通过《关于农村土地征收、集体经营性建设用地入市、宅基地制度改革试点工作的意见》阐明改革试点的四项关键任务，前三项分别涉及“土地征收制度”“集体经营性建设用地入市制度”“宅基地制度”，第四项强调要“建立兼顾国家、集体、个人的土地增值收益分配机制，合理提高个人收益。针对土地增值收益分配机制不健全，兼顾国家、集体、个人之间利益不够等问题，要建立健全土地增值收益在国家与集体之间、集体经济组织内部的分配办法和相关制度安排”。在征地中农民合理分享土地增值收益的内涵为：政府征收转用农民集体土地时，除了按照规定足额支付征地补偿安置费用外，还应该安排一定资金让农民集体参与土地增值收益的分享。

第三章

土地发展权作为集体和个人参与分配之正当理由

诚如前文所言,中国集体土地征收增值收益分配制度产生缺陷的原因之一在于土地发展权被隐形国有化,在农民或者农民集体的土地权利体系中缺少了极为重要的土地发展权。毫不夸张地讲,土地发展权是整个征收补偿系统中内部性权利体系的核心,甚至可以说,土地发展权在目前中国的土地管理制度中是解决症结的基础和"钥匙",从功能性角度而言,土地发展权远远超越了完善土地征收制度本身。土地发展权,尤其是农地发展权的概念术语和制度体系一旦在中国得以落地生根,就可以从源头上合理合法地解释许多问题:为什么在征地过程中,土地增值收益要在国家、农民集体和农民个人间进行分配?为什么集体建设用地可以像国有土地一样入市流转、交易?为什么国家可以对土地实行严格的用途管制以及如何调节用途管制带来的利益不公?……因此,集体土地权利体系改革的核心在于土地发展权。

应当说,中国学者在对土地发展权的研究上已经做出了一番不小的努力,[1]但迄今为止,我国学界甚至对土地发展权的权源和属性都没有一个统一的认识。因此,笔者认为当下的重点是让土地发展权这一概念在中国土地法学体系中发育成一个完整而独立的法律术语,完成基本范畴的构造,进而通过比

---

〔1〕 比较有代表性的论著有:沈守愚:《论设立农地发展权的理论基础和重要意义》,载《中国土地科学》1998年第1期;胡兰玲:《土地发展权论》,载《河北法学》2002年第2期;陈柏峰:《土地发展权的理论基础与制度前景》,载《法学研究》2012年第4期;刘国臻:《论美国的土地发展权制度及其对我国的启示》,载《法学评论》2007年第3期;程雪阳:《土地发展权与土地增值收益的分配》,载《法学研究》2014年第5期;彭錞:《土地发展权与土地增值收益分配——中国问题与英国经验》,载《中外法学》2016年第6期。

较法研究探索符合中国实际的法律规范和制度培育模式。

第一节　土地发展权的法律属性

一、土地发展权的权属之争

在中国城乡二元土地管理结构下，集体土地的流转受到严格限制，征收是集体土地转为国有土地的唯一途径，也是集体土地开发利用的前提。在这种特殊的土地利用制度之下，集体土地在经过征收之后往往会产生巨大的增值收益，这份体量巨大的增值收益应当如何分配早已成为深化土地制度改革的核心议题之一。对此，学界的争论十分激烈，因为在传统的土地管理制度之下，集体和农民个人几乎无法获得土地增值收益，而在法律体系内部也很难寻找到相应的术语和规范来表达这种权利。基于这种背景，学者们将目光投向了土地发展权（land development right），通过论述其概念、归属、流转等论证国家、集体、个人分享土地增值收益的正当性。[1]

土地发展权有狭义与广义之分，但在国内这早已不是争议的焦点，通过比较域外的土地发展权概念，[2]可以一般性地将其界定为开发利用土地和变更土地用途和性质的权利。学界争论的核心在于，中国语境下土地发展权应当是国有还是私有（集体所有）。第一种观点认为土地发展权源于国家主权，[3]它因国家管制权的行使而成为一项独立的权利，因此主张“土地发展权国有论”。国有论者同时认为“我国的土地发展权国有模式具有一定的合理性，能防止少数人独享土地发展增益”，不合理之处在于“未能明确保障失地农民分享土地发展增益，且缺乏制度装置来让大田农民分享土地发展增益”[4]。换言之，国家是土地发展权的主体，我国现行体制的不合理之处并不在于国家掌控了土地发展权，而在于增值收益的分配环节存在问题。因此，只要在坚持土地发展权国有化的基础之上，基于社会再分配和公平的需要，提高被征地农民的补偿标准，分

---

〔1〕 参见王永莉：《国内土地发展权研究综述》，载《中国土地科学》2007 年第 3 期。

〔2〕 See Joseph D. Stinson, *Comment*, *Transferring Devel-opment Rights*: *Purpose*, *Problems*, *and Prospectsin New York*, 17 PACEL. REV. 345 – 355 (1996).

〔3〕 参见沈守愚：《论设立农地发展权的理论基础和重要意义》，载《中国土地科学》1998 年第 1 期。

〔4〕 陈柏峰：《土地发展权的理论基础与制度前景》，载《法学研究》2012 年第 4 期。

享增值收益即可。第二种观点认为“土地发展权是所有权的组成部分，土地规划管制是作为主权者的国家对土地发展权的干预和限制，而非土地发展权的来源”[1]。因此，集体土地的土地发展权应当成为所有权的自然延伸，也即归属于集体土地所有权人，只是基于地利共享之目的，集体和农民个人不能垄断所有的土地增值收益，而应当通过向国家缴纳税费的方式进行调节。[2]

通过上述对比可见，虽然在理论基础和具体论证进路上国有论和私有论存在巨大分野，但二者均为“建立兼顾国家、集体、个人的土地增值收益分配机制”提供了法理依据和实践路径。如果抛开具体路径的区别，二者在结果上也都证成了被征地农民分享土地增值收益的正当性，只是国有论者遵循的是“一次分配归公、二次分配归私”的思路，而私有论者则坚持“一次分配归私、二次分配归公”的进路。

因此，在理论上持续争论土地发展权应当国有还是私有，对于当下中国深化土地制度改革的实践并不会起到十分积极的推动作用，相反，可能会使这一舶来品在中国更加水土不服。要解决这一问题，必须跳出土地发展权无休无止的归属之争，转而站在改革的立场上，建构土地发展权制度的本土化方案。换言之，不必在土地发展权归公还是归私的问题上过多地强调其差异性，而应考察和论证具体应以怎样的方式将土地发展权植入中国的法律土壤，以发挥其服务改革的功效。

然而需要说明的是，虽然在土地增值收益分享的结果上土地发展权的归属之争没有绝对的必要，但是对构建具体的制度而言，如果要将其植入中国的法律土壤，使其生根发芽，则需要深入剖析土地发展权的法律性质，“承认特定的利益”[3]，寻求更能适应法理和改革需求的方案。因为无论集体土地上的土地发展权脱胎于私权（集体土地所有权）也好，脱胎于公权（警察权）也罢，它都可以像英国那样被国有化，也可以像美国那样被私有化，因而最根本的问题不是论证土地发展权在中国是国有还是私有，而是通过分析其法律性质，明确其在整个法律体系内部的位置和作用，使这一舶来品在中国实现本土化，以服务改革的实践。

---

〔1〕 程雪阳：《土地发展权与土地增值收益的分配》，载《法学研究》2014 年第 5 期。

〔2〕 参见周建春：《中国耕地产权与价值研究——兼论征地补偿》，载《中国土地科学》2007 年第 1 期。

〔3〕 [美]罗斯科·庞德：《法理学》（第 3 卷），廖德宇译，法律出版社 2007 年版，第 13 页。

二、土地发展权的物权性证成

土地发展权作为一项舶来品，欲将其植入中国的法律土壤，建构土地发展权制度的本土化方案，首先应当以法律属性为基础展开讨论，深入研究权利的属性，才能基于该属性和构造提供可能的适用面向或具体的现实指引。关于土地发展权法律属性的研究成果在国内已经为数不少，但已有的研究过度集中于"公私之争"，而忽略了对其各项要素进行系统的法理分析。

(一)土地发展权是一种私法权利而非公法权力

权力和权利是一对重要的法学概念。权力表现的是主体按照其所希望的方式，贯彻自己的意志和政策，控制、操纵或影响他人行为(而不管他人同意与否)的能力。[1] 这种命令与服从的关系决定了其无法成为市场交易的对象，也不可能具有有偿性。认为土地发展权属于权力范畴的学者主要是看到了土地发展权与土地分区规划之间所形成的难以分割的表面关系，却忽视了体现国家意志的权力在其概念范畴内无法发育出可以通过市场交易而让渡给私主体的成分。[2] 事实上，土地发展权属于权利而非权力的范畴。

首先，土地发展权满足可交易性和有偿性的基本特质。综观土地发展权制度早已成熟的域外国家，可以发现，即使是在土地发展权国有的英国，市场主体依旧可以向国家购买土地发展权。[3] 而在土地发展权公私共享的法国，尽管土地发展权被分割为法定土地发展权和增额土地发展权，但属于国家所有的增额土地发展权依旧可以在国家与私主体之间流转交易。[4] 在美国，土地发展权归土地所有权人所有，作为所有权权利束中的一种权利，土地发展权可以在市场上流通、交易。[5] 另外，日本、意大利等国的土地发展权也同样可以以一定的形式进行有偿交易，可见其并非属于权力的范畴。[6]

---

〔1〕 参见张文显：《法哲学范畴研究》，中国政法大学出版社 2001 年版，第 396 页。

〔2〕 参见黄祖辉、汪晖：《非公共利益性质的征地行为与土地发展权补偿》，载《经济研究》2002 年第 5 期。

〔3〕 参见刘国臻：《论英国土地发展权制度及其对我国的启示》，载《法学评论》2008 年第 4 期。

〔4〕 参见马韶青：《土地发展权的国际实践及其启示》，载《河北法学》2013 年第 7 期。

〔5〕 参见刘国臻：《论美国的土地发展权制度及其对我国的启示》，载《法学评论》2007 年第 3 期。

〔6〕 在日本，土地发展权被当作是空间权的一种归私人所有，并可以以容积率的形式进行市场化流转；而在意大利，土地发展权是一种具有经济价值的财产权，属于土地所有权人，所有土地所有权人都被公平地赋予可以移转的土地发展权。参见姚昭杰、刘国臻：《我国土地权利法律制度发展趋向研究——以土地发展权为例》，中山大学出版社 2016 年版，第 67 页。

其次,土地发展权具备上升为权利的基本条件。城市化转型中的中国面临的真正问题,与其说是土地所有权的形式,不如说是土地开发权的归属和分配。[1]因为即便是在土地私有的西方国家,所有者也没有权利自行改变国家规定的土地用途,进行自由开发。土地本身是一件特殊的商品,其开发利用具有极大的地理垄断和环境外部性,而土地发展权的设置最终应当落脚于权利的实现。穆勒[2]、乔治[3] 等著名经济学家对这一问题也有过相关论述,土地发展性利益为变更土地使用性质或提高土地利用集约度而产生的增值性利益,在经济学上的反映便是土地增值收益。在农地转化为非农用地以及城市化深度开发过程中,土地的价值会呈现增长的趋势,形成土地发展性利益。随着这一利益内核的不断扩大,已经具有上升为权利的基本条件。与此同时,为了调整土地发展性利益的关系,很多国家已经用法律的形式将土地发展性利益权利化,如英国、美国、法国等。

最后,土地发展权存在权利化的改革环境。我国的行政关系自古便存在深深的"父爱主义"烙印,以至于长时间压缩了自由和效率的生存空间。[4] 直到改革开放之后,我国土地管理的思维仍深受"父爱主义"的影响。自党的十八大以来,党中央和政府加大了农村土地制度改革的步伐,并作出了一系列重要部署。中央改革的思路在于通过"政经分开"强化农村集体产权,通过"三权分置"加强农地流转,通过"集体经营性建设用地入市"完善建设用地供给制度,通过"增值收益分配"增加农民财产性收入。而这一切的基础和核心便是将土地发展权权利化并赋予所有权人,允许其在法定条件内交易、流转。

(二)土地发展权满足物权的绝对性与支配性

所谓物权性,是指物权的本质特征,或判断某一权利是否为物权之标准。[5] 物权是权利人对特定物的权利,其客体主要为物,因而,物权又被称为对物权。[6] 物权的概念具有历史性,但学者们对物权本质的认识都是从人与人的关系和人与物的关系两方面出发的,因而,物权是权利人对物的直接支配,并且可

---

〔1〕 参见华生:《城市化转型与土地陷阱》,东方出版社2013年版,第82~83页。

〔2〕 参见[英]穆勒:《政治经济学原理及其在社会哲学上的若干应用》(下卷),胡企林、朱泱译,商务印书馆1991年版,第391页。

〔3〕 参见[美]亨利·乔治:《进步与贫困》,吴良健、天翼龙译,商务印书馆2010年版,第323~329页。

〔4〕 参见[美]理查德·A.波斯纳:《法律的经济分析》,蒋兆康译,中国大百科全书出版社1997年版。

〔5〕 参见金可可:《预告登记之性质——从德国法的有关规定说起》,载《法学》2007年第7期。

〔6〕 参见梁慧星、陈华彬:《物权法》(第5版),法律出版社2010年版,第5页。

以对抗权利人之外任何人的权利。绝对性和支配性均被视为物权的本质特征。

土地发展权具有显著的绝对性。无论是英国的土地发展权国有化、美国的土地发展权私有化，还是法国的土地发展权公私分享，除了权利主体之外的任何人对土地发展权均负有不作为义务，权利主体之外的任何人侵害土地发展权都需要承担赔偿责任。同时，土地发展权的支配特性也极其明显，在符合土地用途总体规划的前提下，权利主体可以根据自身独立的意思表示处分自己的土地发展权，而无须借助更多的外力。例如，在英国，国家享有土地发展权，可以按照自身的自由意志处分土地发展权，最为常见的便是将该权利让与私人。而在美国，享有土地发展权的私人可以对其进行交易，通过受让区和出让区的交易完成土地发展权的移转。因此，基于对其绝对性和显著性的分析，土地发展权具有物权属性。

（三）土地发展权来源于土地所有权

土地发展权符合成为权利的基本条件，满足物权最基本的绝对性和支配性，而从其发展和生成的权源上探讨其法律属性也是一条必不可少的研究进路。因为基于不同的权利来源会产生不同的理论立场，进而以此为基础影响实践中的收益。[1]

国外学者对此主要形成了三种观点：第一种观点认为土地发展权属于地役权的范畴，在土地上设定土地发展权用以限制土地的随意利用与开发，本质上是一种农地保护的工具。[2]第二种观点认为土地发展权来源于所有权，只是随着时代的发展，绝对所有权的概念被削弱，土地发展权逐渐从土地所有权的权利束中分离了出来。[3]第三种观点则认为虽然土地发展权是土地所有权的派生权利，但是它可以独立存在和流转，而当土地发展权不属于土地所有者时，便成了地役权。[4]如上文所述，我国学者对此的讨论则主要集中于所有权和国家管制权之争。上述纷繁复杂的观点虽各有理据，但也存在众多难以克服的缺陷。认为土地发展权属于地役权范畴的学者过分强调这一权利的功效属性，认为其

---

〔1〕 参见孙建伟：《土地开发权应作为一项独立的财产权》，载《东方法学》2018 年第 5 期。

〔2〕 See James M. Pedowitz, *Transfers of Air Rights and Development Rights*, 9 Real Prop. Prob. & Tr. J. 183 – 201 (1974).

〔3〕 See Jennifer Frankel, *Past, Present, and Future Constitutional Challenges to Transferable Development Rights*, 74 Wash. L. Rev. 828 (1999).

〔4〕 See PL. Machemer & MD. Kaplowitz, *A Framework for Evaluating Transferable Development Rights Programs*, 45 Journal of Environmental Planning and Management 773 – 795 (2002).

本质上是一种保护农地的工具，而忽视了其真正的权利来源；而认为土地发展权既来源于所有权又会在特殊情况下转变成地役权的学者，则是看到了土地发展权相较于传统权利的特殊之处，也即土地发展权是多种传统权利构成的权利群，因此其法律属性的外部表现也显得多变，但如果因此而认为其法律属性会因流转而不断变化则无法在法理上得到合理的解释。而持有国家管制权论的学者更是无法回应所有权论者的质疑，笔者将着重在下文予以论述。

笔者认为土地发展权脱胎于所有权，只不过在绝对土地所有权理念盛行的时代，生产力状况决定了变更土地使用性质或提高土地利用集约度产生的土地发展性利益并不明显，因而也没有将其细化和规范的需要。但是为了适应生产力的发展，相对所有权理念逐渐取代了绝对所有权理念，土地所有权的权能被进一步细化，而土地发展权也是其中之一。“总之，个人所有权、共有权、法人所有权、建筑物区分所有权、采矿权、空间权，都是所有权在不同历史时期发展变化的结果。”〔1〕

然而正如前文所提及的，这一结论可能遭到国家管制权论者的质疑，因为一个无法回避的问题是，英国将土地发展权归收国家所有而非由土地所有权人享有。因此很容易让人认为“土地发展权不太可能是土地所有权的派生权利，其产生于国家管制权对土地开发利用的限制”〔2〕。然而这种观点是值得商榷的。

首先，所有权理念由绝对走向相对。传统意义上所有权的权能包含占有、使用、收益和处分，这一观念可以追溯到古罗马法。〔3〕然而这四大权能是对所有权的不完全列举，而非所有权的全部权能。〔4〕在所有权的理念由绝对走向相对的过程中，土地发展权与采矿权、空间权等权利一样，为了适应时代的发展而逐渐从所有权中派生出来，或成为一种传统物权的新形式，或成为所有权的一项特殊权利内容。〔5〕

---

〔1〕 刘国臻：《论土地发展权在我国土地权利体系中的法律地位》，载《学术研究》2007年第4期。

〔2〕 陈柏峰：《土地发展权的理论基础与制度前景》，载《法学研究》2012年第4期。

〔3〕 参见[意]彼得罗·彭梵得：《罗马法教科书》，黄风译，中国政法大学出版社2005年版，第148页。

〔4〕 早在1985年我国就有学者对此进行了探讨，认为所有权的权能应当包括“占有、使用、收益、处分、决定、终属”，参见赵万一：《论所有权的权能》，载《现代法学》1985年第2期。

〔5〕 在土地所有权绝对的理念之下，所有权人很容易滥用这一权利，然而在当代，无论是公法还是私法都对土地所有权进行了广泛的限制，因而有学者认为土地发展权派生于土地所有权的理论基础是所有权绝对的观念是缺乏足够的说服力的。参见陈柏峰：《土地发展权的理论基础与制度前景》，载《法学研究》2012年第4期。

其次，土地发展权的出现早于国家规划和管制权，其独立又与国家规划和管制权没有必然联系。英国是世界上最早建立现代土地管理制度的国家，尤其是国家对土地的规划和管制权，由英国 1909 年颁布的《住房和城市规划法》(The Housing, Town Planning, Etc. Act of 1909)所创设，目的是解决因为工业化高速发展而带来的土地利用效率低下和发展混乱等问题，该法首次赋予了地方政府制定土地使用规划和因实行规划而进行强制购买(purchase compulsorily)的权力。[1]然而早在国家规划和管制权诞生之前，土地发展权即以土地所有权内容的形式而存在，[2]只是直到 1942 年《厄斯瓦特报告》(Uthwatt Report)才提出了土地发展权的概念，主张解决土地复杂问题的简单办法是对尚未开发的农村土地实行土地发展权国有化。[3]随后，在 1947 年制定的《城乡规划法》(Town and Country Planning Act 1947)中，土地发展权正式作为一项制度而存在，土地发展权也作为一项独立的财产权而从所有权中分离。

最后，土地发展权的国有化并不意味着土地发展权来源于国家公权力，而是意味着国家规划和管制权对这一财产权的极端限制。[4] 有一个不争的事实是，英国在将土地发展权国有化的同时，设置了专门的基金适当补偿土地所有权人失去土地发展权的损失。如果土地发展权来源于国家规划与管制权，那么就无法解释为什么收回原本属于国家的土地发展权还需要向土地所有者提供补偿，也无法解释为什么在收归国有之前，公民个人可以享有国家公权力所派生的权利，并且其在国有化之后还能进行交易流转。事实上，对财产权课以一定的社会义务是私人财产为了社会公共福祉所应承受的正常负担。[5]一种更为准确的理解是，土地发展权并非来自国家规划权和管制权，反而因为这两种权力的存在加速凸显了其作为财产权的本质。因此，土地发展权派生于所有权的观点更符合其本质。

---

〔1〕 参见彭錞：《土地发展权与土地增值收益分配——中国问题与英国经验》，载《中外法学》2016 年第 6 期。

〔2〕 参见姚昭杰、刘国臻：《我国土地权利法律制度发展趋向研究——以土地发展权为例》，中山大学出版社 2016 年版，第 216 页。

〔3〕 参见朱未易：《论物权法上土地发展权与人权法上发展权的制度性契合》，载《政治与法律》2009 年第 9 期。

〔4〕 为了克服土地利用的负外部性等因素，分区规划、用途管制等早已成为重要的调节手段，土地规划也从公共安全、健康、环境保护扩展到审美保护等。参见方涧、沈开举：《美国城市土地区划中的美学规范及其对中国的启示》，载《郑州大学学报(哲学社会科学版)》2017 年第 4 期。

〔5〕 参见张翔：《财产权的社会义务》，载《中国社会科学》2012 年第 9 期。

(四)土地发展权是所有权的特殊权利内容

接下来的问题是,如果土地发展权由所有权衍生而来,并具有物权的属性,那么它具体应当属于何种物权(或者新型物权)? 与物权法定原则内部的紧张关系又应如何协调? 对于这个问题,有学者认为土地发展权应当成为独立于所有权、用益物权和担保物权的新型物权,这种新型物权作为一种独立的物权具有独特的价值和意义。[1]这种观点是值得商榷的,如果土地发展权作为一项独立于传统物权的新型物权而存在,首先面临的就是物权法定原则与新物权的创设问题。大陆法系通说认为物权在类型上包括自物权和他物权,前者指所有权,后者指担保物权和用益物权。因此土地发展权的物权化必须能够使其归入既有的物权类型之中。此三类物权属于理论类型,是周延的分类,但不属于实证法上的物权,我国民法上的土地物权包括土地所有权、建设用地使用权、土地承包经营权、宅基地使用权等,后三类在本质上都属于用益物权。因此土地发展权要进入物权体系必须能够归入所有权(或者为所有权的某种权能)或用益物权。而土地发展权如果作为一种独立于所有权、用益物权和担保物权的新型物权而存在,一则在实证法上无法将其归入理论上的物权体系之中,再者创设一种与所有权、用益物权、担保物权并列的土地发展权也缺乏一定的理论依据。

如上文所述,土地发展权派生于所有权,笔者认为将其视为土地所有权的一项特殊权能不仅在理论内部能够达到自洽,也能在一定程度上避免对传统物权体系的冲击,无论是制度的创设还是改革的成本都相对较小。因此,核心问题是:土地发展权具有所有权的何种权能? 事实上,这种发展权在本质上是多种权利集合而成的权利群,不能简单地将其归入“占有、使用、收益、处分”这四种传统的所有权权能的任何一种之中,但这并不意味着发展权不能纳入所有权,成为一项特殊的权利内容,因为对于所有权权能的四分法只是一种不完全的列举。实际上,这是一种“发展”的权能,具体到土地所有者,便是“发展土地”的权能。土地所有权人原始取得土地发展权,在我国具体体现为国家和集体两大主体。从土地发展权的构造而言,一方面土地发展权人享有改变土地性质和开发土地的权利(受到土地用途管制和规划的限制),另一方面享有获得基于此而带来的收益的权利(包括土地增值收益)。土地发展权是土地作为生产

---

[1] 参见姚昭杰、刘国臻:《我国土地权利法律制度发展趋向研究——以土地发展权为例》,中山大学出版社 2016 年版,第 85 页。

要素的体现,属于所有权在集体土地领域的具体体现,政府的管制和指标控制催生了增值收益的剧烈增长,土地上各类主体依据自身的权利分享土地增值收益,而土地发展权正是对这一传统模式的完善。

现有的体系规范仅仅是静态的土地利用法律关系,并不能很好地调整动态的土地利用关系。在大规模的征地和土地用途管制之下,将土地发展权纳入物权体系既符合物权法定的原则,也能充实和丰富我国传统物权体系,适应经济社会的发展需要。当然,将土地发展权纳入物权体系不仅意味着在《民法典》中将其设置为所有权的特殊权能那么简单,同时也应当明确其与建设用地使用权、土地承包经营权、宅基地使用权、担保物权等之间的关系,并将其纳入《不动产登记暂行条例》的适用范围。

第二节　土地发展权植入物权体系的权利结构

土地发展权制度在西方国家,尤其是英、美等国获得了广泛的认可,但在我国法律制度体系中尚未完成概念的塑造,到目前为止也仅仅处于理论研究阶段,并未获得上层的认可。那么作为与美国等土地私有化国家完全不同的社会主义公有制国家,中国是否有必要建立土地发展权制度?对于这个问题,首先需要考察土地发展权这一权利术语是否在我国权利体系中存在缺位,能否为其找到合适的位置并使其发挥应有的功效;其次需要追问土地发展权制度的设置能否帮助解决我国当下的土地管理问题,服务于改革的实践;最后还要探讨这一制度能否为中国土地利用政策带来正面的制度效用。[1]

更为重要的是,我国土地发展权,尤其是农地发展权的制度设计无论如何寻找政治学、经济学、法学的理论基础,无论如何借鉴美国的经验,都必须要结合中国的特殊状况,把握改革的前进方向。首先,要坚持社会主义土地公有制;

〔1〕 参见孙弘:《中国土地发展权研究:土地开发与资源保护的新视角》,中国人民大学出版社 2004 年版,第 2 页以下。

其次,要坚持耕地红线;最后,要让市场在资源配置中起决定性作用。[1]

一、土地发展权中国化的必要性与可行性

(一)土地发展权制度本土化的必要性

1. 土地发展性利益分配的矛盾激化

土地发展性利益会产生巨大的土地增值收益,这种利益源于土地用途的变更或者利用集约度的提高。在城市化高速发展的中国,土地发展性利益显得尤为重要,各方对土地发展权利益的争夺更是乱象纷呈。政府、农民集体、农民个体、开发商这几个主体之间围绕土地发展权利益不断产生纷争,如强拆、乱拆事件频繁发生,小产权房屡禁不止。而在这一轮利益争夺中,地方政府成了最大的"土地批发商",垄断了土地发展权利益。根据原《土地管理法》,我国集体土地分为农用地、建设用地和未利用地,农民集体土地只有在兴办乡镇企业等极少数情形下才可以作为建设用地,想成为建设用地必须先通过地方政府的土地征收行为转变为国有土地。[2] 这就意味着农民集体土地变更土地使用性质的唯一手段是政府进行征收,而且对于农民集体土地只按照被征收前的原用途给予补偿。虽然修正后的《土地管理法》删除了部分条款,同时也对补偿标准进行了修改,但实践中长时间延续着这种做法,因此,农民集体土地经征收转变用途后所产生的土地发展性利益大部分被地方政府无偿取得。在这样一份巨大的利益面前,《宪法》所规定的征收必须是为了公共利益目的的原则也被置于一旁。

产生这种乱象的原因之一是我国至今尚无相应的法律和制度对土地发展性利益进行保护和分配。立法的缺位造成土地发展性利益的归属不明确,给公权力提供了滥用的空间。在创设土地发展权之后,土地发展性利益的归属便可得以明确,各个主体之间土地发展性利益分配的紧张关系就可以得到很大程度的缓解。

---

〔1〕 有学者总结了我国土地制度改革的"一个前提、八大走向",认为社会主义市场经济是土地管理法律制度修改变革的根本前提。为落实社会主义市场经济对土地制度建设的要求,未来的改革应当遵循和坚持下列八个走向:(1)由两种土地公有制的不平等向平等转变;(2)从国有土地地方化、单位化向国家化转变;(3)集体土地所有权主体从虚化走向明晰;(4)土地管理部门从代表者、管理者走向执法者;(5)从指标管制向规划管制转变;(6)由粗放式经营向集约节约利用土地方向发展;(7)由土地供给的"单轨制"向"双轨制"转变;(8)由政府单方决定向强调公众参与转变。参见沈开举主编:《中国土地制度改革研究》,法律出版社2014年版,第340~383页。

〔2〕 参见刘家安:《物权法论》,中国政法大学出版社2009年版,第163~164页。

2. 土地征收补偿中农民财产性收入过低

放眼我国历史发展的基本规律，只要土地权利的设置及土地相关利益的分配出现问题，社会就必然会产生较为严重的矛盾甚至动荡。[1] 因此，科学设置土地权利、妥善处理土地上的相关利益，是我国当前不可回避的重大理论与现实课题，其中最为核心的问题便是土地征收制度。当前，党中央、国务院显然已经认识到赋予农民更多财产权利、增加农民财产性收入的重要性，因此，十八届三中全会通过的《关于全面深化改革若干重大问题的决定》明确指出，要"赋予农民更多财产权利""探索农民增加财产性收入渠道""保障农民公平分享土地增值收益"。党的二十大报告也强调，要"赋予农民更加充分的财产权益"。所以，在我国法律体系中设置土地发展权是践行党中央精神的必要路径。

长时间内，我国对集体土地征收的补偿都不包括征收土地后变更土地使用性质所产生的土地发展性利益，[2] 政府无偿获取大量土地增值性收益，农民在土地征收补偿中获得的财产性收入过低，由此造成了大量的纠纷。可见，解决我国土地征收矛盾，提高农民在土地征收过程中的财产性收益的关键是设置土地发展权，建立土地发展权制度，将土地发展权赋予农民集体或农民个体。[3]

3. 耕地保护形势严峻

为了保护耕地，我国采取了全世界最为严格的土地制度，并在具体的法律制度设计层面建立了土地用途管制、土地利用规划、"占多少补多少"的占补平衡、基本农田保护等一系列严格的管理制度。[4] 我国《1997—2010 年全国土地利用总体规划纲要》规定："2000 年，耕地总面积保持在 12933 万公顷（19.40 亿亩）以上；2010 年，耕地总面积保持在 12801 万公顷（19.20 亿亩）以上。"但是 2000 年我国耕地总面积就已经减少至 19.2356 亿亩，为此，我国政府不得不在"十五"期间将保有耕地总面积 19.20 亿亩的目标由 2010 年提前至 2005 年。[5] 到 2005 年，我国耕地总面积又锐减至 18.3124 亿亩，为此，国务院于 2008 年 10 月 6 日发布《全国土地利用总体规划纲要（2006—2020 年）》，再次调整我国耕

---

〔1〕 参见于宗先、王金利：《台湾土地问题：社会问题的根源》，台北，联经出版事业公司 2003 年版，第 236 页。

〔2〕 参见刘国臻：《论我国土地利用管理制度改革》，人民法院出版社 2006 年版，第 102 页。

〔3〕 参见孙宪忠：《争议与思考——物权立法笔记》，中国人民大学出版社 2006 年版，第 487 页。

〔4〕 参见程雪阳：《中国现行土地管理制度的反思与重构》，载《中国土地科学》2013 年第 7 期。

〔5〕 参见戚开静：《新时期耕地保护的基本点：统一思想、明确任务、政策落实、制度创新——2001 年全国耕地保护工作会议综述》，载《资源 · 产业》2001 年第 7 期。

地总面积保有目标,将 2010 年和 2020 年我国耕地总面积保有目标分别设置为 18.18 亿亩和 18.05 亿亩。

从我国耕地总面积不断减少的客观现状可知,我国虽然拥有全世界最严格的土地管理制度,但是在保护耕地方面其并未发挥预期作用。官方认为原因是土地管理制度仍然不够严格,因此必须建立更加严格的土地管理制度。然而,从近年来相关制度的实施效果来看,这种"更加严格的土地管理制度"在保护耕地方面仍然收效甚微。我国屡禁不止的大量违法用地现象就是例证。

党中央强调要"紧紧围绕使市场在资源配置中起决定性作用深化经济体制改革",而土地发展权的引入正是在耕地保护领域践行这一政策的可行方案,因为土地发展权是一种由市场驱动的、与土地管制相配合的调控工具。我国创设独立的集体土地发展权后,在按照土地利用规划禁止"农转非"的基本农田等区域,农民集体只能维持耕地的原用途不变,而将农地的土地发展权移转于集体其他的可开发用地或城市的建设用地,从中获得的开发权转让对价可用于补贴维持农耕的农民,从而使农业劳作者可以同时获得农业收入与来自土地的财产性收入。相比政府给予的政策型农业补贴,开发权转让对价更能使农民安心劳作,从而更好地实现耕地保护和土地用途管制的目标。

(二)土地发展权制度本土化的可行性

1. 中央的政策依据

2013 年通过的中共中央《关于全面深化改革若干重大问题的决定》和 2015 年中央一号文件《关于加大改革创新力度加快农业现代化建设的若干意见》明确提出:"建立兼顾国家、集体、个人的土地增值收益分配机制,合理提高个人收益。"值得注意的是,上述两份文件中提及的土地增值收益就是土地变更使用性质或者提高利用集约度后所产生的土地发展性利益。可见,中央的政策内容成为我国设置土地发展权的指引,并且通过土地发展权的设置实现土地增值收益(土地发展性利益)的合理配置和有效保护。[1]

中共中央《关于全面深化改革若干重大问题的决定》也明确提出,"建立城乡统一的建设用地市场。在符合规划和用途管制前提下,允许农村集体经营性建设用地出让、租赁、入股,实行与国有土地同等入市、同权同价"。建立城乡统一的建设用地市场为土地权利的流转提供了市场交易基础,集体建设用地使用

---

[1] 参见姚昭杰、刘国臻:《我国土地权利法律制度发展趋向研究——以土地发展权为例》,中山大学出版社 2016 年版,第 154 ~ 155 页。

权因与土地发展权结合,而实现了与国有土地使用权的同价同权。统一的土地市场既可以提供建设用地使用权交易,也可以进行土地发展权交易,使土地发展权的移转具备了按照市场机制运转的基础。2020 年 9 月,中共中央办公厅、国务院办公厅印发了《关于调整完善土地出让收入使用范围优先支持乡村振兴的意见》,对稳步提高土地出让收入用于农业农村比例,集中支持乡村振兴重点工作提出明确要求,是落实农业农村优先发展、强化乡村振兴资金保障的重要举措和制度安排。

政策虽然不等同于法律,但作为我国一定时期内改革和发展的纲领性文件,其具有灵活性、前瞻性和指导性。应当说,中央的政策为我国土地发展权制度的本土化创设了一定条件,并指明了方向。

2. 现实的制度土壤

土地发展权是为了和土地用途管制、耕地保护、分区规划等配套而产生的,后者是前者生成的制度土壤。我国是一个人口大国,粮食产量是关系国家安全和制约国家发展的因素,因此耕地保护是一个必然的结果。同时,由于土地本身的特性,我国和世界各国一样,对土地利用都进行了规划,根据土地的自然条件、区位、经济发展状况、历史等因素划分了不同的功能分区:农业用地、建设用地、未利用土地。在这三大类目录下,还存在数十种更为细致的一级类和二级类功能分区,并实行严格的用途管制。通常而言,被规划为建设用地的土地会因为人工要素的投入而大量增加其经济价值;相反,被规划为农业用地的土地则因为承担了更多的环境保护、社会保障等功能而失去了进行建设开发的机会。因此,基于土地用途管制、耕地保护等制度,土地发展权制度的本土化引入存在一定的生存空间。

3. 本土与域外经验

我国现行法律制度,包括物权体系在内,均没有明确设置土地发展权,但事实上,我国部分地区已经在实践中自觉或不自觉地运用土地发展权理论进行试点,以解决地方产生的土地问题。如浙江的土地发展权移转与交易、广东的"龙潭租地"、厦门的"金包银"、重庆的地票交易等均是有力的证明。这些地方模式虽然各具特点,也被冠以不同的名字,但都是对土地发展权理论的运用,都为土地发展权的本土化提供了有益的素材。

同样地,域外也为我国土地发展权制度的建构提供了大量的样本和经验。土地发展权制度已经在英国、美国、法国、意大利、日本等国获得了广泛的应用,并积累了大量的经验。通过比较各国对土地发展权的运用,可以发现无论是国有化的英国模式、私有化的美国模式,还是公私共享的法国模式,政府获得的都不是直接的土地增值收益,而是相关的社会和环境效益,政府管制与土地发展权的配合,既保障了土地财产权,也实现了对土地发展的有效控制。

二、土地发展权中国化的权利结构

要将土地发展权融入中国的物权权利体系,最为关键的是剖析土地发展权的权利结构,明确这一权利的主体、客体和内容,同时厘清其与传统物权的联系与区别。

(一)土地发展权的主体、客体与内容

首先,土地发展权的权利主体是所有权人或者使用权人。"正是基于主体制度,诸如权利、法律行为、责任等民事制度设计才能得以全面展开。法律的一切制度无不围绕着如何保护善意主体、惩戒恶意主体,协调主体之间、主体和社会之间的利益关系而设计。整个私法就是一系列由主体参与各种私活动所形成的权利义务关系。"〔1〕探讨土地发展权的主体,也即明确该权利的归属;根据民法的一般理论,土地发展权应当属于所有权人或使用权人。

我国采用的是国家所有和集体所有两种所有制并存的土地制度,因此,国有土地和集体土地的土地发展权应当分属于国家和集体所有。需要说明的是,国有土地的土地发展权属于国家所有并不意味着土地发展权来源于国家主权,而是国家基于所有权主体的身份获得了这一权利,其理论基础为"公法人的私有财产权"。具体而言,国有土地在未出让之前其土地发展权属于国家所有,出让之后出让部分的土地发展权属于土地使用权人。根据《城乡规划法》的规定,在出让国有土地之时,应当明确土地用途、开发强度等,即国有土地出让的核心是土地发展权的移转。而对于集体土地的土地发展权而言,集体土地理论上属于集体所有,集体成员又具有成员权,则事实上形成一种由集体和集体成员共享的格局。

其次,土地发展权的客体是土地开发容量。"权利的客体是对权利设立在何种基础之上的说明。"〔2〕物是物权支配的对象,也是物权的权利客体。在民法意义上,物是一个历史的概念,肇始于古希腊,并为罗马法所采纳,其发展经

---

〔1〕 彭诚信:《现代权利理论研究》,法律出版社2017年版,第236~237页。
〔2〕 方新军:《权利客体的概念及层次》,载《法学研究》2010年第2期。

历了“为人所支配”“有体物”“无体物”等不同的争论。[1] 但总体而言，民法上的物具备可支配性和有限性，前者强调可被人利用，后者强调具有价值。根据对土地发展权法律属性的解构和域外制度的考察，笔者认为，土地开发权的客体是土地开发容量，也即容积率。从理论上看，土地开发容量符合可支配性和有限性的基本要求，其可以被测量和确定，同时又可以被交易，具有经济和环境保护等多重价值。从制度运作上看，土地发展权的交易表现为对土地开发容量的交易，这一点在美国法上体现得尤为明显。

最后，土地发展权的内容是权能与公私法上的义务。根据民法一般理论，土地发展权的内容是土地发展权主体享有权利和承担义务的总合。而土地发展权主体享有的权利便是所有权的权能，土地发展权应是土地所有权的特殊权利内容，是其“发展”权能的体现，是占有、使用、收益、处分的集合。所有权人可以通过权属证书在一定时期内享有开发容量，并可以在开发容量范围内提高土地利用集约度；还可以由此获得土地增值收益，并可以移转这一开发容量，或设置担保物权。与此同时，与所有其他物权人一样，土地发展权主体也要忍受公法上的征收和土地规划、用途管制等的限制，以及私法上的诸如相邻关系等的约束。

（二）土地发展权与传统土地权利的关系

对于深化土地管理制度改革而言，将土地发展权纳入我国物权法体系具有必要性和一定的理论可行性。在理论准备上，最关键的是要厘清土地发展权的立法内涵，也即其与物权法体系内部其他权利的关系。[2] 以 2007 年颁布《物权法》为标志，我国确立了物权法定原则和以所有权、用益物权和担保物权为核心的物权体系，后被《民法典》所吸收。在国家所有和集体所有两种土地公有制所有权形式之下，通过创设土地使用权实现个人对土地支配的物权化。因此可以说，创设土地所有权的物权法意义在于创设和保护土地使用权，其本身并不

---

〔1〕 从世界范围来看，法国、瑞士、德国等国的法律都将“物”理解为既包括“有体物”又包括“无体物”，日本民法学界至今仍坚持“有体物”标准。我国学界对这一问题则未形成统一的看法，但我国《民法典》规范的对象则涵盖了“有体物”和“无体物”（如第 252 条），因此可以一般地认为，立法者倾向于承认“无体物”之“物”的身份。

〔2〕 至于立法称谓问题，英国 1990 年《城乡规划法》将 land development right 中的 development 界定为：在地面、地上或地下进行建筑、采矿或其他操作，或者对建筑或土地用途进行任何实质性变更。翻译成“开发”重在强调对资源进行劳动以达到利用的目的；而翻译成“发展”则重在强调对土地由低级到高级的改造。两种翻译不存在哪种更为确切的问题，在本质上对其内涵不会产生太大的影响，考虑到多年来的使用习惯和学界的主流观点，可以称其为“土地发展权”。

可以成为土地市场化配置的工具。在《民法典》物权编,制度土地承包经营权和建设用地使用权进行了规定,前者规范农地,后者主要规范城市国有建设用地,同时,《民法典》另设宅基地使用权制度作为建设用地使用权的特殊形式。

1. 土地发展权与土地承包经营权

土地承包经营权是为了从制度上保障经营方式的变革而逐渐演化出的一项产权制度,集体土地上的土地权利由单一的集体所有变革为土地所有权归集体所有、土地承包经营权归农民享有的二元产权制度。1986 年以后,土地承包经营权被逐步写入《民法通则》《土地管理法》《农村土地承包法》《物权法》,最后于 2020 年被《民法典》吸收。土地承包经营权具有两项基本权能:一项为对农业土地的排他使用权;另一项为对承包经营权的处分权。具体而言,"土地"是权利的客体,"承包"是取得方式,"经营权"是对权利的定位或定性。"经营权"适用到农村集体土地实质上就是对土地的排他支配权,因为对农地的"经营"就是决定如何利用土地,但是,这种权利只限于"从事种植、林业、畜牧业等农业生产"的用途,其流转性也受到身份的限制。因此,土地承包经营权与土地发展权存在清晰的界限,前者适用于农用开发,后者适用于非农用开发。两者的联系在于当土地发展权被转移之后,土地所有权人将丧失土地非农开发的权利和期待性利益,只能进行农业开发;而土地使用人在未获得土地发展权时,也不能改变土地的状态而进行非农开发。

2. 土地发展权与建设用地使用权

建设用地使用权是在国有土地或集体土地上以建造或保有建筑物、构筑物及其附属设施为目的而设置的土地用益物权。建设用地使用权是一种为了适应商品经济的发展而创设的可流转的土地使用权制度,源于我国特殊的土地权属制度,其与土地承包经营权分别是我国两种土地所有权与市场对接的制度工具。借助这种制度工具,民事主体可以享有独立于土地所有权的土地使用权,也因此可以拥有地上建筑物等不动产。简言之,建设用地使用权和土地承包经营权作为构成我国土地使用权的主要内容,是我国不动产物权体系的基础,不仅支撑房屋等建筑物所有权,也支撑抵押权、地役权等他物权。因此,作为整个土地物权制度的核心,建设用地使用权所调整的是土地所有与土地非农化使用之间的关系;而土地发展权所解决的是土地非农化开发及开发程度的问题。

在价值上,前者以土地出让金的形式表现,本质上是一种地租;后者则是土地发展性利益的对价,本质上是土地发展性利益在市场交易中的反映。但是,获得了建设用地使用权并不代表自动获得了相对应的土地发展权,权利人如果想对土地进行一定程度的开发必须购买相应的土地发展权以实现开发目的。

3. 土地发展权与宅基地使用权

考虑到农民居住和社会保障问题的重要性,《民法典》规定了作为建设用地使用权特殊形式的宅基地使用权。通常而言,宅基地使用权是农村居民依法所享有的在集体所有的土地上建造或保有住宅及其附属设施的用益物权。[1] 土地发展权与宅基地使用权的关系和其与建设用地使用权的关系十分相似,其区别在于:宅基地使用权具有浓重的社会保障色彩,而且具有强烈的身份性,因此当权利人取得宅基地使用权之时,也就自动取得了相应的土地发展权;而获得建设用地使用权的权利人则需另外购买土地发展权以进行相应的开发。

4. 土地发展权与担保物权

我国担保物权法制肇始于 1986 年的《民法通则》,经由《担保法》,成型于《物权法》,最终被《民法典》所吸收,维系着传统大陆法系抵押权、质权和留置权的体系结构。[2] 在我国,担保物权被定位为支配标的物的交换价值的定限物权。起初,担保物权的客体主要是动产和不动产等有体物,并以转移占有和登记为公示方法区分质权和抵押权。然而,财产权利在社会财富中所占的比例日益增加,“物权的客体是物,权利在法律例外规定的情况下亦可以作为物权客体”[3]。就权利担保物权的体系地位,大陆法系将其纳入质权体系之中,称为权利质权或者准质权,[4]并通过转移权利凭证的方式进行权利质权的转移。[5] 土地发展权作为一项财产权,可以成为担保物权的标的,且属于质权而非抵押权的标的。有学者认为“不动产物权不得为权利质权的标的物”[6],这一观点是值得商榷的。因为一个很明显的事实是,传统大陆法系对抵押权与质权的区分以是否转移担保物的占有为标准,[7]设立质权之后,担保人丧失对于担保物

---

[1] 参见江平主编:《中国物权法教程》,知识产权出版社 2007 年版,第 353 页。

[2] 参见高圣平、张尧:《中国担保物权制度的发展与非典型担保的命运》,载《中国人民大学学报》2010 年第 5 期。

[3] 王利明:《物权法研究》,中国人民大学出版社 2013 年版,第 81 页。

[4] 参见谢在全:《民法物权论》,中国政法大学出版社 2011 年版,第 1011 页。

[5] 参见孙宪忠:《中国物权法总论》,法律出版社 2014 年版,第 314 页。

[6] 郑冠宇:《民法物权》,台北,新学林出版社股份有限公司 2014 年版,第 638 ~ 639 页。

[7] 参见[日]我妻荣:《新订担保物权法》,申政武、封涛、郑芙蓉译,中国法制出版社 2008 年版,第 13 页。

的利用权,而设立抵押权之后,担保人并不丧失对担保物的利用权。[1] 土地发展权具有一定的市场价值,可以通过金钱进行衡量,并制作权利凭证。当在土地发展权之上设立担保物权之后,土地发展权人不能继续使用、收益,因此,在土地发展权之上应当可以设立质权,但是不能设立抵押权。

第三节　土地发展权本土化的制度保障

一、土地发展权制度的基本结构

从世界范围内看,英国、美国、法国等国家均建立了土地发展权制度,英国是土地发展权制度的创始国,但美国是这一制度最为成熟的国家,因此考察美国土地发展权制度的诞生和运作有利于我国土地发展权制度的建构。为了限制城市扩张,防止无限吞噬耕地、生态保护用地等,美国借鉴德国,实行土地分区制(Zoning),这与我国的土地用途管制类似。然而该制度在实践中问题突出,效果并不理想,因为这种通过警察权强制实施的土地用途管制并不能获得政府的补偿。土地所有权人认为政府的规划侵害了其正当的财产权,表现出了极大的抵制情绪。原本出于保护耕地、生态保护区等的考虑而建立的分区制并没有带来显著的预期效果,农地的流失依旧十分严重。由此,美国创设了土地发展权移转制度。

严格意义上讲,美国的土地发展权制度主要可以分为土地发展权移转制度(Transfer of Development Right, TDR)和土地发展权购买制度(Purchase of Development Right, PDR),并通过土地发展权银行这一补充性的交易场所完成土地发展权的流转。事实上,土地发展权移转制度的实施也并非一帆风顺,其诞生之初在法律上便遭受了"是否构成宪法上的征收"和"是否违反正当程序"这两项质疑。[2] 土地发展权移转制度和土地发展权购买制度在原理和操作上十分相似,但在实践中,土地发展权移转制度是美国土地发展权制度的核心,因

---

[1] 参见高圣平:《民法典中担保物权的体系重构》,载《法学杂志》2015 年第 6 期。

[2] 一系列的案件围绕是否违反宪法规定的征收和正当程序而展开,比较有代表意义的是联邦法院审理的第一个土地发展权案件,纽约佩恩中央铁路公司案[Penn Central Transp. Co. v. New York City, 438 U. S. 104, 105 (1978)]。当然,在这一案件之前,法院也讨论过众多关于管制是否构成征收的议题,如宾夕法尼亚煤炭案[Pennsylvania Coal Co. v. Mahon, 260 U. S. 393 (1922)]。

此,本部分的介绍也将以土地发展权移转制度为主。

土地发展权移转制度是一项以市场为基础和导向,将开发土地的权利从土地所有人转移到土地开发者,让土地开发权在市场主体之间得以流通,以弥补土地分区规划缺陷的制度。它允许因分区规划而受到限制的土地通过土地发展权移转的形式将权益转移给符合规划的开发者,以此来获得补偿。1961 年,杰拉尔德·劳埃德(Gerald Lloyd)首次在美国提出此概念,最早的实践也可以追溯到 1961 年的纽约。为了限制城区的过度建设与扩张,纽约市于 1916 年率先通过了本市的区划法,[1]限制建筑的高度、占地面积等,此时的区划法与土地发展权移转制度并没有太大的直接关系。直到 1961 年,1916 年的区划法被修改并得以实施,修改后的区划法在以下三个方面与土地发展权移转制度产生了关联:第一,创设了容积率(Floor Area Ratio)这一概念;[2]第二,创设了激励制度,在建筑周围建造广场可适量增加容积率;[3]第三,重新定义了区划的土地,允许在计算容积率之时,将同一主体拥有的同一个街区的土地,或者租赁超过 75 年的土地都计算在内。[4]这就使容积率的计算不仅局限于一栋建筑,而可拓展至相同街区内的建筑,在有限范围内达到了发展权转移的目的。1965 年,纽约市通过了《地标保护法》,对地标的改动和开发进行了严格的限制。地标的所有者们有时会获得一定的补偿,以弥补被限制开发或者服从规划带来的损失。1968 年,纽约市议会为了通过土地发展权移转的方式更有效地保护地标,再次修改了区划法,将土地发展权受让区的范围进一步扩大,使地标建筑的所有者们获得了更多转移土地发展权的机会。这一举措具有巨大的进步意义,因为在此之前,土地发展权的移转受到严格的街区限制,而修改之后的法律则突破了街区限制,极大地拓宽了这一制度的实用性。随后这一制度主要在佛罗里达州的科利尔县(Collier County)和马里兰州的卡尔弗特县(Calvert County)进行实践和探索,这一阶段学者们讨论的重点集中于土地发展权移转制度的实践效用

---

〔1〕 See New York, N. Y. , Zoning Res. (1916).
〔2〕 See New York, N. Y. , Zoning Res. § 33 – 11 (1961).
〔3〕 See New York, N. Y. , Zoning Res. § 33 – 13 (1961).
〔4〕 See New York, N. Y. , Zoning Res. § 12 – 10 (1961).

及其完善。[1]

土地发展权移转制度实践的第二波浪潮始于20世纪80年代,并主要在马里兰州的蒙哥马利县(Montgomery County)、新泽西州的松林地、科罗拉多州的博德尔县(Boulder County)、加利福尼亚州的旧金山(San Francisco)和圣路易斯奥比斯波县(San Luis Obispo County)、华盛顿州的西雅图(Seattle)等地开展。在这一阶段,学者们将更多的目光从制度本身转移到了利益相关者身上。[2]如今,美国学者将对土地发展权移转制度的研究重点置于参与者及其动机上,发展出了第三代土地发展权移转制度。[3]

土地发展权移转制度是土地发展权制度的核心,该制度通过对出让区(Sending Areas)和受让区(Receiving Areas)的建构,基本完成了土地发展权市场化的流转,但很多时候也存在市场失灵或者信息不对称的情形,并非所有出让区的土地发展权都能充分流转至受让区,因此需要依靠土地发展权购买制度和土地发展权银行制度进行补充。政府通过购买一部分的土地发展权,用以保护历史古迹、生态保护区等,避免了土地发展权无人购买的窘境;而土地发展权银行则缓解了因市场波动而带来的不利影响,保障交易更顺利地进行。有学者通过量化统计分析得出了如下结论:土地发展权移转制度与土地发展权购买制度或土地发展权银行相结合,在实践中的实施效果好于单独实施土地发展权移转制度。[4]

二、土地发展权移转制度的现实运行模式

土地发展权移转制度的运作原理在于将土地潜在的开发利益与土地相分

---

[1] 在土地发展权移转制度实践的初期,学者们主要关注的问题是该制度在实践中的效用,以及如何使其更加完善,发展第二代的土地发展权移转制度。Pizor, P. J. ,*Making TDR work: a study of program implementation*,52 Journal of the American Planning Association 203 – 211(1986); Woodbury, S. R. , *Transfer of development rights: a new tool for planners*, 41 Journal of American Institute of Planners 3 – 14(1975).

[2] See Johnston, R. A. & Madison, M. E. , *From Landmarks to Landscapes – a Review of Current Practices in the Transfer of Development Rights*, 63 Journal of the American Planning Association 365 – 378 (1997); Heiberg, D. E. , *The reality of TDR*, 50 Urban Land 34 – 35 (1991).

[3] See Machemer, P. & Kaplowitz, MD. , *A Framework for Evaluating Transferable Development Rights Programs*, 45 Journal of Environmental Planning and Management 773 – 795 (2002).

[4] See Michael D. Kaplowitz, Patricia Machemer & Rick Pruetz, *Planners' Experiences in Managing Growth Using Transferable Development Rights (TDR) in the United States*, 25 Land Use Policy 378 – 387 (2008).

离,同时创设一个市场用于出售。行政规划部门经过勘测和调研决定形成具体的土地规划方案,确定受保护的出让区土地和替代开发的受让区土地。[1]比较而言,出让区的土地主要是一些历史街区、耕地、生态保护区等,所以比较容易确定;而受让区决定了开发和再开发的强度,因此无论是在政策的制定还是实践中都会更加复杂。

出让区顾名思义就是输出土地发展权的区域,随着规划的确定和土地发展权交易的进行,出让区土地的开发就会受到土地规划的严格限制,更确切地讲,出让区的土地所有者一旦接受了其土地发展权的价值并约定在契约中,他便会受到一般规定和契约中额外规定的限制,丧失了相应的对土地进行再开发的权利。[2]限制开发的理由多种多样,如保护生物栖息地、[3]保护湿地、控制水土流失和侵蚀、[4]保护历史资源、保护耕地等。[5]通常而言,具体被限制的权利会详细地记载于契约之中,规划部门也会提供一份列表明示土地发展权被出售之后出让区土地仍旧可以开发的内容。在提供负面清单的同时又提供正面清单的目的在于防止受让区的土地面临二次管制性征收,同时又可以为土地的"未发展价值"提供计算的依据。[6]

为了公平,土地发展权必须转化为可评估的经济价值,同时还必须确保出让区和受让区之间达到一种大体的平衡。因为如果出让区的土地发展权供过于求,其价值就会下降,严重损害到出让区土地所有者的权益;而当受让区的土地所有者不再需要土地发展权用以开发自己的土地之时,出让区的土地发展权便会毫无价值。因此,最理想的状态是:出让区土地所有者通过出售其土地发展权获得与因限制开发而遭受的损失等量的补偿;而受让区土地所有者购买相应的土地发展权以增加容积率,达到一种动态的平衡。

受让区是接受土地发展权,对开发密度有市场需求,能进行深度开发的区

---

〔1〕 See James T. B. Tripp & Daniel J. Dudek, *Institutional Guidelines for Designing Successful Transferable Rights Programs*, 6 YALE J. ON REG. 376 (1989).

〔2〕 See Joseph D. Stinson, *Note and Comment, Transferring Development Rights: Purpose, Problems, and Prospects in New York*, 17 PACE L. REV. 329 (1996).

〔3〕 See Glisson v. Alachua County, 588 So. 2d 1030 (1990).

〔4〕 See Suitum v. Tahoe Reg'l Planning Agency, 117 S. Ct. 1659, 1662 (1997).

〔5〕 See Philip J. Tierney, *Bold Promises But Baby Steps: Maryland's Growth Policy to the Year* 2020, 23 U. BALT. L. REV. 496 (1994).

〔6〕 土地被限制发展后,根据具体情况,其用途可以包括农作物种植、蜜蜂等的养殖、眺望观赏、露营和其他娱乐活动等。

域。在一个理想的自由市场状态下,土地发展权的价格体现的是土地区位价值的变化。但是购买土地发展权并非进行深度开发的唯一途径,开发者还可以通过土地的再规划(rezoning)和分区豁免(variance)等行政程序获得增加容积率的机会。[1]

在美国,并没有统一的关于土地发展权移转的操作规范,但是有学者通过考察几个成功实践土地发展权移转项目的地区,总结了十三条指导原则[2]:(1)行政机关必须有明确的法律授权来执行项目。(2)必须由相关领域的专家制定和执行项目的具体内容,并且受到严格的监督。(3)土地发展权移转必须是唯一可以增加受让区土地容积率的方式。(4)土地发展权移转项目必须有清晰的目标。(5)土地发展权移转项目必须能解决区域性问题。(6)土地发展权移转项目必须存在经济价值,有刺激市场发展的奖励机制;受让区必须有足够的市场吸收土地发展权;行政机关需要考虑和平衡出让区和受让区之间的土地发展权,同时确保土地发展权的预估价值(价格)小于受让区边缘的土地价值。(7)出让区土地发展权的初始分配应当简单而公平。(8)行政机关应当将项目运行的成本控制在最小范围内。(9)行政机关必须精确计算受让区可接受的土地发展权。(10)行政机关必须慎重考量和评估哪些发展项目在土地发展权移转项目开展之前已经开始实施。(11)行政机关必须考量受让区进行深度开发所需的基础设施,并提前做好财政预算。(12)行政机关必须明确界定出让区的范围。(13)行政机关必须明确描述在移转土地发展权之后,出让区土地的所有者还保留的开发权利。[3]

三、土地发展权制度的中国适用面向

国有土地和集体土地在所有权上存在巨大差异,因此在土地发展权的取

---

〔1〕 分区豁免是美国土地区划中的一项制度,指经有关当局授权,当事人得豁免严格适用关于城市规划分区的法律,以免其在利用自己的财产时,遭遇不正当的艰难情势。

〔2〕 See Julian Conrad Juergensmeyer, James C. Nicholas & Brian D. Leebrick, *Transferable Development Rights and Alternatives After Suitum*, 30 The Urban Lawyer 456 - 457 (1998).

〔3〕 笔者仅对法学意义上的土地发展权移转制度进行了介绍说明,更为详细的经济学测算可参见徐莉萍、张淑霞、李姣:《美国土地发展权转让定价主体、模型、制度的演进及启示》,载《华东经济管理》2016 年第 1 期;柴铎、董藩:《美国土地发展权制度对中国征地补偿改革的启示——基于福利经济学的研究》,载《经济地理》2014 年第 2 期;靳相木、沈子龙:《国外土地发展权转让理论研究进展》,载《经济地理》2010 年第 10 期;汪晗:《土地开发与保护的平衡:土地发展权定价与空间转移研究》,人民出版社 2015 年版,第 53 ~ 112 页。

得、变更和消灭上具有不同的形式，但两者的核心都是土地发展权的移转，且最终在制度内部实现权利运行的统一也主要依靠土地发展权移转的衔接。因为在现实中，国有土地上土地发展权的实现并不存在太大的矛盾和冲突，本书主要论述的也是集体土地上土地发展权的购买与移转的实现形式。

我国集体土地上的土地发展权脱胎于集体土地所有权，而集体土地所有权的权利主体是农民集体，因此农民集体原始取得该物权。出于对农民个体的弱势地位以及集体的规模化效应和组织优势的考量，以集体的形式行使这一土地发展权更能保护集体成员的利益。[1]只是在相应的制度配套上，要保障集体内部农民个体的知情权、参与权、决策权、管理权、监督权等。

就目前的情况来看，农村集体自由移转土地发展权在现阶段条件并不成熟，在一定程度上会带来土地开发和利用的混乱与低效，也不利于保护农民个体的利益。因此，集体土地上土地发展权的转移应该主要存在两种情况：其一为土地发展权交易机构与农民集体协商购买土地发展权从而进行移转（作用于耕地保护、集体土地入市）；其二为国家为了公共利益的需要强制购买土地发展权，并以市场价格补偿（作用于征收补偿）。需要说明的是，无论土地发展权如何移转，都应当符合土地规划的要求。

（一）设立土地发展权信托机构

信托（trust）起源于英美财产法（Property Law），在此架构中存在双重所有权。其一为普通法上的所有权，由信托受托人享有；其二为衡平法上的所有权，由信托受益人享有。由于上述英美法信托理论中的双重所有权与我国物权法定和一物一权原则之间存在紧张关系，因此对这一制度的移植并未呈现应有的效果。笔者之所以在此引入信托理论主要是基于以下两点理由。

第一，我国具有信托制度发育的土壤。《信托法》已施行二十余年，从这个意义上而言，我国存在引入土地信托制度的法律基础。同时在立法上呈现出定义的科学性、调整对象的兼顾性、信托财产的闭锁性、当事人权利的平衡性等特点。[2]而我国物权法律制度中的物权法定原则事实上并不与信托制度相矛盾，因为《信托法》也属于《立法法》所规定的法律范畴，同时，学界也给出了其他的

---

〔1〕 参见耿卓：《农民土地财产权保护的观念转变及其立法回应——以农村集体经济有效实现为视角》，载《法学研究》2014 年第 5 期。

〔2〕 参见黄来纪：《试论我国〈信托法〉的特点》，载《政治与法律》2002 年第 3 期。

解决方案。[1]

在集体土地信托制度下,呈现出如下法律关系:集体组织为委托人、信托机构为受托人、集体成员为受益人。其实质在于将集体组织的土地管理权赋予信托机构,并将收益权直接物权化到农民个体手中。这样一方面避免了集体组织虚化所带来的秩序混乱,另一方面坐实了集体成员的成员权。

第二,有利于保护集体成员的合法权益。农村集体组织存在的意义在于通过规模化集约化的方式更好地利用土地资源,增加集体成员的财产性收入,保护集体成员的合法权益。然而在现实中,由于法律制度的缺失和保障体系的不完备,农村集体组织存在不少异化现象,并滋生了大量的土地腐败问题。而信托制度的引进可以在很大程度上避免少数人控制本应属于集体的土地利益,从而保障农民个体的土地发展利益。

(二)非基于公共利益:土地发展权交易机构协商购买

这种形式的土地发展权移转与美国的土地发展权银行制度类似,也应当是集体土地上土地发展权移转的主要方式。土地发展权交易机构是一个专门进行土地发展权购买与出售的非营利性机构,原则上其出售土地发展权的收入应当等于购买土地发展权的支出,而运营的成本应当由地方财政支出。

具体操作方式为:每个地区根据不同的行政区划面积、经济发展条件、人口数量等设置相应的土地发展权交易机构。当农民集体申请出售其土地发展权时,由土地发展权交易机构或者其委托的第三方机构对土地发展权的价格进行评估,评估应当客观、中立,符合市场规律。双方进行自由协商,签订买卖合同并登记之后,土地发展权交易机构获得集体土地发展权。

丧失集体土地发展权的农民只能按照原规划用途行使对土地的权利,而无法变更用途或者进行深度开发。土地发展权交易机构在获得土地发展权之后可以将其出售给区域内的土地开发者,实现土地发展权在区域内的移转;也可以将土地发展权出售给其他区域的交易机构,再由其他区域的交易机构出售给本区域的土地开发者,实现土地发展权的跨区域移转。获得土地发展权的开发商在符合土地用途规划的前提下,可以叠加使用土地发展权,提高容积率,对土地进行深度开发。

---

〔1〕 如郑瑞琨提出将《信托法》定位为商事特别法,依据特别法优于一般法的原则优先适用《信托法》,参见郑瑞琨:《信托法与物权法定原则的冲突及其解决》,载《政法论坛》2007年第4期。

（三）基于公共利益：国家强制购买

国家强制购买的情形出现在国家出于公共利益的目的需要使用土地之时，此时国家可以行使征收权，而在对土地实施征收补偿时，补偿款中就包含了土地发展权的价值。这种购买并不基于集体土地所有权人的申请和协商，而是国家行使征收权的结果，但其行使权力的范围必须限于公共利益之内。

虽然在这种情形下，国家对集体土地发展权的购买具有强制性，但并不意味着补偿价格完全由政府决定。相反，补偿应当遵循法定程序，并且依土地发展权的市场价格给予补偿。

土地发展权的概念和制度肇始于英美法系，主要用于解决耕地流失以及由于分区规划、土地用途管制而带来的社会不公等问题。在这一制度下，无论是何种性质的土地，起初都被赋予一定的土地发展权。这种土地发展权在征收之前可以出售或移转，而在征收过程中，也应当对其进行购买或者移转。

在集体土地上创设土地发展权之后，集体土地的征收、入市流转、农地保持均能获得均衡的利益分配：（1）土地征收补偿金包含了原用途的土地价格与土地转换用途后增值的开发权收益，与市场化流转的相应土地权利包含了相同的价格构成；（2）集体土地进行市场化流转，或者农民集体以集体土地自主进行商业开发，其经济收益均包含土地发展权收益，土地利用成本趋于一致；（3）农地保持者可以通过移转其土地发展权兑现收益，将可开发地区的经济增长收益转移到耕地保护地区，完整保护了集体土地权利的置换利益。

第四章

公共利益作为国家参与分配之正当理由

第一节　公共利益的中国困境与追问

一、公共利益的立法困境

公共利益(Public use)是世界通行的土地征收启动要件,也是中外公法学者长久关注的核心命题之一。从世界范围看,学者们对公共利益内涵的认知经历了从实体界定到程序性解释的过程,同时开始以更精细的方式甄别公共利益和商业利益之间的差异。时至今日,公共利益都不存在一个放之四海而皆准的定义。

而从我国的立法史角度考察,早在1950年,中央人民政府政务院就颁布了我国第一部对土地征收及公共利益进行专门规定的法律文件《城市郊区土地改革条例》,[1]此后,公共利益在我国立法史上几乎是一个真空的概念。直到2011年的《国有土地上房屋征收与补偿条例》才第一次清晰地规定了公共利益的内涵。而对于集体土地的征收而言,时至今日,新修正的《土地管理法》才效仿《国有土地上房屋征收与补偿条例》,在第45条第一次全面规定了集体土地征收中公共利益的内涵。事实上,公共利益不仅是国家行使征收权的核心要件,同时也是分享集体土地征收增值收益的正当理由。因此,对公共利益的认定不仅关乎征收权的行使、征收范围的控制,也同样关涉国家分享土地增值收

---

〔1〕《城市郊区土地改革条例》第14条规定,国家为市政建设及其他需要征用私人所有的农业土地时,须给予适当代价,或以相等之国有土地调换之。

益的正当性。

《土地管理法》的修改历经沧桑,敏锐的学者们也早已意识到,在中国语境下,土地制度的变革不仅关系到未来中国财富的分配,而且也会影响整个国家的现代化和民主化。而征地制度改革无疑是这种巨大变革下最为复杂的利益较量之一。因为虽然我国现行《宪法》也明确将公共利益作为启动征收的必要条件之一,但是不容否认的是脱离了公共利益的土地征收才是我国土地征收的常态。事实上,如果暂时放弃对这一概念的执着,站在制度层面可以发现这是我国特有的单一制建设用地供给模式和经济发展要求之下产生的必然结果。因为从理论上讲,征收是建设用地供给的唯一方式,而公共利益是启动征收的前提,但同时并非所有的项目建设和开发都是为了公共利益。因此,在这一逻辑悖论之下,无论公共利益的内涵如何界定,只要建设用地供给制度不发生变革,现实中出于国家经济发展的需要,公共利益便永远只是一个空中楼阁。也正因如此,《土地管理法》对公共利益的界定不仅姗姗来迟,而且苍白无力。

故而学界首先需要回答的是:在当下中国,为什么还要继续讨论公共利益?否定论者可以举出大量的例证来否定公共利益条款在中国存在的理论可能性和现实必要性。表面看来,这一论断体现了对中国问题的现实关怀,然而事实上该论断并不能经受住拷问。因为"征收必须基于公共利益"是保护公民财产权的宪法表达,是民主社会的标志之一。尽管在理论上对公共利益难以界定,但并不意味着民主程序对此也束手无策。而中国特定的历史状态决定了土地供给制度的单一性,但可以预见的是,这仅是一个阶段性状态。随着经济社会的发展和改革的深入,土地征收终将回归公共利益,而非基于公共利益的征收则需要依靠建立统一的城乡建设用地市场进行调节。

二、公共利益的内涵追问

美国宪法第五修正案征收条款规定:"未经公正补偿,不得为公共利益而征收私人财产。"〔1〕如果追本溯源,这一征收条款可以回溯到《大宪章》。〔2〕回到我国,《宪法》第10条第3款规定:"国家为了公共利益的需要,可以依照法律

---

〔1〕 Takings Clause of the Fifth Amendment: "Nor Shall Private Property be Taken for Public Use, Without Just Compensation."

〔2〕 See Magna Carta, Ch. 39 (1215): "No Free Man Shall Be…Disseized…Except by Lawful Judgment of his Peers or by the Law of the Land."

规定对土地实行征收或者征用并给予补偿。”第 13 条第 3 款规定:“国家为了公共利益的需要,可以依照法律规定对公民的私有财产实行征收或者征用并给予补偿。”两国宪法征收补偿条款的表述十分相似,也正因如此,对美国宪法征收条款的研究显得尤为必要。[1]

即使抛开两者在表述上的相似,我们也可以发现,包括美国在内的发达国家,无论采取何种立法技术和立法语言规范国家的征收行为,也无论设计何种具体的征收补偿制度,其基本模式和要素是一致的,即“公共利益 + 正当程序 + 公平补偿”。法治意义上的土地征收,一定是基于公共利益这一正当目的而启动的,同时对于公共利益的认识和规范不仅是一个立法技术问题,更是权力与权利的博弈和对法治建设高度的映射。

公共利益是以行政法为代表的公法体系乃至整个法律秩序的基石。现代意义上的行政是一种社会塑造活动,现代行政的客体是社会的共同生活,行政致力于共同体的事务,服务于共同体中的成员,因此行政的出发点是公共利益。[2]而公共利益也由此成为宪法规制和约束财产征收权的一项根本规则,中国学者对此展开了地毯式的比较法研究,[3]主流观点认为应当严格限缩公共利益所涵盖的范围,并通过立法明确公共利益的具体事项。[4]然而这一类主张并未得到立法部门的积极回应,一个强烈的佐证是当时的《物权法》中并未对此作出规定,而在十七届三中全会通过的《关于推进农村改革发展若干重大问题的决定》中,对于公共利益的界定也是无疾而终。[5]最为清晰的规定体现在 2011 年国务院颁布的《国有土地上房屋征收与补偿条例》中,[6]随后,2019 年修正的《土地管理法》在第 45 条对公共利益进行了一定程度的界定,但在农村集体土

---

〔1〕 参见杨显滨:《论美国征收条款及对我国的启示》,载《政法论丛》2015 年第 5 期。

〔2〕 [德]哈特穆特·毛雷尔:《行政法学总论》,高家伟译,法律出版社 2000 年版,第 6 页。

〔3〕 如黄宇骁:《日本土地征收法制实践及对我国的启示——以公共利益与损失补偿为中心》,载《环球法律评论》2015 年第 4 期;袁治杰:《德国土地征收中的公共利益》,载《行政法学研究》2010 年第 2 期;许中缘:《论公共利益的程序控制——以法国不动产征收作为比较对象》,载《环球法律评论》2008 年第 3 期。

〔4〕 参见梁慧星:《中国物权法草案建议稿:条文、说明、理由与参考立法例》,社会科学文献出版社 2000 年版,第 191 页。

〔5〕 2008 年 10 月 12 日十七届三中全会通过《中共中央关于推进农村改革发展若干重大问题的决定》,指出“改革征地制度,严格界定公益性和经营性建设用地,逐步缩小征地范围”,但此后并无具体的规定。

〔6〕 该条例第二章第 8 条列举了五项具体的公共利益事项和一项兜底条款,在确需征收房屋的情况下,市、县级人民政府可以作出房屋征收决定。

地征收的行政实践和司法审查中,对公共利益的认定仍然处于模糊状态。

在美国,公共利益条款的意义随着时间的推移并基于征收类型的不同不断发生着变化。尽管根据美国法的惯例,不能为了将私人的财产转移给其他私主体而行使征收权,但对公共利益却从没有一个简洁的定义。公共利益概念的缺位使法院在对待关于公共利益的立法决策时表现出了极为谦逊的姿态。随着认识的发展,两个相互之间存在竞争的解释都试图将其内容纳入公共利益条款之中。这二者分别是公共利益理论和实际效用理论。公共利益理论是广义的观点,它包括任何对不特定多数的社会成员的行为,诸如扩大资源开采、提高工业产出、促进生产等活动。相对而言,实际效用理论是狭义的观点,它要求公众的实际使用或具有可以使用的能力。历史上公共利益判例的发展均是基于这两种基本观点形成的。尽管这两个观点存在差异,但它们都有两个共同的重要假设。二者都强调在公共利益中必须明确一个征收行为是否被准许;与此同时,二者都认为应该用限制性条款去禁止国家非基于公共利益的征收行为。

美国独立后的土地征收历史实际上就是一部实践对公共利益进行不同理解的历史。[1] 在美国历史上,对公共利益的解读大体经历了如下过程:立法初期到 19 世纪严格限制,20 世纪逐步放宽,在凯洛案达到顶峰之后又掀起了一轮限缩趋势。因此,从美国宪法第五修正案中公共利益的原旨出发,考察其在司法和政治领域演进的历史,剖析其内涵的变迁,有助于从源头完善我国农地征收制度。

第二节 美国法上公共利益的内涵变迁与风险防范

一、美国公共利益的立宪原旨及 19 世纪的延续

(一)公共利益的立宪原旨:逻辑起点与原始意图

公共利益的准确内涵在美国已经被争论了 200 多年,在这个过程中,不同的利益集团、不同的社会阶段、不同的发展理念都对其内涵和外延产生了不同

---

〔1〕 参见许迎春:《中美土地征收制度比较研究》,浙江大学出版社 2015 年版,第 44 页。

的影响。[1] 也正因如此,即使当下对公共利益的解释与立宪之初相差甚远,也应当承认,对于原旨的解读是准确认识这一概念的起点,而立法者目的解释作为解释方法的一种,立宪者的本意也是不能回避的因素。[2] 在美国建国初期,从立宪伊始到第五修正案的起草,立宪者的本意是限制还是扩大对公共利益的解释,将是本部分研究的重点。

1. 征收条款的逻辑起点:保护财产权

尽管征收条款(第五修正案)的制定时间是 1791 年,但美国宪法诞生于 1787 年,立宪者对私有财产权的保护和主张才是理解后续征收条款的逻辑起点,因为其思想是一脉相承、一以贯之的。因此笔者的梳理将始于 1787 年,而非 1791 年。

然而,直接在 1787 年的宪法文本中寻找对于公共利益的解释存在难以克服的困难,甚至在第五修正案的征收条款被纳入宪法之后,通过宪法文本也难以直接揣摩立宪者对公共利益内涵的精准创制。从本质上讲,公共利益与私人使用相对,协调的是财产权的私人所有与公权力征收征用的关系,因此从立宪者以及当时的法院对于私有财产权的态度中去寻找公共利益的原旨不失为一条可能的路径。

对私有财产权的保护从美国建国之初至今都具有难以替代的地位,这在美国立宪者的各种演说、文献记载以及后续的各种司法判例中都能找到强有力的证据。约翰 · 亚当斯(John Adams)在一次演说中说道:“若不保护财产,自由将荡然无存。”[3] 1787 年的费城制宪会议上,亚历山大 · 汉密尔顿(Alexander Hamilton)声称:“政府的一个重大目标在于保护私人财产的安全。”[4] 第五修

---

〔1〕 See e. g. , Philip Nichols, *The Meaning of Public Use in the Law of Eminent Domain*, 20 B. U. Law Review 615 (1940); Lawrence Berger, *The Public Use Requirement in Eminent Domain*, 57 Oregon Law Review 203 207 – 212 (1977); Eric R. Claeys, *Public – Use Limitations and Natural Property Rights*, 2004 Michigan State Law Review 877(2004).

〔2〕 关于美国宪法原旨主义方法论的论著,可参见王云清:《原旨主义、活的宪法与复杂状态下的宪法解释》,载《北方法学》2017 年第 1 期;张宇飞:《原旨主义宪法解释方法的客观性问题——以美国宪法解释理论与实践为例》,载《东岳论丛》2016 年第 12 期;徐爽:《域外宪法文本解释方法的历史演进——以美国宪法解释为例》,载《现代法学》2017 年第 3 期。《域外宪法文本解释方法的历史演进——以美国宪法解释为例》一文中认为,“原旨主义与‘活的宪法’与其说是法条解释的方法和技术,毋宁说代表了如何理解‘忠于宪法’抑或切入宪法的不同进路”。

〔3〕 Charles Francis Adams, *The Works of John Adams*, Boston: Little, Brown, 1851, p. 280.

〔4〕 Max Farrand, *The Records of the Federal Convention of* 1787, New Haven, CT: Yale University Press, 1937, p. 534.

正案的起草人、[1]美国“立宪之父”詹姆斯·麦迪逊(James Madison)1792年在《财产权》中写道:“政府的建立是为了保护各种财产,包括个人各种权利中具有财产属性的财产权,也包括明确规定的财产权。这是政府存在的终极目的,也唯有如此才能成为一个公正的政府,它不偏不倚地保障每一个人拥有的任何私产。”[2] 在《联邦党人文集》第10篇中,麦迪逊也指出虽然人生来就在才能和智力方面不平等,获得的财富也存在差异,但政府的第一要义乃平等地保护这些获得的财产。[3]同时,绝大部分立宪者也都深信财产权是与生俱来的自然权利,承认和保护这一权利有助于共和政府的发展和繁荣。[4]可以说,第五修正案的征收条款更多体现的是《权利法案》起草之时麦迪逊的个人思想,而非真正出于公共的需要。

对于私有财产的保护,不仅体现在立宪者的思想论断之中,在18世纪90年代的司法判例中,联邦最高法院也表达了相同的态度。在著名的万霍恩承租人诉多伦斯案(*Vanhornes Lessee v. Dorrance*)中,法官认为征收权作为一种“强制性专断权”,有必要“存在于每个政府之中”,但这一权力只有在“非行使不可”之时才能启动,并且政府永远不能“从一个合法取得土地所有权的公民手中征收他的土地转移给其他人”,最后,“如果该征收合法,政府也应当支付由第三方中立机构计算出的补偿费用”[5]。这些思想的源头来自洛克(Locke),洛克

---

〔1〕 See Akhil Reed Amar, *The Bill of Rights: Creation and Reconstruction*, New Haven, CT: Yale University Press, 1998, p. 77 – 78.

〔2〕 Philip Kurland & Ralph Lerner, *The Founders Constitution*, Chicago: University of Chicago Press, 1987, p. 598.

〔3〕 参见[美]汉密尔顿、杰伊、麦迪逊:《联邦党人文集》,程逢如、在汉、舒逊译,商务印书馆1980年版,第44~51页。

〔4〕 对该问题的论述相关文献较多,具有代表性的有:James W. Ely, Jr., *The Guardian of Every Other right: A Constitutional History of Property Rights*, 3rd ed., New York: Oxford University Press, 2008, p. 42 – 59; Jennifer Nedelsky, *Private Property and the Limits of American Constitutionalism*, Chicago: University of Chicago Press, 1990, p. 103 – 104, 152 – 153; Buckner F. Melton, Jr., *Eminent Domain, "Public Use," and the Conundrum of Original Intent*, 36 Natural Resources Journal 77 – 79 (1996).

〔5〕 Vanhorne's Lessee v. Dorrance, 2 U. S. 304 (1795). 与此类似的还有 Calder v. Bull [Calder v. Bull, 3 U. S. 386 (1798)],该案中,法官同样认为在任何情况下将一方的财产征收并给予另一方是不公正且不合理的。这两个典型案例在判决上都重述和表达了建国时期立宪者们对私有财产保护的价值衡量,即财产权是自然权利,立法机关无权将其剥夺。从某种程度上讲,这两个判决是限缩解释公共利益的佐证,因为两者均反对任何形式的将私有财产征收并转移给其他人的行为,即便这种转移可能会使公共获益。

的自然权利理论对美国影响深远,财产权神圣不可侵犯的理念也深入人心。[1]

但令人困惑的是,除却立宪者们对私有财产保护的理念存在一致性之外,几乎没有找到同时期学者们对于公共利益的论述,甚至第五修正案出台后,也未见学者们对于何谓公共利益有何讨论。更重要的是,征收条款实际上就是《权利法案》中的一个条款,而《权利法案》在诞生之初仅适用于联邦政府,而非州政府。换言之,在美国建国初期,主流观点认为联邦政府无权在各州行使征收权征收财产。[2] 在 1875 年之前,联邦政府有权征收的私有财产微不足道,几乎所有的关于公共利益的案件所依据的都是各州的宪法,而非宪法第五修正案征收条款。[3] 因此,客观而言,并没有文献或其他史料可以直接证明立宪者们或者《权利法案》的起草者们对公共利益的原意持有扩大还是限制的态度。但是唯一可以肯定的是他们在保护私有财产上达成了高度的一致,从这一思想可以窥见他们更可能持有狭义的公共利益的观点。

虽然从目前列举的材料而言狭义的公共利益更有可能是该条款早期的内涵,但是也有部分学者持相反态度。他们的主要证据有磨坊法(Mill Act)和州政府授权征收土地用于私人建造道路的事实。[4]磨坊法是关于为了利用水利资源而有偿拨给土地的制定法,在当时技术条件落后的情况下,水能成为重要的能量来源,因此很多州都通过了磨坊法,允许征收土地为私人磨坊建造水利设施。[5]然而持有这一观点的学者们忽略了一个重要的事实,那就是磨坊法在殖民时期和共和早期所授权的征收仅适用于谷物磨坊,且一般要求向公共开

---

〔1〕 参见许迎春:《中美土地征收制度比较研究》,浙江大学出版社 2015 年版,第 44 页。同时,洛克对美国立宪者们保护私有财产权思想的影响,可具体参见 Steven Menashi, *Cain as His Brother's Keeper: Property Rights and Christian Doctrine in Locke's Two Treatises of Government*, 42 *Seton Hall Law Review*185 - 187 (2012)。

〔2〕 See William Baude, *Rethinking the Federal Eminent Domain Power*, 122 Yale Law Journal 1738 (2013).

〔3〕 See Kohl v. United States, 91 U. S. 367 (1875).

〔4〕 See e. g. , Buckner F. Melton, Jr. , *Eminent Domain*, "*Public Use*," *and the Conundrum of Original Intent*, 36 Natural Resources Journal 85 (1996); Philip Nichols, *The Meaning of Public Use in the Law of Eminent Domain*, 20 B. U. Law Review 616 - 618 (1940); Lawrence Berger, *The Public Use Requirement in Eminent Domain*, 57 Oregon Law Review 205 - 209 (1977); Nathan Sales, *Classical Republicanism and the Fifth Amendment's "Public Use" Requirement*, 49 Duke Law Journal 339 (1999).

〔5〕 关于这段历史的讨论,可参见 Morton J. Horwitz, *The Transformation in the Conception of Property in American Law*, 1780 - 1860, 40 University of Chicago Law Review 270 - 279 (1973)。

放。[1]因此，征收的土地主要承担的是公共功能，而非为了公民个人的利益。相较而言，早期法律允许为建造私人道路而征收土地更具证明力，[2]但是他们同样忽略了一个重要的问题，事实上，大部分法律也要求因该种征收而建造的私人道路，应当允许一般大众使用。[3]因此，从功能上讲，这些道路“像高速公路一样对一般大众开放，是公共交通网络的一部分”[4]。综上，虽然狭义解释和广义解释都缺乏直接的证据，但从对私有财产高度保护的理念中可以推测狭义解释的可能性大于广义解释。

2. 公共利益的原始意图与原始含义

在“活的宪法”被大肆鼓吹的现代，似乎对宪法的解释就完全应当与时俱进、适时调整，但是不可否认的是，尊重宪法的原旨是理解其真正内涵的起点，也是一种必要的解释方法。[5]宪法第五修正案征收条款始于 1791 年，但当时仅适用于联邦而对各州没有约束力，直到 1868 年宪法第十四修正案的通过才使征收条款在各州实施得以可能，因此在美国也有不少著名学者指出应以 1868 年时的意图和含义来确定公共利益的原旨。[6]为了全面和准确地理解公共利益的原旨，笔者认为无论是 1791 年被执行之时，抑或 1868 年第十四修正案通过之时，两个时间点均具有考察的价值，不能厚此薄彼，而应当全面考察 1791 年和 1868 年的意图和含义。

正如上文所分析的，第五修正案征收条款在 1791 年被纳入宪法之时，主要

---

〔1〕 See Henry Walcott Farnam, *Chapters in the History of Social Legislation in the United States to* 1860, Washington, DC: Carnegie Foundation, 1938, p. 94 – 100.

〔2〕 持有该观点的代表性学者和作品为 Nathan Sales, *Classical Republicanism and the Fifth Amendment's "Public Use" Requirement*, 49 Duke Law Journal 339 (1999); Lawrence Berger, *The Public Use Requirement in Eminent Domain*, 57 Oregon Law Review 203 (1977)。

〔3〕 相关判例可参见 Philip Nichols, *The Law of Eminent Domain: A Treatise on the Principles Which Affect the Taking of Property for the Public Use*, 2nd ed., Albany, NY: Matthew Bender, 1917, p. 234 – 235。

〔4〕 Ibid., at 235.

〔5〕 原旨主义学者认为宪法的解释应当基于文本被制定与执行之时大众对其内容的一般理解。See Ilya Somin, *Originalism and Political Ignorance*, 97 Minnesota Law Review 625 – 627 (2012).

〔6〕 持有这一观点的原旨主义学者们还认为不仅是宪法第五修正案，所有《权利法案》中的条款在并入宪法成为修正案之后，只要内容是“根本的”，或者“对公平和开明的司法系统而言是本质的”，那么其原旨也应当以 1868 年时的理解为主。See Kurt T. Lash, *The Fourteenth Amendment and the Privileges and Immunities of American Citizenship*, Cambridge: Cambridge University Press, 2014, p. 296 – 297; Michael Rappaport, *Originalism and Regulatory Takings: Why the Fifth Amendment May Not Protect against Regulatory Takings, but the Fourteenth Amendment May*, 45 San Diego Law Review 729 (2008).

起草者和倡议者麦迪逊的意图十分清晰明确,那就是保护私有财产权。[1]尽管麦迪逊本人并未直接对公共利益作出解释和评价,更没有明确指出此处应作广义还是狭义解释,但是基于其对财产权的论述和公权控制的思想,笔者有理由推测麦迪逊本人更倾向于作狭义解释。而同时代的其他立宪者,同样也对自然权利抱有敬畏之心,限制公权力肆意践踏私人财产权在当时是所有立宪者的共识,只是程度有所不同。[2]如果对公共利益作广义解释,那么显然有将政府的征收权无限扩大的危险,与保护私有财产的本意相违背。

细心的学者也同样观察到,在征收条款中,还有公正补偿(just compensation)的要求,这一要件可以在一定程度上限制政府征收权的无限扩大,同时也是对私有财产的另一项保障。然而即使存在公正补偿的限制,也不能得出公共利益的原旨是扩大化的公共利益的结论,因为即使对这种财产的强制转移进行了补偿,这依旧是一种对财产权的破坏。

对1868年宪法第十四修正案通过之时征收条款原始意图的讨论无论在学界还是司法界都十分有限,但现有文献更倾向于狭义解释。根据记载,征收条款被纳入宪法并于1868年第十四修正案通过后得以在各州适用主要是为了保护非裔和白种美国人的财产,以获得他们对南北联合的支持,对抗南方州政府的分裂势力。[3]因此,第十四修正案的目的之一也在于保护私人财产权(主要是原住民和南方支持共和党的白人的财产权),保护民事权利,[4]由此,公共利益的解释自然不能扩大到任何公共目的。

因此,虽然无论是1791年还是1868年,立宪者都鲜有直接提及公共利益的准确含义,但是从其意图而言,显然狭义解释的可能性远远大于广义解释。

应当说,对原始含义的探究比对原始意图的探究更有意义,因为如果仅仅从宪法解释论而言,这不仅关乎历史解释,还是一种对文义解释的有益实践。通常而言,原始含义所指代的是宪法制定颁布之时的公共含义,也即一般意义

---

〔1〕 See Laura S. Underkuffler, *On Property: An Essay*, 100 Yale Law Journal 134 (1990).

〔2〕 See Jennifer Nedelsky, *Private Property and the Limits of American Constitutionalism*, Chicago: University of Chicago Press, 1990, p. 22 - 31.

〔3〕 See Gerard Magliocca, *American Founding Son: John Bingham and the Invention of the Fourteenth Amendment*, New York: NYU Press, 2013. 当时的国会领导人约翰·宾汉姆(John Bingham)解释说,制定修正案的主要目的之一在于保护成千上万的光荣的合众国白人公民的财产免受政府的没收。

〔4〕 1865年,国会通过了一项在后来成为《1866年民权法案》的提案,它确保了个人的种族、肤色或之前是否曾作为奴隶及受到强制劳役等因素不会成为其能否获得公民权的先决条件。

上的理解，然而就谁的理解属于一般意义上的理解这一问题，原旨主义者们分成了两大阵营：一些学者认为同时代的一般公众在事实上的理解代表着宪法的原始含义；[1]另一些学者认为同时代的理性人的理解才是宪法的原始含义。[2]两者的区别在于，相较于一般公众，理性人对宪法文本具有更强的认知和理解能力。[3]

但是理性人本身是一个十分不确定的概念，在理论和实践中也没有明确和统一的认识。[4]如在哥伦比亚特区诉黑勒案（*Columbia v. Heller*）中，法官认为“宪法的起草是为了被选民所理解，其斟词酌句亦是为了表达其一般和普通的含义，而非专业技术上的特殊含义”[5]。在此处，理性人和一般公众几乎不存在差异。也有学者认为法学上的理性人应当具备更高的法律素养和经验。如有学者假设理性人“熟悉法律的传统和惯例”，“受过良好的教育且高度聪慧，有能力建立和认知事物之间微妙的联系和因果推论”[6]。

探索两者的区别并非本书研究的重点，但两者的差异也确实客观存在，鉴于此，笔者将同时考察一般公众和理性人对公共利益的理解，以更全面客观地展现美国宪法征收条款的原旨。

对于一般公众的理解，无论是 1791 年抑或 1868 年，都很难发现明确的证据并得出确切的结论。但是有学者通过有限的社会学调查发现，无论是在 18 世纪、19 世纪还是当代，公众经常忽视政治常识，甚至对最基本的政治知识，在公众中也存在普遍忽视的态度。[7]从这些调查和分析可以推测很多公民在当时

---

〔1〕 See e. g. , Robert H. Bork, *The Tempting of America* , New York: Free Press, 1990, p. 144.

〔2〕 See Antonin M. Scalia, *A Matter of Interpretation: Federal Courts and the Law*, Princeton, NJ: Princeton University Press, 1997, p. 17; Randy E. Barnett, *Restoring the Lost Constitution*, Princeton, NJ: Princeton University Press, 2004, p. 92.

〔3〕 详细论述参见 Ilya Somin, *Originalism and Political Ignorance*, 97 Minnesota Law Review 633 - 634, 636 - 637 (2012)。

〔4〕 理性人假设是西方经济学中最基本的假设，其基本观点是“每一个从事经济活动的人都是利己的，都试图获得个人利益的最大化”，但法学意义上的理性人与经济学上的概念存在分野。相关论述可参见李永军：《民法上的人及其理性基础》，载《法学研究》2005 年第 5 期；刘燕：《制度下的矛盾人格——对现代主义法学“理性主体观”的考察》，载《甘肃社会科学》2013 年第 5 期。

〔5〕 Columbia v. Heller, 554 U. S. 570, 576 - 577 (2008).

〔6〕 Gary Lawson and Guy Seidman, *Originalism as a Legal Enterprise*, 23 Constitutional Commentary 72 - 73 (2006).

〔7〕 See Ilya Somin, *Originalism and Political Ignorance*, 97 Minnesota Law Review 625 (2012); Ilya Somin, *Democracy and Political Ignorance: Why Smaller Government Is Smarter*, Stanford, CA: Stanford University Press, 2013, chap. Ⅰ.

可能并不会意识到如何定义公共利益这一问题,不会去考虑其含义,甚至可能不知道征收条款的存在。因此将目光聚焦于那些对此毫不关心的公众身上对探究公共利益的原始含义并无意义,但如果我们抛开这一部分大众,去探究另一部分虽然不专业,但对政治、宪法有所了解的公众,可以发现狭义解释更符合当时人们的认知和心态。一般公众理解法律条文通常基于其字面含义,而从字面上理解,“公共使用”与“公共利益”不同,前者强调的是某种事实上的、物理上的使用,只不过使用的主体是公众,或者是代表公众的政府;而后者则不强调这一特点。甚至部分支持广义解释的学者也承认狭义解释更符合征收条款公共利益的字面含义。[1]

而对于熟悉法律的传统和惯例的理性人,他们可能意识到了征收条款中公共利益的表述存在两种可能的解释,但与此同时,他们也应当清醒地意识到,在当时狭义解释更符合自然法中对财产权保护的旨趣。

作为假定的理性人,应当十分明白在法律解释中,法律文本中的任何一个字都有存在的价值和意义,每个字都应当有确切的含义,以避免泛化和多余冗杂。[2] 从这个意义上讲,如果“公共利益”可以扩大解释为一切可能的公共利益,那么显然这一表述在法律意义上是泛化而不明确的,因为任何对个人财产的征收都可能基于不同程度的公共利益。正因如此,征收条款中的“未经公正补偿,不得为公共利益而征收私人财产”完全可以等同于“未经公正补偿,不得征收私人财产”。另外,如果加入公共利益的要件是为了限制公权力、保护私有财产,那么其含义就应当与社会福利或者公共福祉相区分。[3] 1868 年的理性人应当比 1791 年的理性人更能清醒地意识到法院的态度,因此狭义解释也更有可能是主流认知。

(二)19 世纪的公共利益:判例中的延续与摇摆

在美国建国初期,关于公共利益的案例十分有限,但从 19 世纪开始,州法院涌现了大量案例,这一时期也是美国国内关于何谓公共利益争论最为激烈的

---

〔1〕 See Nathan Sales, *Classical Republicanism and the Fifth Amendment's "Public Use" Requirement*, 49 Duke Law Journal 345 (1999); Stoebuck W B., *A General Theory of Eminent Domain*, 47 WASH. L. REV, 553 (1934). 另外,还有一些持有狭义解释立场的学者也表达了类似的观点,参见 Roger Clegg, *Reclaiming the Text of the Takings Clause*, 46 South Carolina Law Review 537 (1995)。

〔2〕 See Holmes v. Jennison, 39 U. S. 540, 570 - 571 (1840).

〔3〕 See John Lewis, *A Treatise on the Law of Eminent Domain in the United States*, Chicago: Callaghan, 1888, p. 221.

时期之一。1776年,宾夕法尼亚州和弗吉尼亚州首度将公共利益条款纳入本州宪法。[1]随后,几乎每个州都将类似的条款纳入本州宪法,并且该条款在土地征收诉讼中发挥了关键作用。因此,通过考察19世纪各州和联邦的代表性案例可以窥见当时对公共利益的争论和代表性观点。

1. 州法院的解释

根据统计,在19世纪,共有31个州的法院对何谓公共利益作出了明确而可考的界定,[2]其中有21个州采纳狭义解释,10个州支持广义解释观点(见表4-1)。[3]

表4-1 19世纪美国州法院对公共利益的解释

州	公共利益	案 例
亚拉巴马州	狭义	*Sadler v. Langham*, 34 *Ala.* 311 (1859)
加利福尼亚州	狭义	*Billings v. Hall*, 7 *Cal.* 1 (1857)[4]
康涅狄格州	广义	*Olmstead v. Camp*, 33 *Conn.* 532 (1867)
特拉华州	狭义	*Whiteman v. Wilmington & S. R. Co.*, 2*Harr.* 514 (*Del. Super.* 1839)
佛罗里达州	狭义	*Bradford v. Cole*, 8 *Fla.* 263 (1859)
佐治亚州	广义	*Hand Gold Mining Co. v. Parker*, 59 *Ga.* 419 (1877)
伊利诺伊州	狭义	*Nesbitt v. Trumbo*, 39 *Ill.* 110 (1866)
印第安纳州	狭义	*Wild v. Deig*, 43 *Ind.* 455 (1873)

---

〔1〕 See Pennsylvania Constitution of 1776, art. Ⅷ; Virginia Constitution of 1776, Bill of Rights, § 6.

〔2〕 其他州的法院并未对何谓公共利益进行明确界定,或者从相关案例中难以确定法院的态度。例如在密西西比州,州最高法院在 *Brown v. Beatty* 案[*Brown v. Beatty*, 5 *George* 227, 239 (*Miss.* 1857)]中认为,政府为了建设"公共产品,以提高公共利益",可以征收私人财产并转移给私人公司。但是法院并未解释何谓公共产品,更准确地说,法院并未指出公共产品与公共利益之间的关系,即公共产品是否必须对公众开放才属于公共利益。就该案而言,发动征收权是为了让铁路公司建造铁路,该铁路对公众开放,因此即使在"狭义解释"的观点下,该案中的征收也符合"公共利益"要件。但问题在于,法院并未清晰地说明征收是否受到"狭义解释"的限制,直到19世纪末期,密西西比州法院也未对该问题作出进一步的阐释。

〔3〕 笔者在 Ilya Somin 教授的统计上又进行了部分补充,详细参见 Ilya Somin, *The Grasping Hand: Kelo v. City of New London and the Limits of Eminent Domain*, Chicago and London: The University of Chicago Press, 2014, 46。

〔4〕 更详细的论述可参见 Timothy Sandefur, *A Natural Rights Perspective on Eminent Domain in California: A Rationale for Meaningful Judicial Scrutiny of "Public Use"*, 32 Southwestern University Law Review 569, 620-624 (2003)。

续表

州	公共利益	案　　例
艾奥瓦州	狭义	*Bankhead v. Brown*, 25 *Iowa* 540 (1868)
堪萨斯州	广义	*Venard v. Cross*, 8 *Kan.* 248 (1871)
缅因州	狭义	*Jordan v. Woodward*, 40 *Me.* 317, 323 (1855)
马里兰州	广义	*New Cent. Coal Co. v. George's Creek Coal & Iron Co.*, 37 *Md.* 537 (1873)
马萨诸塞州	广义	*Talbot v. Hudson*, 82 *Mass.* 417 (1860)
密歇根州	狭义	*Ryerson v. Brown*, 35 *Mich.* 333 (1877)
明尼苏达州	狭义	*Miller v. Troost*, 14 *Minn.* 365 (1869)
密苏里州	狭义	*Dickey v. Tennison*, 27 *Mo.* 373 (1858)
内华达州	广义	*Dayton Gold and Silver Min. Co. v. Seawell*, 11 *Nev.* 394 (1876)
新罕布什尔州	广义	*Great Falls Mfg. Co. v. Fernald*, 47 *N. H*, 444 (1867)
新泽西州	广义	*Scudder v. Trenton Delaeare Falls Co.*, 1 *N. J. Eq.* 694 (*N. J. Ch.* 1832)
纽约州	狭义	*Varick v. Smith*, 5 *Paige Ch.* 137, 155 – 156 (*N. Y. Ch.* 1835)
俄亥俄州	狭义	*Buckingham v. Smith*, 10 *Ohio* 288, 297 (1840)
俄勒冈州	广义	*Seely v. Sebastia*, 4 *Ore.* 25 (1870)
田纳西州	狭义	*Memphis Freight Co. v. City of Memphis*, 44 *Tenn.* 419 (1867)
佛蒙特州	狭义	*Tyler v. Beacher*, 44 *Vt.* 648 (1871)
威斯康星州	狭义	*Whitting v. Sheboygan & F. du L. R. Co.*, 25 *Wis.* 167 (1870)
宾夕法尼亚州	狭义	*Twelfth St. Market Co. v. Philadelphia &R. T. R. Co.*, 21 *A.* 989 (*Pa.* 1891)
阿肯色州	广义	*St. Louis, I. M. & S. Ry. Co. v. Petty*, 21 *S. W.* 884 (*Ark.* 1893)
西弗吉尼亚州	狭义	*Varner v. Martin*, 21 *W. Va.* 534 (1883)

续表

州	公共利益	案　例
内布拉斯加州	狭义	*Jenel v. Green Island Drain Co.*, 12 *Neb.* 163 (1881)
得克萨斯州	狭义	*Kyle v. Texas &N. O. Ry. Co.*, 3 *Willson* 518 (*Tex. Ct. App.* 1889)
肯塔基州	狭义	*Hancock Fence & Stock Law Co. v. Adams*, 9 *S. W.* 246 (*Ky. App.* 1888)

在21个采纳狭义解释的州中,其代表性案例大多对磨坊法有所冲击,其余的则有关征收土地用于建设私人道路、[1]私人铁路[2]等。在剩下10个支持广义解释观点的州中,绝大部分典型案例支持了磨坊法,且主要关于征收自然资源用于矿产等的开发[3]或者灌溉、排水等。[4]

可以说,美国各州法院对磨坊法的态度就是对征收条款中公共利益作出狭义还是广义解释的镜像反映。因为从大体上看,支持磨坊法的州倾向于广义解释,而反对磨坊法的州倾向于狭义解释,因而广义解释论者时常援引支持磨坊法的案例来佐证公共利益广义解释的合法性和合理性。[5]

然而事实上,19世纪关于磨坊法的案件比以上论断要复杂得多,支持磨坊法的州也并非像广义解释论者想象的那样,都支持广义解释。诸如缅因州、威斯康星州、明尼苏达州、肯塔基州等,州法院虽然支持磨坊法,但法院也明确表达了支持狭义解释的态度和立场,因为这些州通过磨坊法时考虑到了大量的资金投入、为公众带来的长久利益,并且将公开使用作为一个必要的条件。[6]因而,支持磨坊法并不能够与支持广义解释画等号,部分支持磨坊法的州仍旧应当被划入狭义解释的阵营。不过,一个不争的事实是:19世纪下半叶,随着美国经济的发展和工业革命的推进,各州加大力度授权私人公司进行基础设施和经济设施的开发。与之前相比,很多州在事实上承认只要征收有利于公共工程的

---

〔1〕 See e. g., *Sadler v. Langham*, 34 *Ala.* 311 (1859).

〔2〕 See e. g., *Whiteman v. Wilmington &S. R. Co.*, 2 *Harr.* 514, 519 (*Del.* 1839). 在该案中,特拉华州最高法院认为征收土地建造铁路的,只有当该铁路"被设计用于公众"时,征收行为才合法。

〔3〕 See e. g., *Dayton Gold and Silver Min. Co. v. Seawell*, 11 *Nev.* 394 (1876).

〔4〕 See *Seely v. Sebastia*, 4 *Ore.* 25 (1870).

〔5〕 See Harry N. Scheiber, *Property Law, Expropriation, and Resource Allocation by Government: The United States*, 1789 - 1910, 33 Journal of Economic History 232, 239 - 244 (1973).

〔6〕 See e. g., *Miller v. Troost*, 14 Minn. 365, 369 (1869).

完成,即使是私用征收,也应得到支持,越来越多的私人财产因此做出牺牲。[1]

因此,从对案例的统计情况来看,19 世纪美国各州对公共利益的解释呈现出一种延续性和摇摆性。延续性在于大部分州依旧支持了狭义解释,以保护私有财产权为主;摇摆性体现在有部分州已经在判例中支持了广义解释。

2. 联邦法院的解释

相较州法院而言,19 世纪联邦法院审理的征收案件十分有限。一方面,因为联邦最高法院直到 1875 年才通过判决认定联邦政府拥有征收权;[2] 另一方面,在 19 世纪中叶,法院并不承认《权利法案》(包括宪法第五修正案的征收条款)可适用于州内。[3] 尽管如此,在为数不多的判例中,仍可以觉察到联邦法院在公共利益的解释上所持的是狭义的观点。

最典型的如 1848 年的西河桥公司诉迪克斯案(*West River Bridge Co. v. Dix*)和[4] 1896 年的美国诉葛底斯堡电气铁路公司案(*United States v. Gettysburg Electric Railway Co.*)。[5] 在 1848 年的案件中,虽然多数意见并未对何谓公共利益作出明确的解释,仅仅认定了公共桥梁的建造符合公共利益的要求,但是利瓦伊·伍德伯里(Levi Woodbury)法官在单独意见书中明确指出了公共利益的界限,这也是整个 19 世纪美国联邦最高法院中对于公共利益作出的最清晰的说明。他写道:

> 若征收土地建造道路或者桥梁并非为了公用,而只是为了特殊个体的私用,那么即使在某种程度上这种私用会给公众带来一定的利益,该征收行为也应当被禁止。相反,使用者必须是人群中的"大多数",如为了旅行者或者为了所有人;同时对于所有者而言,这必须是一种强制性的义务,而非选择;对于使用者而言,这必须是一项权利,而非喜好。[6]

而在 1896 年的美国诉葛底斯堡电气铁路公司案中,法院同样以一种非常审慎严格的态度否决了征收土地用于建造葛底斯堡战场纪念牌的决议。

---

[1] 参见许迎春:《中美土地征收制度比较研究》,浙江大学出版社 2015 年版,第 53 页。

[2] See Kohl v. United States, 91 U. S. 367 (1875).

[3] See Bryan H. Wildenthal, *The Road to Twining: Reassessing the Disincorporation of the Bill of Right*, 61 Ohio State Law Journal 1457 (2000).

[4] See West River Bridge Co. v. Dix, 47 U. S. 507 (1848).

[5] See United States v. Gettysburg Electric Railway Co. 160 U. S. 668 (1896).

[6] West River Bridge Co. v. Dix, 47 U. S. 507, 546 (1848).

可以说,19 世纪,美国关于公共利益的争论达到了一个小高潮,尤其是在各州层面上,涌现出了大量的征收案例,每个州对公共利益的判断和解释也不尽相同。但通过梳理可见,大部分州还是支持狭义解释的观点;在联邦层面,尽管由于种种原因,没有丰富的案例,但从有限的判决中依旧可以窥见狭义解释的缩影。因此,美国整个 19 世纪对公共利益的解释和运用可以说是处于延续和摇摆之中。

二、20 世纪以来从公共利益到公共目的的扩张

到了 20 世纪,尤其是 20 世纪 30 年代的经济危机之后,美国关于公共利益的解释才有所改变,并逐渐形成了主流观点。这一时期相关解释的主要特征是将客观的公共利益和主观的公共目的相联系甚至等同;同时,议会在个案中决定何谓公共利益的权力得到了充分的司法尊让。

20 世纪初期,有部分激进者开始批判狭义解释,认为其过分地保护了私人财产权和经济自由,妨害了积极的经济促进计划;[1]更有甚者,将 20 世纪 30 年代的大萧条归责于这种对私人财产权的"过分"保护和自由放任的经济政策。[2]因此,20 世纪涌现出了大量标志性案例,并在 20 世纪初期将公共利益的广义解释推向顶峰。[3]实质上,美国司法系统在 20 世纪对公共利益解释的变化始终在回答同一个问题,即将征收的不动产用于商业开发是否违宪?或者说何种情况下违宪,何种情况下合宪?而这也是中国当下土地征收面临的最为重要

---

〔1〕 关于批评意见,可参见 Morton J. Horwitz, *The Transformation of American Law*, 1870 – 1960: *The Crisis of Legal Orthodoxy*,Cambridge, MA: Harvard University Press, 1992; Barbara Fried, *The Progressive Assault on Laissez – Faire: Robert Hale and the First Law and Economics Moment*, Cambridge, MA: Harvard University Press, 2001; James W. Ely, Jr. , *The Progressive Era Assault on Individualism and Property Rights*, 29 Social Philosophy and Policy 255 (2012)。

〔2〕 See James W. Ely, Jr. , *The Guardian of Every Other right: A Constitutional History of Property Rights*,3rd ed. , New York: Oxford University Press, 2008, p. 125 – 142.

〔3〕 具有代表意义的典型案件有为了消灭破败落后区而进行商业开发的伯尔曼诉帕克案[Berman v. Parker, 348 U. S. 26(1954)]、为了经济复苏降低失业率而进行商业开发的波利敦案[Poletown Neighborhood Council v. City of Detroit, 404 N. W. 2d 455,(Mich. 1981)]、为了推行土地改革消灭垄断抑制房价的夏威夷房屋管理局诉米德基夫案[Hawaii Housing Authority v. Midkiff , 467 U. S. 229 (1984)]、为了经济转型升级而进行商业开发的维尼县诉哈斯考克案[County of Wayne v. Hathcock, 684 N. W. 2d 765 (2004)],以及将扩大解释推向顶峰的凯洛诉新伦敦市案[Kelo v. New London, 545 U. S. 469 (2005)]。需要说明的是,虽然本节讨论的是 20 世纪美国法院对公共利益解释的变迁,但 21 世纪初期的凯洛案将这一广义解释的趋势推到了顶峰,为了论述的连贯性,笔者将时间节点划至 2005 年。

和最直接的问题之一。

无论是州法院抑或联邦法院,从 20 世纪早期开始,出于消灭破败落后区、经济转型、复苏经济等目的,就已经逐渐将对公共利益的解释由狭义转向广义。[1] 第一次明显倾向广义解释的案件出现在 1946 年的美国田纳西河谷管理局诉讼韦尔奇案(*United States ex rel. TVA v. Welch*),[2] 在该案中,法院支持了联邦田纳西河谷管理局的征收行为,并在判决中表达了明确的司法尊让:"我们认为决定一项征收是否满足公共利益是议会的职权。"[3] 但同时,这种尊让和广义解释在本案中只是初现端倪,并未被完全贯彻。因为在同意意见书中,法官也明确表示,支持征收和尊重议会的自由裁量权并非表明议会拥有绝对的权威去决定何谓公共利益,也并不表明法院放弃了对公共利益的最终审查权。[4] 下文选取了三个具有典型意义的案件,用来分析法院对公共利益解释的变迁,实质上回答了一个问题:商业开发何以满足公共利益?[5]

(一)伯尔曼诉帕克案:旧城改造式的商业开发

在 1954 年的伯尔曼诉帕克案中,[6] 法院首次明确说明征收条款中的"公共用途"等同于"公共利益",只要符合公共目的的要求,就并不违宪。美国哥伦比亚特区议会于 1954 年通过了《哥伦比亚开发法》(Columbia Redevelopment

---

〔1〕 虽然总体而言,出现了不可阻挡的向广义解释倾斜的趋势,但并非所有法院都附和这一趋势,实践中仍然存在支持狭义解释的判例,但这些案件的影响力十分有限。如在拜斯亭公司诉市中心发展局案[Baycol, Inc. v. Downtown Development Authority, 35 So. 2d 451 (Fla. 1975)],法院认为公共经济利益并非等同于公共目的,也不能用于证明征收的合法性;在欧文斯伯勒诉麦考密克案[Owensboro v. McCormick, 581 S. W. 2d 3 (Ky. 1979)]中,法院认为征收个人土地用于给他人建造工厂并不满足公共利益;在卡雷什语诉查尔斯顿市[Karesh v. City of Charleston, 247 S. E. 2d 342 (S. C. 1978)]中,法院认为仅仅为了发展经济而实施的征收行为并不合法;在小石城诉雷恩案[City of Little Rock v. Raines, 411 S. W. 2d 486 (Ark. 1967)]中,法院指出私人的经济发展项目并不是公共利益;在霍格诉西雅图港案[Hogue v. Port of Seattle, 341 P. 2d 171 (Wash. 1959)]中,法院否决了一项征收住宅用地转为工业或者商业等产生更高经济效益的用途的决议。

〔2〕 事实上,早在美国田纳西河谷管理局诉韦尔奇案(United States ex rel. TVA v. Welch)之前就有 1916 年的弗农山 – 伍德伯里棉鸭公司诉阿拉巴马州际电力公司案(Mt. Vernon – Woodberry Cotton Duck Co. v. Alabama Interstate Power Co.)和 1931 年的国际纸业公司诉美国案(International Paper Co. v. United States),但这两个案件均没有直接分析和解释征收条款中公共利益的具体含义,也没有明确表示支持广义解释。

〔3〕 United States ex rel. TVA v. Welch, 327 U. S. 546, 552 (1946).

〔4〕 See United States ex rel. TVA v. Welch, 327 U. S. 546, 557 (1946).

〔5〕 该部分的写作参考了刘连泰:《宪法文本中的征收规范解释——以中国宪法第十三条第三款为中心》,中国政法大学出版社 2014 年版,第 94 ~ 108 页。

〔6〕 See Berman v. Parker, 348 U. S. 26 (1954).

Act),[1]试图收购城区内危害安全、健康的破败区,并予以重新规划和改造。本案原告伯尔曼拥有的一家小型商店并没有达到破败不堪的程度,但由于其位于整体建设规划区内,因此将被一并征收后转给私人公司管理。伯尔曼起诉到地区法院败诉后,最终上诉至联邦最高法院,要求审查征收法案的合宪性。他认为改造贫民窟的征收行为和为创造和谐、迷人的社区而进行的征收行为应当被区分;他的房屋并不破败,并不会对公众健康、安全构成威胁,同时房产被征收后将由私人公司进行管理,这并不满足"公用"的要求。[2]

法院判决征收行为并不违宪,并从两个角度进行了大开大合的论证。首先,公共福利的概念相当广泛,既可以是精神价值,也可以是物质价值;既可以是艺术审美价值,也可以是金钱价值。因此,议会作出的征收改造决定符合公共目的。同时,一旦公共目的成立,选择何种路径去实现这一目的则是议会的权力:可以交由政府部门完成,也可以委托给私人企业完成,并不能简单地认为政府部门的开发才是实现社区公共目的的唯一途径。其次,虽然伯尔曼的房屋并不破败,但整个社区应当被当作整体去考量,要改善整个社区的环境状况,必须对整体进行统一规划。

概言之,法院在该案件中基于极其宽容的立场认为只要符合公共目的,就满足公共利益的要求;而商业利益并非应被完全排除在公共利益之列,相反,还有可能成为实现公共利益的途径;而通过何种途径实现公共利益,则应由议会裁量,法院不应过多干预。

(二)维尼县诉哈斯考克案:经济转型式的商业开发

从严格意义上讲,该案件并非广义解释的典型代表;相反,该案件甚至还是相对坚守狭义解释的代表性案例。[3]但该案的重要性在于明确回答了当私人利益和公共利益混杂在一起时,征收行为合宪与违宪的区分标准,这对准确理解和运用"公共利益"、"公共目的"和"私人利益"这些概念大有裨益。

2001 年本案原告维尼县为了本地区的经济转型,改变产业结构,开展了"尖

---

〔1〕 See 790, D. C. Code, 1951.

〔2〕 参见刘连泰:《宪法文本中的征收规范解释——以中国宪法第十三条第三款为中心》,中国政法大学出版社 2014 年版,第 98 页。

〔3〕 与该案件持类似观点的案件还有 Southwestern Illinois Development Authority v. National City Environmental, L. L. C., 768 N. E. 2d 1 (Ill. 2002); City of Bozeman v. Vaniman, 898 P. 2d 1208 (Mont. 1995); Georgia Department of Transportation v. Jasper County, 586 S. E. 2d 853 (S. C. 2003)。

端计划”,征收都市机场附近的土地。[1]项目共需1300英亩土地,政府通过前期的协商购买和后期的征收程序获得了超过1000英亩的土地,但是仍然有19块土地的所有者拒绝政府的征收行为,认为该征收行为违宪。案件最后由密歇根州最高法院审理,该院判决维尼县的征收行为违宪。

“尖端计划”是一项旨在通过经济转型而增加就业、税收,改变产业结构的方案,但哈斯考克等人认为虽然该项目能带来一定的公共利益,但私人主体获得的利益远远超过一般公众,公共利益只是私人利益的附属品而已。因此,本案要解决的核心问题便是:当私人利益和公共利益混杂在一起时,如何判断征收行为的合宪性?密歇根州最高法院承担起了回答这一问题的重任。

经过归纳、分析和总结,法院给出了三条标准,只要满足任意一条,将征收的财产转让给私人开发就满足“公用”的要求:第一,创造公共利益的私人企业因“极端的公共需要”要求政府征收土地;第二,政府将征收的财产转让给私人主体后,该财产仍然受到公权力机关的监督;第三,政府的财产征收行为本身就满足“公用”的要求,无须通过该财产的最终受让人(私人主体)来实现公共利益。[2]

本案在判断商业开发与公共利益的关系时已经从大开大合的论证走向了精细化,商业开发并非完全与公共利益水火不容,只是要满足特定的条件即可。

(三)凯洛诉新伦敦市案:经济复苏式的商业开发

1998年1月,康涅狄格州政府通过了一项经济发展计划,旨在增加税收、发展经济。而整个工程的核心区域便是曾经繁华的福特堡(Fort Trumbull)半岛。一个月之后,知名制药公司辉瑞(Pfizer)宣布将耗资3亿美元在半岛的相邻区域建设全球研究中心。当地政府认为这是一剂具有潜力的“区域复兴的催化剂”,能够促进本地区的就业和税收。市议会于2000年1月批准了该规划,并指定新伦敦市开发公司(NLDC)作为其开发机构负责具体实施该规划,同时授权该公司以该市名义购买财产或通过行使征收权获得财产。数月之后,大多数居民与开发公司达成协议,但以凯洛(Kelo)为代表的部分居民依旧拒绝出让自己的不动产。案件经过一系列程序最终上诉到了联邦最高法院,9名大法官最终以5:4的票数判决凯洛等人败诉,新伦敦市政府可以行使国家征收权。

---

[1] See County of Wayne v. Hathcock, 684 N. W. 2d 765 (2004).

[2] 具体论述可参见刘连泰:《宪法文本中的征收规范解释——以中国宪法第十三条第三款为中心》,中国政法大学出版社2014年版,第102~103页。

法庭援引了伯曼诉帕克案(*Berman v. Parker*)和夏威夷房屋管理局诉米德基夫案(*Hawaii Housing Authority v. Midkiff*),史蒂文斯(Stevens)大法官陈述了多数意见:"没有有效的方法能够将公共目的与经济发展区别开来。"判决一开始就重申了康涅狄格州最高法院所认定的公共利益的范畴,并澄清新伦敦市毫无疑问不能为了特定私人的利益而强制征用上诉人的土地,通过分析新伦敦发展公司强制征用的事实与背景,法院强调,本案中并无任何证据显示这一决定存在非法目的。法院同时表示之前的判例也同样支持为了公共利益而征收私人财产,而主观上为了公共利益,产生客观上附带私人利益的财产征收也并不违宪。

随后,法院指出判例法在判断土地征收中的"公共利益"时表达了对立法权的尊重。法院强调州立法机关在确定什么是本地区的需求时应得到"足够的尊重",法院注意到"一个多世纪以来,我们的公共利益案件管辖一直明智地避开了苛刻的规则和严密的审查,而这些审查偏向于赋予立法机关更大的自由裁量权去决定什么样的公共利益能够使强制征用合法化"。法院确认,新伦敦市是按照发展计划的标准严格执行的,因而当地政府所做的关于此类经济发展计划的决定应该得到尊重。

上诉人请求法院将经济开发排除在公共利益的范畴之内。然而,法院驳回了这项请求。通过引用先例,法院认为"没有有效的方法能够将公共目的与经济发展区别开来"。法院同样未采纳上诉人宣称的判决会造成潜在危害的观点。在这样的背景之下,所谓判决会造成一系列的严峻后果是没有说服力的,因为强制征用条款很大程度上只是一个一般性的限制,它允许政府在提供补偿的情况下做想做的事情。此外,上诉人认为法院应当论证预期公共利益的实现存在"合理可能性"的要求,同样遭到了法院的拒绝。法院认为,一项合宪性规则若被要求证明其成功的可能性之后才能实施,那毫无疑问将对很多类似的计划造成巨大的障碍。更为关键的是,法院强调,他们的决定并不排斥各州对自己的强制征收权设定限制。

在凯洛案中,法院遵循了这样一个论证进路:扩大公共利益的范畴→利用合理性标准进行审查→经济发展是有效的公共利益→新伦敦市的发展计划与公共利益合理相关→征收行为合宪。该案将公共利益的解释扩大到了公共目的,认为只要主观上满足公共利益,而无论客观上是否带来私人利益,都不违反公共利益的要求。

三、凯洛案后公共利益的重塑

在凯洛案之后，无论是社会大众抑或立法、司法等部门都出现了强烈的反应，尤其是主张保护财产权的各界人士，更是将此视为一次难得的契机，一时之间，凯洛案成为美国历史上影响力最大的案件之一。美国公众的负面情绪和危机感极其强烈，但是大多体现在对财产权的伸张与捍卫，就本身而言，他们并未证明判决的错误，也未说明为经济发展而征收是一项武断不明智的“恶治”。考虑到其影响和作用的模糊性，笔者将从更有据可查的立法与司法两方面的回应来探究美国土地征收中公共利益要件的最新动态。

（一）立法的回应与偏颇

截至目前，美国已有44个州制定了新的法律以限制凯洛式的征收，[1]笔者统计了美国50个州的立法变动情况，以及1998年至2002年征收案件的数量、改革的主要类型和改革的有效性等（见表4－2）[2]。

表4－2　凯洛案后美国各州立法改革情况统计表

序号	州	征收案件数量[3]（件）	主要改革类型	改革有效性[4]
1	宾夕法尼亚州	2517	限缩“衰败”	有效
2	加利福尼亚州	223	程序性改革	无效
3	堪萨斯州	155	严格禁止“私对私”	有效
4	密歇根州	138	限缩“衰败”	有效
5	马里兰州	127	限制时间	无效

---

〔1〕有学者的统计结果为45个州，但实际上，华盛顿州在2007年通过的新征收法并非严格意义上的对凯洛式征收的回应，其目的并非限制商业开发式的征收或者用新的形式去界定公共利益，此次修改更多的是对华盛顿州最高法院在2006年作出的判例［Central Puget Sound Regional Transit Authority v. Miller, 128 P. 3d 588（Wash. 2006）］的一次吸收，修改内容主要涉及听证，因此笔者未将其统计在列。犹他州在凯洛案之前已经出台新的法律限制此种征收行为，因其在内容上是一种实质性的限制，故笔者也将其统计在列。

〔2〕统计数据主要来自Ilya Somin, *The Grasping Hand: Kelo v. City of New London and the Limits of Eminent Domain*, Chicago and London: The University of Chicago Press, 2014, p. 144，笔者在此基础上增加了部分内容。

〔3〕此处统计的是1998年至2002年征收私人财产用于私人开发的案件，数据来源：Ilya Somin, *The Grasping Hand: Kelo v. City of New London and the Limits of Eminent Domain*, Chicago and London: The University of Chicago Press, 2014, p. 144。

〔4〕改革有效和无效的判断标准在于是否实质上通过立法限制了征收私人财产用于私人开发的行为，对通过程序上的变革控制征收权的情况不予考虑。

续表

序号	州	征收案件数量(件)	主要改革类型	改革有效性
6	俄亥俄州	90	泛化“衰败”	无效
7	佛罗里达州	67	完全禁止	有效
8	弗吉尼亚州	58	限缩“衰败”	有效
9	纽约州	57	无改革	无改革
10	新泽西州	51	泛化“衰败”	无效
11	康涅狄格州	31	限制增加税收式征收	无效
12	田纳西州	29	泛化“衰败”	无效
13	科罗拉多州	23	泛化“衰败”	无效
14	俄克拉何马州	23	无改革	无改革
15	密苏里州	18	泛化“衰败”	无效
16	罗得岛州	12	泛化“衰败”	无效
17	亚利桑那州	11	限缩“衰败”	有效
18	得克萨斯州	11	泛化“衰败”	无效
19	华盛顿州	11	无改革	无改革
20	明尼苏达州	9	限缩“衰败”	有效
21	亚拉巴马州	8	限缩“衰败”	有效
22	伊利诺伊州	8	泛化“衰败”	无效
23	西弗吉尼亚州	8	泛化“衰败”	无效
24	肯塔基州	7	泛化“衰败”	无效
25	路易斯安那州	5	限缩“衰败”	有效
26	马萨诸塞州	5	无改革	无改革
27	印第安纳州	4	限缩“衰败”	有效
28	艾奥瓦州	4	泛化“衰败”	无效
29	密西西比州	3	限缩“衰败”	有效
30	内华达州	3	泛化“衰败”	有效〔1〕
31	缅因州	2	泛化“衰败”	无效
32	阿肯色州	1	无改革	无改革

〔1〕 内华达州新的征收法虽然宽泛解释了“衰败”，并将此作为禁止征收的例外情形，但内华达州的选民则通过修改宪法对私有财产提供了更强有力的保护，因此笔者也将其标注为有效。

续表

序号	州	征收案件数量(件)	主要改革类型	改革有效性
33	内布拉斯加州	1	泛化“衰败”	无效
34	北卡罗来纳州	1	泛化“衰败”	无效
35	北达科他州	1	限缩“衰败”	有效
36	阿拉斯加州	0	泛化“衰败”	无效
37	特拉华州	0	限缩“衰败”	有效
38	佐治亚州	0	限缩“衰败”	有效
39	爱达荷州	0	泛化“衰败”	无效
40	南达科他州	0	严格禁止“私对私”	有效
41	怀俄明州	0	限缩“衰败”	有效
42	夏威夷州	0	无改革	无改革
43	蒙大拿州	0	泛化“衰败”	无效
44	新罕布什尔州	0	限缩“衰败”	有效
45	新墨西哥州	0	完全禁止	有效
46	俄勒冈州	0	限缩“衰败”	有效
47	南卡罗来纳州	0	泛化“衰败”	无效
48	犹他州	0	凯洛案前改革	有效
49	佛蒙特州	0	泛化“衰败”	无效
50	威斯康星州	0	限缩“衰败”	有效

在44个修改或者制定新的征收法的州中,有22个州事实上并未在实质上保护私有财产免受商业开发式征收的“侵害”。而在这22个州中,有19个州主要选择了泛化“衰败”范畴的方式,通过扩大“衰败”的立法定义,将其列入防止商业开发征收不动产的例外情形。表面看来是在限制征地进行商业开发,规范公共利益的具体情形,实则象征意义多于实质意义,“衰败”的界定依旧十分主观,任何不动产都可被认定为“衰败”而被征收用于商业开发,因此对私人财产权的实质性保护十分有限。[1]

---

〔1〕 通过扩大“衰败”的范围来获得立法对征收的许可在实践中产生了两方面的问题:一方面,将“衰败”的口子无限扩大,以至于所有财产都可以落入其中,导致这一限制形同虚设,这与我国在立法中将公共利益的范畴无限扩大的情况类似;另一方面,界定“衰败区”之后进行的征收和改造时常导致在衰败区的弱势群体遭受更大的损失。

除了泛化“衰败”的界定之外,加利福尼亚州、康涅狄格州、马里兰州采取了其他立法方式,但依旧没有对私有财产的保护起到实质作用。2006 年 9 月,加利福尼亚州议会一次性通过了 5 部征收改革法案。[1]但没有一部禁止或者在实质上限制了商业开发式的征收,大部分是一些细枝末节的规范当地政府征收程序的规定,或者是重复早已确定的规则。康涅狄格州法律限制“主要目的是增加当地税收收入”的征收行为,[2]但是并未限制为了经济发展或者消除衰败的征收行为。在实践中,很难区分征收的目的是增加税收还是消除衰败、发展经济,因此该立法几乎没有实际效果。马里兰州新修订的法律也没有直接禁止为了经济发展或者消除衰败的征收行为,只是在时间上作了限定,规定征收行为必须在获得授权后的 4 年内实行。[3]即使过了 4 年的授权期限,再次获得授权也比较容易,因此马里兰州新修订的法律也未对私有财产提供更为实质性的保护。

22 个州通过议会立法或者全民公决的方式通过了新法,在一定程度上限制了此种征收行为,保护了公民的私有财产权,其中最为彻底和激进的是佛罗里达州和新墨西哥州。这两个州完全禁止了以商业开发或消灭衰败区为目的的征收行为,即使对“公共利益”“衰败”等进行狭义解释,只要是以发展经济为目的的征收,就一概被禁止。[4]剩下的几个州则采取了相对折中的方式,一方面它们并不完全禁止为了消除衰败而进行的征收,另一方面它们则通过严格界定“衰败”的方式来限制这一类型的征收。亚拉巴马州、佐治亚州、密歇根州等均采取了此种方式。南达科他州和堪萨斯州采取了另一种折中方式,在上述两州,虽然新的征收法未完全禁止为消除衰败而进行的征收,但是也明令禁止任何“将征收的财产转移给私人、非政府企业或者其他公私合营的商业实体”[5]的行为,也即通过完全禁止“私对私”的模式来保护私人财产权。

---

〔1〕 See S. 53, 1206, 1210, 1650, 1809, 2006 Leg. (Cal. 2006).

〔2〕 See Conn. Gen. Stat. § 8 – 193 (b)(1)(2009).

〔3〕 See Md. Code Ann. Real Prop. § 12 – 105. 1(a) (West 2007).

〔4〕 严格意义上讲,犹他州、佛罗里达州、新墨西哥州这三个州的法律规定最为严苛。但犹他州于 2007 年又放宽了消灭破败区的征收行为,规定只要区域内绝大多数业主同意,即可实行征收行为。而新墨西哥州在凯洛案之前也极少存在基于商业目的或为消灭衰败区而产生的征收案件,因此新法只是进一步明确了对私有财产的保护。相较而言,佛罗里达州更具代表意义,因为无论是凯洛案之前还是之后,基于经济发展而采取的征收行为在州内屡见不鲜,此次立法极大地保护了州内公民的私有财产权。

〔5〕 S. D. Codified Law § 11 – 7 – 22. 1(1) (Supp. 2008).

可见,凯洛案之后,虽然绝大部分州采取了立法措施试图为私有财产提供更完善的保护,但是这些措施“雷声大雨点小”,效果有限。无论是采取泛化“衰败”的方式还是进行程序性改革,都捉襟见肘,象征意义远大于实质意义。而在限缩“衰败”和严格禁止“私对私”征收的州中,除了宾夕法尼亚州、密歇根州、佛罗里达州和弗吉尼亚州之外,其他各州的征收案件数量原本就十分稀少,因此实质意义大打折扣。[1]

（二）司法的反应与取向

在凯洛案之后,各州法院都在试图准确把握联邦最高法院的裁判逻辑,并应对可能发生在州内的相关征收案件。是否认同凯洛案的判决?联邦法院对公共利益的理解、对经济发展式征收的妥协与退让是否应同样在州宪法公共利益条款中得以贯彻?这些都是州法院需要直接面对的问题。

各州法院的反应大致可以分为四类:(1)直接拒绝以凯洛案为指引;(2)通过废除“快速征收”程序来限制凯洛式征收;(3)通过限制“衰败”的范围来限制凯洛式征收;(4)接受以凯洛案为指引。

明确拒绝的有俄亥俄州、俄克拉何马州和南达科他州最高法院。[2]在诺伍德诉霍尼案(*Norwood v. Horney*)中,俄亥俄州最高法院直接批评了凯洛案中无限扩大“衰败”、将发展经济视为公共利益而支持征收的逻辑,并旗帜鲜明地指出,凯洛案中反对意见的理解和逻辑比多数意见更准确地把握了征收条款的含义。南达科他州最高法院在本森诉南达科他州案(*Benson v. State*)中同样拒绝了凯洛案对公共利益的解释,并指出公共利益要求征收的财产应被政府或一般大众“事实上”使用,而非像凯洛案那样将“公共用途”、“公共目的”或者“公共利益”相混淆。[3]俄克拉何马州最高法院同样在马斯科吉县县专员委员会诉洛瑞案(*Board of County Commissioners of Muskogee County v. Lowery*)中拒绝了凯

---

〔1〕 联邦政府虽然在凯洛案之后也采取了一系列措施,包括出台《私有财产权保护法案(2005)》《债券修正案》,甚至时任总统布什也发布了行政命令禁止凯洛式的征收。但是上述措施和州内立法一样,同样是象征意义远大于实质意义。因为联邦对州的干预力度十分有限,除非州内高度依赖联邦的资助,否则不可能实质上通过这些法案控制地方的征收行为。

〔2〕 See City of Norwood v. Horney, 853 N. E. 2d 1115 (Ohio 2006); Board of County Commissioners of Muskogee County v. Lowery, 136 P. 3d 639 (Okla. 2006); Benson v. State, 710 N. W. 2d 131 (S. D. 2006).

〔3〕 法院得出这一结论主要基于三点理由:第一,基于最主要和最基本的文义解释,就字面理解而言应当是事实上使用;第二,基于宪法实施早期的实践,这样理解更为合理;第三,基于限制征收的目的,这也是唯一合理的解释。See Benson v. State, 710 N. W. 2d 131, 146 (S. D. 2006).

洛案的指引,但其论证多着笔于州宪法征收条款和联邦宪法征收条款之间的表述差异,而非直截了当地否定凯洛案的认识。[1]

罗得岛州最高法院和马里兰州上诉法院通过废除"快速征收"程序的方式来限制凯洛式征收。[2] "快速征收"是一种利用简易程序进行征收的方式,通常只需要提交一份征收公告并且满足公正补偿的要求就可进行征收。在罗德岛经济发展公司诉停车公司案(*Rhode Island Economic Development Corp. v. The Parking Co.*)中,罗得岛州最高法院判决该"快速征收"违宪,因为没有足够的证据能证明征收满足公共利益的要求。而在马里兰州的巴尔的摩市长诉瓦尔萨马基案(*Mayor of Baltimore v. Valsamaki*)中,因为征收机构无法证明公用的"即刻性"(immediate)而被法院判决征收违宪。

新泽西州最高法院和宾夕法尼亚州上诉法院则通过对"衰败"进行狭义解释来限制凯洛式征收。[3] 如新泽西州最高法院在加伦辛房地产开发公司诉保罗斯伯勒自治市镇案(*Gallenthin Realty Development, Inc. v. Borough of Paulsboro*)中对作为征收之正当理由的"衰败"作了限定性解释,认为"衰败"的内涵是"恶化或停滞发展对周边财产造成不利影响",[4] 仅仅是开发利用不足不能被认定为"衰败"。

纽约州上诉法院[5] 在这股限缩趋势之中却依然通过考尔诉纽约州城市发展公司案(*Kaur v. New York State Urban Development Corp.*)和戈德斯坦诉纽约州城市发展公司案(*Goldstein v. New York State Urban Development Corp.*)两个消除"衰败"的征收案件支持了凯洛案的判决和论证逻辑。[6] 在 *Goldstein* 案中,法院为了支持私人开发商的开发,扩大了"衰败"的范畴,将贫民窟区域内所

---

〔1〕 联邦宪法中的表述是:"nor shall private property be taken for public use without just compensation",俄克拉何马州宪法中的表述为:"no private property shall be taken or damaged for *private use*, with or without compensation."因此,从严格意义上讲,俄克拉何马州最高法院的反对是不彻底的。

〔2〕 See Rhode Island Economic Development Corp. v. The Parking Co., 892 A. 2d 87 (R. I. 2006); Mayor of Baltimore v. Valsamaki, 916 A. 2d 324 (Md. 2007).

〔3〕 See Gallenthin Realty Development, Inc. v. Borough of Paulsboro, 924 A. 2d 447 (N. J. 2007); In re Condemnation by Redevelopment Authority, 962 A. 2d 1257 (Pa. Commw. Ct. 2008).

〔4〕 Gallenthin Realty Development, Inc. v. Borough of Paulsboro, 924 A. 2d 447, 458 – 459 (N. J. 2007).

〔5〕 在纽约州的司法系统中,州上诉法院(New York Court of Appeals)是纽约州最高等的法院,而初审法院则被称为最高法院(New York Supreme Court)。

〔6〕 See Kaur v. New York State Urban Development Corp., 933 N. E. 2d 72 (N. Y. 2010); Goldstein v. New York State Urban Development Corp., 921 N. E. 2d 164 (N. Y. 2009).

有的不动产都认定为衰败的财产,而将这种商业开发行为定性是为了公共利益的目的。而在 *Kaur* 案中,法院以同样的逻辑认定诉争财产处于"标准以下且不卫生"的状态,属于征收的正当理由。这种认定方式极其粗略,而且几乎达到了无所限制的程度。

第三节　本土化架构:由名录控制论到民主程序控制论

一、美国模式的启示与本土化路径之选择

通过上述梳理和分析不难发现,在美国历史上,公共利益条款的表述虽然一直存在,但其具体含义却随着时代变迁处于动态变化之中(见图 4-1)。在征收条款还未诞生之时,美国的立宪者们就将保护私有财产权放到了一个极其崇高的位置,以至于 1791 年征收条款被孕育成形之时,身上就带有深深的保护私产的烙印。在此后一个多世纪的实践中,征收条款的触角逐渐由联邦伸向各州,并体现在各州土地征收和经济开发的过程之中。随之,大量的征收纠纷在 19 世纪的美国各州如雨后春笋般涌现,基于时代的特性和对传统的坚守,各州法院对公共利益的理解虽出现不同与反复,但大部分还是延续和秉持了立宪原旨。时代的拐点出现在 20 世纪的大萧条时期,出于复苏经济的考量,1946 年,美国司法界第一次向行政权和时局妥协,作出了第一个带有倾向性的判决,打开了公共利益的大门。此后,这一趋势一发不可收拾,无论是消灭衰败、经济转型,还是复苏经济,一切经济目的都成了公共目的,也都满足了公共利益的要求。直到 2005 年,凯洛案以 5:4 的票数在联邦最高法院一锤定音之后,社会大众、立法部门、司法部门开始警觉,摆在人们面前的问题是:征收的界限到底在哪里?应当如何防止"有形的手"进一步伸向私人的领地?一时间,各种抗议、游行、辩论,各种立法建议,各种司法回应层出不穷,对公共利益的解释也逐步回归限缩解释。

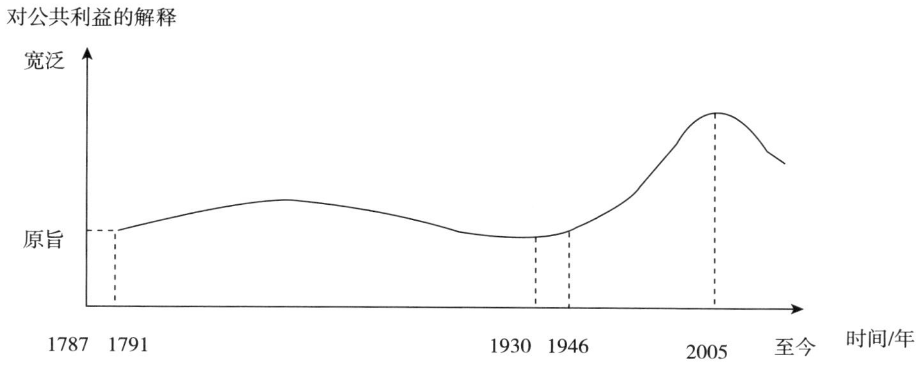

图 4－1　美国宪法征收条款公共利益内涵波动图

可见，即使经历了 200 多年的争论，在美国征收条款依旧如诞生之初那样保持着神秘性、不确定性和时代性，同样也催生着这种模糊化带来的制度红利。这是一个形散神聚的历程，尤其是各种立法和司法活动，看似杂乱无章，实则都保持着对原点的敬畏和对时代的尊重。如果用一句话概括美国“公共利益”（公共用途）的运行模式，那就是以保护私人财产权为原点，利用司法权对其进行灵活的时代映射。

通过解构形散神聚的美国模式，我们至少可以得出以下几点有益的启示。

1. 作为为平衡权力与权利、公权与私权而存在的“公共利益”（公共用途），无论时代如何变迁，其基本内涵和本源性的政治根基应被捍卫。

2. 公共利益的基本内涵虽然应该被捍卫与保持，但具体的含义应当结合具体的国情和时代需要作出合宪、合理的解释。

3. 虽然公共利益在某个具体的时代存在相对稳定的一般意义上的判断标准，但是就具体案件而言，仍旧需要结合个案进行分析，而非“一刀切”。

4. 商业开发与“公共利益”（公共用途）并非总是一对难以调和的矛盾体，私人利益和公共利益也并非存在明显的分野，判断的关键是对商业开发和公共利益进行区分，何者为目的，何者为手段。

5. 即使在公共利益内部，也存在不同的层次，社会大众对其也存在不同程度的需求，因此在判断和权衡公共利益与私人利益之时也应当将其考虑在内。

6. 立法机关和司法机关在认定公共利益上权责明确，立法机关（议会）进行初次审议和判断，发生争议之时，由法院进行二次判断。

国内近几年为了缩小征地范围，将着力点置于公共利益名录的制定上，试图通过细化对公共利益的认定而将征地限制在“制度的牢笼”之中。然而一个不争的事实是，一方面在理论上无法穷尽对公共利益的认定，另一方面出于国家建设的现实需要，过宽或者过窄的认定都将面对巨大的阻碍，付出巨大的制度成本。而另一个我们不得不面对的现实是，无论是立法机关抑或司法机关，在我国特殊的国情下，美国的“议会授权 + 司法微调”模式在中国不具备现实的制度土壤。但至少有两点可以明确：第一，通过详细界定公共利益的方式进行立法控制是一种相对落后的立法模式，无论是理论上还是现实中都缺乏一定的基础；第二，无论通过何种程序认定公共利益，均不能由行政机关来主导甚至决定。

考虑到中国特殊的国情，一个比较理想的折中方案是将公共利益进行层次化区分，通过立法将高层次的公共利益列入名录。人大通过形式审查判断相关事项是否属于名录内第一层次的公共利益，同时用“人大初次判断 + 法院终极判断”的民主程序对不在名录内的公共利益进行判断。

二、公共利益的层次化与立法例

对美国法上公共利益的“零部件”进行解构，并非想要完全将其安装在中国的“制度机器”之上，而是试图通过分析其构造和运行模式设计出符合中国制度的“零部件”。毫无疑问地讲，中美土地制度存在巨大差异，形成特定土地制度的历史原因也各不相同，仅在所有权上就存在本质性区别，但在公共利益的判断上大致所遵循的思路应当是一致的，中国如今遇到的困境也是美国曾经经历过的，只是当下中国城市化的速度比美国 20 世纪 50 年代时更快。我们的棚户区拆迁、旧城区改造、高新技术开发区建造、招商引资等都能在美国城市化进程中找到类似的痕迹。通过对公共利益立法模式的观察，有学者认为美国宪法第五修正案是一种典型的控权式立法，而中国则是典型的授权式立法，因为“可以征收”即“有权征收”之意，并由此认为在前者宗旨指导下的征收立法乃“权利保障法”，后者则是“征收管理法”〔1〕。我国的征收立法确实带有浓重的计划经济时代的痕迹，但本质上，我国宪法上的财产征收条款不是授予国家征收权的条款，而是限制国家运用征收权以保护财产的条款。〔2〕

现行《土地管理法》在第 45 条通过“正面列举 + 兜底”的形式对可实施征收的情形作出了规定，以期从立法上完善对公共利益的认识，并与《国有土地上房

---

〔1〕 参见许迎春：《中美土地征收制度比较研究》，浙江大学出版社 2015 年版，第 59 页。
〔2〕 参见丁鹏、邹爱华：《论宪法财产征收条款的限权逻辑》，载《社会科学主义》2012 年第 4 期。

屋征收与补偿条例》相衔接。具体而言,除了兜底条款外,《土地管理法》共列举了五种具体的公共利益事项。前四项主要涵盖了国防外交、基础设施建设、公共事业、拆迁安置等,第五项将“在土地利用总体规划确定的城镇建设用地范围内,经省级以上人民政府批准由县级以上地方人民政府组织实施的成片开发建设需要用地的”也归为公共利益。[1]

根据对美国长久以来的公共利益内涵的解构可以发现,即使是在公共利益内部,公共目的性也呈现出不同的层次。从建设项目本身审批的层级考虑,有些关涉国防外交、跨区域交通水利设施等的项目需要国家部门审批;而有些项目则由省级行政机关审批或者备案;剩下项目的审批层级更低。从这一意义上讲,低层级的公共利益必须满足和服务于高层级的公共目的的用地需要。

从另一个角度考量,现实中前四项所列举的国防外交、基础设施建设、公共事业建设、拆迁安置等得到了普遍认可,纠纷集中于第五项中的“成片开发建设”,因为这一领域夹杂着难以名状的商业开发属性。然而正如上文所讨论的,商业开发与“公共利益”(公共用途)并非总是一对难以调和的矛盾体,私人利益和公共利益也并非存在明显的分野,判断的关键是对商业开发和公共利益进行区分,何者为目的,何者为手段。显然,因城镇建设用地范围内组织实施成片开发建设进行征地与上述四项相比,公共利益的层级较低,甚至可能无法满足公共利益的基本要求。因此将该项与上述四项并列,从立法上强制为其正名的做法有待商榷,这种规定显然是为城市扩张大开方便之门,因为根据这一规定,只要是在城市规划范围内,无论进行诸如学校、道路、公立医院等公益设施的建设,还是写字楼、商务楼、商场等非公益设施的建设都可以被认定为确需征收农民集体所有土地的合法依据。[2]因此,应当将该项删除,同时增加一个“经县级以上人大及其常委会专门审议后认为是公共利益”的兜底条款,在保护集体土地的基础上,为我国的城市化建设和经济发展提供一个相对灵活的政策环境。

三、公共利益的判断主体与程序控制

我国现行立法并没有规定公共利益的认定主体,在美国法上,对公共利益

〔1〕 参见方涧、沈开举:《我国集体土地征收与补偿制度之嬗变与未来——兼评〈土地管理法(修正案征求意见稿)〉》,载《河北法学》2018 年第 8 期。

〔2〕 参见方涧、沈开举:《我国集体土地征收与补偿制度之嬗变与未来——兼评〈土地管理法(修正案征求意见稿)〉》,载《河北法学》2018 年第 8 期。

的初次判断由立法机关作出，发生纠纷的，交由司法机构审查，可以说判例法是从实体上界定公共利益的主要来源。[1]美国经验带给我们的有益启示是，公共利益的内涵虽然无法完全确定，但一个由立法机关、公众、利益相关人等共同参与的法律适用程序将大大减少公共利益的不确定性所带来的负面影响。将公共利益初次认定权赋予特定主体，以斟酌和判断公共利益与征收之间的合理性和必然性，将是对公共利益这一先天发育不足的概念的有益弥补。

在美国，尽管各种征收行为都由政府负责具体实施，但实施的前提是获得了议会的明确授权。但是在我国，本该发挥重大作用的人大及其常委会在征收的判断上却完全缺位，计划的制订和实施都由政府主导，实践中绝大多数征收也没有人大及其常委会的具体授权。然而毫无疑问的是，征收属于法律规定的应由人大及其常委会审议的“重大事项”。虽然我国《土地管理法》规定对集体土地的征收应由国务院或省级政府批准，然而这种提高审批级别的方式并未起到对地方政府的约束作用，因为本质上，这仍旧是行政机关的内部程序，无论是人大及其常委会还是公众对于认定土地征收是否出于公共目的完全没有参与的机会。

在我国土地征收中公共利益的认定应当交由立法机关完成，也就是人大及其常委会。因为行政机关是土地征收和房屋拆迁的实施主体，根据“任何人不能当自己的法官”的原则，行政机关在公共利益的界定上应当回避，这在现实中并无太多疑问。司法机关是我国处理纠纷的机关，其公正性和权威性可以保护公民的合法权益，但其在纠纷还未发生之时贸然介入则有欠妥当。而作为地方立法机关的地方人大，能够在充分考虑群众需要的基础上进行决策。通过行使权力，立法机关能够更好地在公共意愿间进行优先性权衡。相较于法官，由人大代表行使土地征用决定权将是一个更好的选择，因为“相较于法院的判决，民选机关的这些决定更趋近于一项适合的立法决策，因为其本来的角色即为被选举出的民众意愿的代表”。

作为人民意志的代表，对于地方人大而言，去权衡和决定如何更好地实现其所代表的公众的意愿，既是其权力，又是其必须承担的职责。人大追求更好地服务于人民意志，而司法机关却必须作为一个中立的主体。如果说一项立法机关作出的不合时宜的决策尚能在民主程序中寻得渊源，那么若同样的决策出

[1] 参见刘向民：《中美征收制度重要问题之比较》，载《中国法学》2007年第6期。

自并非民选的法官之手,恐怕就不能获得这样的解释,因为人民的意志并不构成对其权力的约束。正因如此,将初次界定公共利益的主体确定为立法机关最为合适。简言之,作为地方立法机关的人大及其常委会,可依靠其机构性质与民主参与程序有效评价并表达出公共利益,从而使公共利益获得评价程序上的合法性、法律保护目的与手段上的正当性。

总结而言,根据公共利益的层次性,对于现行《土地管理法》中列举的前四项,因为具有较高的公共目的性,应当属于第一层次的公共利益(国防外交、基础设施建设、公共事业、拆迁安置),在现实中也得到了较高程度的认可,因而人大及其常委会只需要进行形式审查即可;但是对于除此之外的征收项目,则应进行实质审查,并通过授权的形式交由政府实施。

法院直接介入对公共利益的初次判断可能有欠妥当,但这并不意味着法院在公共利益的判断过程中无可作为。有学者指出,基于权威性、代表性、中立性等考量因素,公共利益只能由立法机关界定,而且这种界定是一元的,而非多元的,法官通过个案来界定公共利益在中国并不现实,而且容易引起适用的混乱,带来更大的困惑。[1]也有学者指出,我国应当将司法审查的时间提前到公共利益的认定阶段,即在征收决定作出之前被征收人对行政机关的认定不服的,可以申请复议也可以提起诉讼。[2]

事实上,正如上文所述,由立法机关对第二层次的公共利益进行具体判断具有其自身的合理性和优势,通过立法机关授权行政机关行使征收权的形式也能更好地控制征收权。此外,司法机关作为中立的裁判者,提前介入将会加重司法负担,也会严重影响行政效率,但是司法作为保障公民权益的最后一道防线,由其行使最终判断权,对征地理由是否充分等进行全面的司法审查,由政府对征收决定的公共利益性承担举证责任,[3]通过对纠纷项目进行个案判断的形式严格限定公共利益,也将在技术层面大大提高征收的正当性和合法性。关于公共利益判断流程见图 4-2。

---

〔1〕 参见王本宏、高志宏:《公共利益界定主体研究》,载《学术界》2012 年第 8 期。

〔2〕 参见高富平主编:《土地法学》,高等教育出版社 2016 年版,第 220 页。

〔3〕 参见王洪平、房绍坤:《论征收中公共利益的验证标准与司法审查》,载《法学论坛》2006 年第 5 期。

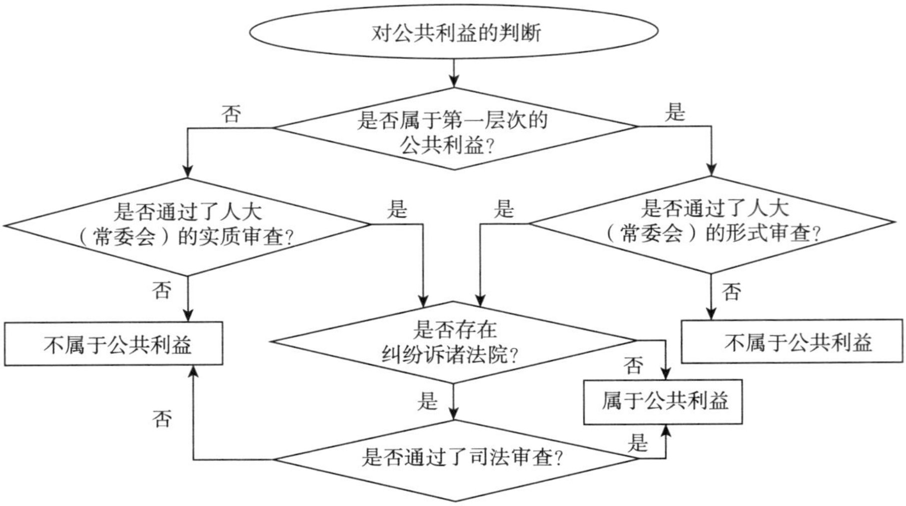

图 4－2　公共利益判断流程

第五章

集体土地征收增值收益之初次分配

正如前文所言,公共利益和公正补偿早已成为世界通行的征收要件。在推动土地资源市场化配置的进程中,尽管公共利益的认定是土地征收领域的重要难题,但是从功用角度而言,公正补偿这一要件更加困扰着我国征收补偿的理论与实践,因为从某种意义上讲,被征收者和征收者似乎都在中国语境下默认了公共利益要件的无效性,只要获得"足够"的"公正补偿",征收工作就能快速推进。但问题在于,抛开了所谓公共利益的桎梏,我们在公正补偿这条道路上走得也异常步履维艰。从传统的土地原用途的产值倍数法,到2020年实施的《土地管理法》中提出的区片综合地价,关于征收补偿标准的探索从未停止,学界对这一问题的"混战"也从未停歇。事实上,对征收的补偿可以概括化地当作对集体土地征收增值收益的初次分配,其中主要包含土地的原价值,也包含了增值收益的价值。因此,如何确定初次分配的标准和适用规则成为整个体系化架构中应被重点考量的因素。

第一节　公平市场价值(Fair Market Value)的基本内涵与适用

一、公平市场价值补偿标准的确立

从世界范围来看,所谓公正补偿,其本身是一个极其抽象的概念,在不同的国家存在不同的学说和表述,在法律实践和制度设计上也不完全一样,但其本质上是国家和个人在征收补偿中的利益平衡。《德国基本法》在第14条第3款中用“公共利益与原所有者利益的公平的平衡”来确认公正补偿。日本《宪法》在第29条第3款直接规定了“公正补偿”。法国在《公用征收法典》中所确定的公正补偿的标准为“直接的、物质的和确定的全部损害”。英国1961年《土地补偿法》和《北美自由贸易协定》中所规定的补偿原则都隐含着公正补偿这一核心理念。以美国法为代表的市场价值理论的出世引起了各界关注,公平市场价值也日渐成为各国效仿的对象。而事实上,无论是完全补偿还是适当补偿,在实际执行时往往可以本着对公正原则的理解,基于市场价值,对受害人做出基本一致的补偿。

如果用简单的公式直观且清晰地表达这种公正补偿,那应该是“公平市场价值 = 土地原用途价值 + 土地发展权价值”或者“公平市场价值 = 区片综合地价 + 土地增值收益价值”,〔1〕再或者“公平市场价值 = 土地市场交易价值 - 税费”。〔2〕 前两种路径在一定程度上也能达到公平市场价值的目标,但关键是现实中往往只补偿了原用途价值却剥离了土地发展权价值,补偿了区片综合地价却攫取了土地的增值收益价值。〔3〕 因此需要寻求第三条道路,也即“土地市场交易价值 - 税费”。

然而即使在明确路径之后,也同样存在让人感到困惑的问题:公平市场价值真的是公正补偿吗?如果是,美国法又是如何在各种复杂的环境中建构了公平市场价值的确立体系的?中国语境下这一系列制度又应当如何表达?这一系列问题都有待回答。

根据美国宪法第五修正案,未经公正补偿(just compensation),不得征收私产充作公用。然而对于何谓公正补偿,宪法并未使用更多的笔墨予以解释和说明。与“公共使用”的理解进路一致,对“公正补偿”的把握也同样是通过个案累积,借助司法裁量而逐渐获得核心要义。公平市场价值补偿标准的确立虽然经历了长久的讨论与实践,但时至今日这一理论也并非至臻完善。其确立的过程更像是一种无奈下的妥协,因为对价值的衡量与补偿,永远也无法像自然科学那样给出准确的数值与函数模型,法学家和政治学家的任务是寻找权力与权利之间的平衡点,而价值的衡量进路与价值的补偿进路成为平衡这对概念的关

〔1〕 参见方涧、沈开举:《土地征收中的公平补偿与增值收益分配》,载《北京理工大学学报(社会科学版)》2017年第3期。

〔2〕 参见程雪阳:《土地发展权与土地增值收益的分配》,载《法学研究》2014年第5期。

〔3〕 参见方涧、沈开举:《土地发展权:中国问题与美国经验》,载《学习论坛》2018年第2期。

键性因素。

(一)价值的衡量进路:基于"最高最优"而非"损失—获利"框架

价值是一个极为不确定且高度主观化的概念,联邦最高法院在金博尔朗迪公司诉美国案(*Kimball Launday Co.*)中指出:"对财产价值的衡量根植于主观需求与态度,故而其价值之于所有者可能与之于征收者大相径庭。然而对于大部分财物而言都存在一个可转让的价格……将财产中不可转让的价值从财产所有者的补偿中剥离……这可以被合理地认为是一般公民的义务。"[1]因此,在考虑价值或者补偿数额的具体计算方式之前,摆在我们面前的第一个问题是:应当以何种进路衡量被征收财产的价值?[2]

美国的法官们在对被征收财产的价值和补偿数额的确定进路进行考量之时,首先遵循的一个基本思路是:被征收者不能因此而遭受损失,征收者不能因此而获利。基于此,价值衡量的进路自然指向了不动产征收之后,被征收者的损失和政府的获利。[3]基于对这一问题的不同理解,法院也在司法实践中形成了两种对立的观点。一种观点认为对于征收损失的衡量应当以财产所有者受到的损害为基础。[4]与此同时,另一种观点认为征收财产的价值应当以政府的获利而非被征收者的损失为基础进行衡量。[5]在部分案件中,被征收者的损失和政府的获利具有一定的相当性,但在很多情况下,选择不同的衡量基准和进路最终得出的补偿价款会天差地别。财产的价值对于所有者和作为虚拟买家的政府或者大众而言时常存在一种实质性的间隙。[6]但是无论支持何种衡量进

[1] Kimball Laundry Co. v. United States, 338 U. S. 1, 5 (1949).

[2] See Christoper Serkin, *The Meaning of Value: Assessing Just Compensation for Regulatory Takings*, 99 Nw. U. L. Rev. 677 (2005).

[3] 关于被征收者的损失和政府的获利之间的对比,具体可参见 Christopher Serkin, *Valuing Interest: Net Harm and Fair Market Value in Brown v. Legal Foundation of Washington*, 37 IND. L. REV. 424 – 427 (2004)。

[4] See e. g., Kimball Laundry Co. v. United States, 338 U. S. 1, 5 (1949); United States v. John J. Felin & Co., 334 U. S. 624, 629 (1948); Boston Chamber of Commerce v. City of Boston, 217 U. S. 189, 195 (1910); A. A. Profiles, Inc. v. City of Fort Lauderdale, 253 F. 3d 576, 583 (11th Cir. 2001); Brown v. Legal Foundation of Washington, 538 U. S. 216, 236 (2003).

[5] See e. g., United States *ex rel.* Tenn. Valley Auth. v. Powelson, 319 U. S. 266, 282 (1943); Francini v. Town of Farmington, 557 F. Supp. 151, 157 (D. Conn. 1982); Whitney Benefits, Inc. v. United States, 18 Cl. Ct. 407 (1984); See also Benjamin E. Hermalin, *An Economic Analysis of Takings*, 11 J. L. ECON. & ORG. 66 (1995).

[6] D. C. Redevelopment Land Agency v. Thirteen Parcels of Land in Squares 534 F. 2d 337, 338 (D. C. Cir. 1976).

路,主流学说均以保护公民的财产权为基础,以求使其获得尽可能公正的补偿,但事实上,两种衡量进路所得出的结论并不存在绝对的高低之分,必须结合具体情况进行个案分析。

在一些情况下,以被征收者的损失为基础计算出的补偿额会高于基于政府的获利而测算出的价值。因为被征收财产的情感价值,财产所有者的间接损失、收益损失,以及因征收而带来的律师费、搬迁安置费等支出并未被纳入补偿的范畴。[1]此外,被征收财产因与周围的不动产相互联系而产生的价值也被排除在补偿范围之列。而上述各项均属于被征收者因征收而遭受的损失。

然而在另一些情况下,以政府获利为基础计算出的补偿额则会高于被征收者的损失。政府的获利实质上是一个很难估算的价值,因为在很多状态下诸如环境改善等带来的利益并非客观可计算,而且也无法在短时间内直接显现。然而在以经济发展为目的的征收中,政府的获利通常远远高于被征收者的损失。此时的补偿若以政府获得的利益为基础进行衡量则显然将大大提高补偿的标准。[2]

由此可见,无论以被征收者的损失抑或政府的获利为分析框架都存在无法克服的缺陷,在实践中出现了纷繁复杂的判例而难以形成统一有效的标准。但经过分析可以发现,两者都试图发挥财产的最大价值,也因此存在第三种分析进路——"最高最优用途"[3]。美国《联邦条例法典》(Code of Federal Regulations)也规定了在评估不动产的市场价值时,要以"财产的最高最优使用"为基础。[4]而所谓"最高最优用途",美国联邦最高法院的定义是:"在未来一段合理的时间内,充分考虑土地的用途对市场价格的影响,以使财产的使用是其最佳

---

[1] See e. g. , Yuba Natural Res. Inc. v. United States, 904 F. 2d 1577 (Fed. Cir. 1990); Rowland v. United States, 8 Cl. Ct. 267 (1985); Mitchell v. United States, 267 U. S. 341 (1925); City of Stillwell v. Ozarks Rural Elec. Coop. Corp. , 166 F. 3d 1064 (10th Cir. 1999); City of Thibodaux v. La. Power & Light Co. , 373 F. 2d 870 (5th Cir. 1967); Ideal Leasing Servs. , Inc. v. Whitfield County, 562 S. E. 2d 790 (Ga. Ct. App. 2002).

[2] See e. g. , United States v. 0. 38 Acres of Land, 177 F. Supp. 217 (E. D. N. Y. 1954); Kelo v. City of New London, 843 A. 2d 500 (Conn. 2004). 在上述两个案例中,法院并没有否认为了经济发展而进行的土地征收,但是法院在第一个案例中判决增加 2 万美元补偿,而在后一个案例中则要求政府必须至少将部分获利作为补偿款补偿给被征收人。

[3] See e. g. , United States v. 320. 0 Acres of Land, 605 F. 2d 762 (5th Cir. 1979); A. A. Profiles, Inc. v. City of Fort Lauderdale, 253 F. 3d 576 (11th Cir. 2001).

[4] See 43 C. F. R. § 2201. 3 - 2(a)(1) "In estimating market value, the appraiser shall: Determine the highest and best use of the property to be appraised".

的用途并能产生最高的收益。”[1]因为在现实的市场交易中，一个理性购买者在考虑财产的价值之时，不仅会考虑财产的现有价值，必然也将考虑财产在未来所能带来的最高最优收益，因此交易的价格有可能与被征收者的损失相当，也有可能与政府的获利相当，但最终的公平交易价格应当是能发挥财产最高最优用途的价格。关于最高最优用途的具体内涵和适用规则笔者将在下文予以详述。

（二）价值的补偿进路：较多、较少与正当

正如前文所述，美国宪法第五修正案要求征收必须以公正补偿为前提，即使我们在长时间的实践和理论研究中寻找到了相对客观的价值衡量进路，能够较为准确地反映出被征收财产的市场价值，问题也远没有结束。摆在我们面前的第二个困惑是：由于征收者和被征收者在补偿问题上“天然的对立”，被征收者希望补偿越多越好，而征收者则相反，因此补偿的进路究竟该如何选择？是满足被征收者的较多补偿，还是满足征收者的较少补偿，抑或选择更为平衡的方式。这一问题看似简单明确，实则暗藏复杂的政治学原理，无论选择何种进路，都能找到足够的理由。

支持较多补偿的观点认为，提高补偿可以使行政机关的征收成本变得更加昂贵，从而在一定程度上限制政府对公民私有财产的损害，防止征收权的滥用，促进财产的市场化流通。[2]在公共选择理论中，政府的一切行为通常只是向利益集团寻租(rent - seeking)的手段，[3]因此应当让政府为征收行为付出高昂的代价，并以此系统性地减少其获利的欲望。[4]从这一意义上讲，美国宪法征收条款的核心目的并非补偿被征收人因征收而遭受的财产损失，而是寻求公权与财产所有人的私权之间的平衡。提供较多的货币补偿作为一种手段可以有效保护公民的私有财产权和限制政府的征收权，这一措施使事后的补偿机制达到了

---

〔1〕 Olson v. United States, 292 U. S. 246 (1934).

〔2〕 See e. g. , Hanoch Dagan & James J. White, *Governments, Citizens, and Injurious Industries*, 75 N. Y. U. L. REV. 408 (2000); Daniel D. Barnhizer, *Givings Recapture: Funding Public Acquisition of Private Property Interests on the Coasts*, 27 HARV. ENVTL. L. REV. 301 (2003).

〔3〕 See Steven Croley, *Theories of Regulation: Incorporating the Administrative Process*, 98 COLUM. L. REV. 35 - 41 (1998).

〔4〕 See e. g. , Louis De Alessi, *Implications of Property Rights for Government Investment Choices*, 59 AM. ECON. REV. 16 - 22 (1969); Richard A. Epstein, *Lucas v. South Carolina Coastal Council: A Tangled Web of Expectations*, 45 STAN. L. REV. 1391 (1993).

事前保护和预防的效果。[1]具体而言,存在以下四种方式:(1)由行政机关承担绝大部分的诉讼费用;(2)对征收提供完全的补偿,包括一切可能的损失与可能获得的利益;(3)在评估财产的最高最优用途之时将所有的发展性风险转嫁给政府;(4)在以商业开发为主要目的的征收项目中,严格限制甚至剥离政府的预期收益。

主张较少补偿的观点则认为,从警察权的正当行使和管制的必要性角度来看,"补偿要求作为一种不必要的障碍,如果经常被强迫,可能会阻碍政府采取有利的措施"[2]。政府作为公共利益的维护者和代表者,可以怀着最大的诚意,同时也有能力解决诸如环境保护、土地规划等涉及公共利益的事项,进而影响私人财产权的行使。尽管在征收中,政府将部分社会义务强加给了个别社会成员,但政府的主要目的是实现公共利益、增加公共福祉,且过度的"特别牺牲"需要相应的补偿,因此在征收中进行较少补偿能促使政府降低经济风险,增强社会的整体福利。[3]

事实上,在补偿问题上有一个永远也无法调和的矛盾:财产对于被征收人而言或多或少存在特殊的用途与情感价值,这些附带的价值很难进行实际衡量;而基于天性,被征收者总是期许着更多的补偿,征收者总是希望能以最小的补偿达成征收协议,甚至法院在进行裁判之时,也呈现出左右摇摆的态势。

面对此种长久以来摇摆不定的局面,法院最终在无奈之下作出了妥协,选取了可转让的客观价值作为补偿的基准,而排除了不可转让的主观价值,也就是将补偿标准定格于财产被征收时的公平市场价值。联邦最高法院认为公正补偿的目标就是"使被征收人在金钱上处于与财产未被征收时同等的状态"[4],但这种补偿仅针对部分财产,并不包含财产所有者因此而遭受的损失,

---

〔1〕 Richard Craswell, *Instrumental Theories of Compensation: A Survey*, 40 SAN DIEGO L. REV. 1144, 1173 (2003).

〔2〕 John J. Costonis, "*Fair*" *Compensation and the Accommodation Power: Antidotes for the Taking Impasse in Land Use Controversies*, 75 COLLUM. L. REV. 1032 (1975).

〔3〕 See Michael A. Heller & James E. Krier, *Deterrence and Distribution in the Law of Takings*, 112 HARV. L. REV. 999 (1999).

〔4〕 Olson v. United Stated, 292 U. S. 246, 255 (1934) ("Entitled to be put in as good a position pecuniarily as if his property had not been taken.")。类似的案例还有 United States v. Miller, 317 U. S. 369, 373 (1943); United States v. General Motors Corp., 323 U. S. 373, 379 (1945); United States v. Virginia Elec. & Power Co., 365 U. S. 624, 633 (1961); United States v. 564.54 Acres of Land, 441 U. S. 506, 510 (1979)。

也就是附带性损失并不包含在补偿范围之内。[1] 例如,被征收人失去财产的情感损失、[2] 商业或预期收益损失[3] 以及机会成本等间接损失[4] 都无法获得补偿。[5] 不仅带有情感价值的损失和间接损失无法获得补偿,而且被征收人不能因征收而获利,其所获得的补偿不能超过被征收不动产的价值。[6] 如果用一句话来进行总结,那便是"在一个公平的市场上,在不受强迫的情况下,买卖双方自愿达成的交易价格"[7]。

公平市场价值本质上是一种虚拟价值,是一种不包含感情等特殊价值在内的、可转让的客观价值,因此基于此得出的补偿是一种不完全补偿。因为根据联邦最高法院的理解:作为公民个人,在一定限度内容忍为了公共福祉的实现而对其私人财产的限制,这是包含在警察权之内的义务。[8] 然而将公平市场价值视为公正补偿也遭受了大量的批评与怀疑。批判者主要将笔墨集中于公平市场价值的非完全性,认为这种补偿大大忽略了财产的主观价值和对被征收者造成的无形损害,有论者提出了限制公平市场价值适用的条件,并构想了诸如

---

〔1〕 See Monongahela Navigation Co. v. United States, 148 U. S. 312, 326 (1893).

〔2〕 See United States v. Miller, 317 U. S. 369 (1943).

〔3〕 See Omnia Commercial Co. v. United States, 261 U. S. 502 (1923); Bothwell v. United States, 254 U. S. 231 (1920); United States v. Honolulu Plantation Co., 182 F. 2d 172 (9th Cir. 1950).

〔4〕 See United States v. Petty Motor Co., 327 U. S. 372 (1946); Mitchell v. United States, 267 U. S. 341 (1925).

〔5〕 更为详细的论述可参见 Laura H. Burney, *Just Compensation and the Condemnation of Future Interests: Empirical Evidence of the Failure of Fair Market Value*, 1989 BYUL. REV. 793 - 794 (1989)。在文中,作者系统地整理了不包含在公平市场价值之内的损失事项。

〔6〕 See Olson v. United Stated, 292 U. S. 246, 255 (1934).

〔7〕 Olson v. United States, 292 U. S. 246, 257 (1934); United States v. Miller, 317 U. S. 369, 374 (1943); United States v. 50 Acres of Land, 469 U. S. 24, 25 (1984).

〔8〕 See Kimball Laundry Co. v. United States, 338 U. S. 1, 5 (1949). 美国联邦及各州可以行使警察权来管理人民,在特定情况下也可以将人民的自由权及财产权等基本权利予以限制或剥夺。它并非一种隶属于警察的权力,而是一种基于国家强制力去保护公民利益的权力,从诞生之初便具有很强的政治属性。警察权最突出的三个特征是固有性、充分性和保留性。警察权与征收权不同,两者最明显的区别在于当私有财产有助于实现公共利益时,政府可以运用征收权征收私有财产充作公用,而警察权仅仅能限制或者剥夺所有权人对私有财产的使用,其行使的目的主要是防止私有财产的使用损害公共利益。参见沈开举:《论征收征用权》,载《理论月刊》2009 年第 2 期;方涧、沈开举:《美国城市土地区划中的美学规范及其对中国的启示》,载《郑州大学学报(哲学社会科学版)》2017 年第 4 期。

征收保险等新的财产保障制度。[1]然而不可否认的是,无论如何呼吁财产权保障之价值理念,在统计学、计量经济学、心理学等领域未达到高度发达与成熟的状态之前,价值衡量与补偿就无法达到理想的完美状态。而公平市场价值所提供的客观可计算的标准无疑是目前最为科学和可操作性最强的标准。

二、被征收财产价值估算时间节点的确立

如果说以公平市场价值作为公正补偿的标准是一个虽不完美但业已形成的共识,[2]那么在考虑计算具体价值的技术手段之前无法回避的一个关键问题便是如何确定交易的时间节点。因为不动产征收补偿的核心是计算被征收不动产的价值,而价值计算的关键因素之一便是明确反映公平补偿原则的市场价值的时间。[3]任何交易的完成都必须明确交易的时间,因为财产的价值并非一成不变,不同的评估基准时间在很大程度上能够影响财产的评估价值,进而影响补偿。通常而言,该时间节点以征收之日为基准,但问题在于征收乃是一个持续性行为,涉及规划、论证、测量、公告等阶段性行为,因此很难准确定义何谓征收之日。[4]即便可以确定征收之日,在整个征收过程中,基于规划、舆论环境等的变化,财产有时会出现明显的溢价或者贬值,机械地固定征收之日也有违反公正补偿原则之嫌。

公平市场价值本质上是一个虚拟价值,这种价值通过虚拟交易形成价格,也就是模拟真实的市场环境下,"一个自愿买家愿意支付给一个自愿卖家的价格"[5],本质上,这是一种不完全补偿。[6] 从形成原理来看,交易并未真正发生,但不动产的价值却时常发生变动,因此,公平市场价值的时间维度应当如何

---

〔1〕 See, e. g. , Jeffrey T. Powell, *The Psychological Cost of Eminent Domain Takings and Just Compensation*, 30 Law & Psychol. Rev. 215 (2006); W. Harold Bigham, *Fair Market Value*, *Just Compensation and the Constitution*: *A Critical View*, 24 Vand. L. Rev. 63 (1970); Steven M. Sindler, *Eminent Domain - Compensation - A Public Condemnee is Entitled Only to the Market Value of a Condemned Facility is Acertainable - United States v. 50 Acres of Land*, 15 U. Balt. L. Rev. 400 (1986); Steven P. Calandrillo, *Eminent Domain Economics*: *Should Just Compensation Be Abolished*, *and Would Takings Insurance Work Instead*, 64 Ohio St. L. J. 451 (2003).

〔2〕 参见宋志红:《美国征收补偿的公平市场价值标准及对我国的启示》,载《法学家》2014 年第 6 期。

〔3〕 参见孙丽岩:《美国不动产征收的价值补偿问题研究》,载《现代法学》2017 年第 1 期。

〔4〕 参见高鲁嘉、齐延平:《论美国征收法上的"公平补偿"原则——兼论中国征收补偿法律制度之完善》,载《学习与探索》2018 年第 4 期。

〔5〕 *Monongahela Navigation Co. v. United States*, 148 *U. S.* 312, 326 (1893).

〔6〕 See *Thomas W. Merrill*, *Incomplete Compensation for Takings*, 11 *N. Y. U. Envtl L. J.* 110, 2003, p. 110 - 135.

确定成为一个不可回避的问题,美国立法、司法和法律理论界为解决这一问题进行了不懈的努力,但目前尚无统一的认识。[1]

(一)联邦与州征收立法确立的时间节点

从联邦立法层面考察,《美国法典》(United States Code)并没有直接规定一个统一的时间标准,而是将征收行为原则性地分成了"普通征收""快速征收""立法性征收"三种,[2]并在此基础上进行了粗略的规定,每一种征收模式又存在数个可供选择的时间点(见表5-1)。[3]

表5-1 《美国法典》中规定的征收类型与征收日期[4]

征收类型	征收程序	被视为征收之日的时间
普通征收(straight condemnation)	《美国法典》第40卷第3113节(40 U.S.C.A. §3113)规定,普通征收应当由联邦机构代理人依据《联邦民事诉讼法》第71.1条规定的诉讼程序征收公民财产[5]	(1)政府现实占有不动产之日; (2)政府存入补偿款之日; (3)法院支持政府行使征收权之日

[1] 以立法视角观察,在联邦法典层面,对这一问题的规定主要集中在《美国法典》以及由统一州法全国委员会制定的《统一征收法典》(Uniform Eminent Domain Code)之中,但两者的规定都较为原则和笼统;在州立法层面,在美国50个州和哥伦比亚特区中,有29个州对此问题有所规定。在司法实践中,各州各级法院对这一问题都进行了大量尝试,但到目前为止并未在这一问题上达成统一的认识,甚至都没有形成一个主导性标准,而是依据个案作出的判断。而在法律理论界,代表性的作品为:Christoper A. Bauer, *Government Takings and Constitutional Guarantees: When Date of Valuation Statutes Deny Just Compensation*, 2003 BYU L. REV. 265 (2003)。

[2] 学理上还存在一种驱逐性征收(ousts),亦称反向征收,是指政府不依据任何成文法规定的程序进入不动产所有人的财产范围,驱逐所有人,剥夺或限制其财产权的行使。同时,因为征收人和被征收人在诉讼中的地位发生反转,由被征收人起诉征收人,被征收人负有积极的举证义务,因而又称反向征收。

[3] 事实上,《美国法典》并没有规定公平市场价值的计算时间点,只是规定了征收日期应如何确定。因此,从一般意义上讲,此处的征收日期即为被征收不动产公平市场价值的计算日期。

[4] 参见刘连泰:《计算被征收不动产价值的时间标准——美国法上的情形及其对解决"潘蓉案"的启示》,载《现代法学》2010年第5期。

[5] 根据美国《联邦民事诉讼法》第71.1条的规定,在国会依据《美国法典》第40卷第3113节授权内政部实施普通征收后,联邦政府应当依据《联邦民事诉讼法》第71.1条的要求向联邦地区法院提交征收请愿书,请愿书的内容应当满足第10条(a)的要求,并且包含征收的授权证明、被征收的财产及其征收用途、征收后获得的利益等。同时,在陪审团、法官或者指定的专门委员会确定具体的补偿价格之前,联邦政府可以与当事人达成补偿协议,并撤诉。

续表

征收类型	征收程序	被视为征收之日的时间
快速征收（quick takes）	《美国法典》第40卷第3114节（40 U. S. C. A. §3114）规定，在法院对征收作出判决之前由政府直接“宣布征收”并占有不动产，但补偿款必须提前存入法院规定的账户（registry），日后多退少补	(1)政府宣布占有被征收财产之日；(2)政府现实占有不动产之日；(3)政府将补偿款提前存入法院规定的账户之日；(4)法院将预期补偿款交付给被征收人之日；(5)普通征收程序开始之日；(6)不动产评估之日；(7)对预期补偿多退少补之日
立法性征收（legislative takings）	《美国法典》第40卷第3114节（40 U. S. C. A. §3114）规定，通过立法手段限制财产所有人的权利，以达到实质性剥夺财产权的目的，实现事实上的征收效果	(1)立法生效之日；(2)被征收人的财产权受到实质性影响之日；(3)被征收人提起诉讼之日；(4)不动产评估之日；(5)案件审理之日

由表5－1可知，《美国法典》只是给出了一系列可供选择的时间，但并未在实质层面给出具体的操作指引，且各个时间点之间有可能很接近，也可能间隔很长，因此确定评估时间无法单纯依靠《美国法典》。

相比联邦立法而言，州立法对此问题的规定要明确得多。通过对美国29个对此问题有明确成文法规定的州的立法的考察和归纳，可以将其分为单一时间标准和复合时间标准两大类。单一时间标准是指计算的时间唯一确定，采用这种模式的州有17个；复合时间标准是指计算的时间可选，或者规定了不同情形下采用不同的时间标准，采用该种模式的州共有12个（见表5－2）。

表5－2　美国各州（特区）关于征收补偿计算时间的立法规定〔1〕

州	州法典	基本规定
亚拉巴马州	ALA. CODE §18 – 1A – 1 to 311 (1997 & Supp. 2001)	无具体规定
阿拉斯加州	ALASKA STAT. §09. 55. 330 (Michie 2000)	发出传唤之日

〔1〕 See Christoper A. Bauer, *Government Takings and Constitutional Guarantees: When Date of Valuation Statutes Deny Just Compensation*, 2003 BYU L. REV. 302 – 308 (2003).

续表

州	州法典	基本规定
亚利桑那州	ARIZ. REV. STAT. § 12 – 1123 (A) (1994)	传唤之日
阿肯色州	ARK. CODE ANN. § 18 – 15 – 101 to 1505 (Michie 1987 & Supp. 2001)	无具体规定
加利福尼亚州	CAL. CIV. PROC. CODE § 1263. 110 – 130 (West 1982)	三个可选日期:(1)存入补偿款之日,除非有早于该日的更合适时间;(2)如果法庭审理补偿问题在征收程序启动后一年内开始,以征收程序启动之日计;(3)在非因土地所有者引起延迟的情况下,如果开庭在征收程序启动一年以后,则以法庭审理程序开始之日计
科罗拉多州	COLO. REV. STAT. § 38 – 1 – 114 (1) (2000)	两个日期中的更早者:(1)征收者实际占有被征收财产之日;(2)法庭审理或者听证之日
康涅狄格州	CONN. GEN. STAT. § 48 – 1 to 27 (1994 & Supp. 2002)	无具体规定
特拉华州	DEL. CODE ANN. Tit. 10, § 6101 – 6115 (1999)	无具体规定
哥伦比亚特区	D. C. CODE ANN. § 16 – 1301 to 1385 (2001)	无具体规定
佛罗里达州	FLA. STAT. ANN. § 73. 071 (2), 74. 051 (West 1987)	三个日期中的最早者:(1)法庭审理之日;(2)所有权转移之日;(3)在被征收者不要求听证的情况下,为存入补偿款之日
佐治亚州	GA. CODE ANN. § 22 – 1 – 1 to 4 – 15 (1982 & Supp. 2002)	无具体规定
夏威夷州	HAW. REV. STAT. § 101 – 24 (1998)	传唤之日
爱达荷州	IDAHO CODE § 7 – 712 (Michie 1998)	传唤之日

续表

州	州法典	基本规定
伊利诺伊州	735 ILL. COMP. STAT. ANN. § 5/7－121（West 1992）	提起诉讼之日
印第安纳州	IND. CODE ANN. § 32－24－1－9（g）（Michie 2002）	传唤送达之日
艾奥瓦州	IOWA CODE ANN. § 6B. 1 － 59（West 2001 & Supp. 2002）	无具体规定
堪萨斯州	KAN. STAT. ANN. § 26 － 101 to 517（2000）	无具体规定
肯塔基州	KY. REV. STAT. ANN. § 416. 660(2)（Michie 1992）	两个日期中的更早者:(1)征收者实际占有被征收财产之日;(2)审理补偿的案件之日
路易斯安那州	LA. REV. STAT. ANN. § 19：9（A），:14，:153（West 1979）	三个可能的日期:(1)征收者建议启动征收程序的"前夕";(2)征收程序启动之日;(3)征收者存入补偿款之日
缅因州	并无专门的征收章节	无具体规定
马里兰州	MD. CODE ANN.，REAL PROP. § 12－103（1996）	两个日期中的更早者:(1)征收程序开始之日;(2)法庭审理之日
马萨诸塞州	MASS. GEN. LAWS ANN. ch. 79，§ 12（West 1993）	征收命令在法院记录之日
密歇根州	MICH. COMP. LAWS ANN. § 213. 70，sec. 20（3）（West 1998）	征收者提起诉讼之日
明尼苏达州	MINN. STAT. § 117. 011 － 57（1997 & Supp. 2002）	无具体规定
密西西比州	MISS. CODE ANN. § 11－27－19（1972）	征收者提起诉讼之日
密苏里州	MO. REV. STAT. § 523. 010－215（2002）	无具体规定
蒙大拿州	MONT. CODE ANN. § 70 － 30 － 302（2001）	传唤之日

续表

州	州法典	基本规定
内布拉斯加州	NEB. REV. STAT. §76 – 701 to 726 (1996)	无具体规定
内华达州	NEV. REV. STAT. 37. 120 (1) (2001)	一般情形:第一次传唤送达之日;例外情形:若征收诉讼审理启动于第一次传唤送达之日两年后,同时主要是由于征收者或者法院的延迟而引起的,则以审判开始之日计
新罕布什尔州	N. H. REV. STAT. ANN. §498 – A:1 to :31 (1997 & Supp. 2002)	无具体规定
新泽西州	N. J. STAT. ANN. §20:3 – 30 (West 1997)	四个可选日期中的最早者:(1)征收者实际占有被征收财产之日;(2)征收程序启动之日;(3)征收者的行为对被征收者使用和享受财产产生实质影响之日;(4)衰败征收宣告之日,若没有宣告衰败征收,则为被征收不动产被列入衰败财产的上诉期满之日
新墨西哥州	N. M. STAT. ANN. §42A – 1 – 24 (A) (Michie 1994)	征收者提起诉讼之日
纽约州	N. Y. EM. DOM. PROC. LAW § 101 – 709 (McKinney 1979 & Supp. 1998)	无具体规定
北卡罗来纳州	N. C. GEN. STAT. §40A – 63 (2002)	提起诉讼“前夕”
北达科他州	N. D. GENT. CODE § 32 – 15 – 23 (1996)	实际征收之日
俄亥俄州	OHIO REV. CODE ANN. §163.01 – 62 (Anderson 2001 & Supp. 2001)	无具体规定
俄克拉何马州	OKLA. STAT. ANN. Tit. 27, § 1 – 16 (West 1997 & Supp. 2002)	无具体规定

续表

州	州法典	基本规定
俄勒冈州	OR. REV. STAT. §35. 205 – 415 (2001)	无具体规定
宾夕法尼亚州	26 PA. CONS. STAT. §1 – 602 (a) (1997)	部分征收的征收程序开始“前夕”或“随后”；对全部征收并无规定
罗得岛州	R. I. GEN. LAWS § 37 – 6 – 1 to 6. 1 – 12 (1997 & Supp. 2001)	无具体规定
南卡罗来纳州	S. C. CODE ANN. §28 – 2 – 440 (LAW. Co – op. 1991)	提交征收通知之日
南达科他州	S. D. CODIFIED LAWS § 21 – 35 – 1 to 30 (Michie 1987 & Supp. 2002)	无具体规定
田纳西州	TENN. CODE ANN. §29 – 16 – 101 to 17 – 1202 (2000 & Supp. 2001)	无具体规定
得克萨斯州	TEX. PROP. CODE ANN. §21. 042(b) (Vernon 2000)	特别委员会听证之日
犹他州	UTAH CODE ANN. §78 – 34 – 11 (1996)	传唤送达之日
佛蒙特州	VT. STAT. ANN. Tit. 24, § 2805 – 2813 (1992 & Supp. 2002)	无具体规定
弗吉尼亚州	VA. CODE ANN. §25 – 46. 3 (Michie 2000)	两个日期中的较早者：(1)依法征收之日；(2)征收者提起诉讼之日
华盛顿州	WASH. REV. CODE § 8.04.092, 8.12.190(1)(1992)	两种情形：(1)若征收者为州，则为法庭裁决征收者占有被征收不动产之日；(2)若征收者为市政府，则为审理之日，对县政府的征收行为则无规定
西弗吉尼亚州	W. VA. CODE § 54 – 1 – 1 to 2 – 21 (2000 & Supp. 2002)	无具体规定
威斯康星州	WIS. STAT. §32. 09 (1), 32. 05 (7)(c) &32. 06 (7) (1998)	两种情形：(1)若征收目的为修建下水道或交通设施，则为登记办公室登记补偿记录之日；(2)若出于其他目的，则为征收者提起诉讼之日

续表

州	州法典	基本规定
怀俄明州	WYO. STAT. ANN. §1－26－703 (Michie 2001)	征收程序启动之日

采取单一时间标准的州主要规定了以下几种情形:(1)传唤之日或者传唤送达之日;(2)提起诉讼之日;(3)征收命令在法院记录之日;(4)实际征收之日;(5)特别委员会听证之日;(6)征收程序启动之日。采取复合时间标准的州中,有的提供了可供选择的多个时间点,如路易斯安那州提供了征收者建议启动征收程序的"前夕"、征收程序启动之日以及征收者存入补偿款之日三个时间点。大部分州基于不同的情形或者一般情形的例外情况规定了不动产征收补偿的计算日期,总结而言可以分为以下几类:(1)征收者存入补偿款之日;(2)征收者建议启动征收程序的"前夕""随后"或征收程序启动之日;(3)法庭审理程序启动或者听证之日;(4)征收者实际占有被征收财产或不动产完成法律意义上的移转之日;(5)第一次传唤送达之日;(6)征收者的行为对被征收者使用和享受财产产生实质影响之日;(7)衰败征收宣告之日,若没有宣告衰败征收,则为被征收不动产被列入衰败财产的上诉期满之日。在上述几个时间点中,通常选择最早的那个,或者由法院在个案中选择最能体现公平市场价值的时间。

(二)美国司法的进退两难与破局之道

事实上,即使在29个对征收不动产的公平市场价值有明确立法规定的州内,这一问题也并未得到彻底解决,因为在很多情形下,严格按照法律规定的时间进行价值评估会背离宪法公正补偿的要求。最常见的情形是价值评估的时间早于实际征收的时间,而在从评估结束到实际征收这段时间内,被征收不动产的价值却一日千里。部分州甚至还会出现政府实际占有不动产却迟延支付补偿款的情形,不动产的价值也会因市场波动在短时间内产生大量的增值。因此机械地适用成文法无法在实质意义上满足联邦宪法第五修正案征收条款的核心要旨,法院在此问题上陷入了进退两难的地步,但同时也在积极寻找破局之道。

面对上述状况,法院在司法实践中探索了五种可能的应对方式(见表5－3):(1)一方面维持原认定时间,另一方面通过援引其他法律变更补偿,达到救济的目的;(2)认定具体条款虽然并不一般性地违宪却因适用条件的限制导致个案适用违宪;(3)成文法乃达到公平补偿目的的手段之一,可另行适用普通法原则确定评估时间;(4)径直改变评估不动产价值的时间节点,并解释改变后的时间节点依旧属于成文法规定的应有之义;(5)恪守成文法的规定并直接适用。其中较为典型的案例有、联邦最高法院于1984年判决的柯比森林工业公司诉美国案(*Kriby Forest Industries, Inc. v. U. S.*)、新墨西哥州于1994年判决的唐纳安娜县诉本内特案(*County of Dona Ana v. Bennett*)、犹他州于1984年判决的犹他州国道委员会诉弗里贝格案(*Utah State Road Commission v. Friberg*)、加利福尼亚州于2002年判决的萨拉托消防区诉哈克特案(*Saratoga Fire Protection District v. Hackett*),以及新泽西州于1997年判决的西温莎镇诉尼伦贝格案(*Township of West Windso v. Nierenberg*)。

表5-3 法院在确定不动产价值计算时间上的应对方式

序号	应对方式	案例
1	一方面维持原认定时间,另一方面通过援引其他法律变更补偿,达到救济的目的	Kriby Forest Industries, Inc. v. U. S.
2	认定具体条款虽然并不一般性地违宪却因适用条件的限制导致个案适用违宪	County of Dona Ana v. Bennett Utah State Road Commission v. Friberg
3	成文法乃达到公平补偿目的的手段之一,可另行适用普通法原则确定评估时间	Saratoga Fire Protection District v. Hackett
4	径直改变评估不动产价值的时间节点,并解释改变后的时间节点依旧属于成文法规定的应有之义	Township of West Windsor v. Nierenberg
5	恪守成文法的规定并直接适用	

1. 柯比森林工业公司诉美国案:援引诉讼法上的救济程序

事实上,在柯比森林工业公司诉美国案中,联邦最高法院并未直接对如何确定评估价值的时间标准进行具体说明,但法院裁判的逻辑以及应对这一困局的方式也同样具有启发意义。在该案中,联邦政府于1978年8月21日与柯比森林工业公司谈判失败后,依据《美国法典》第40卷第3113节的规定启动了对该公司超过2000英亩土地的普通征收程序。区法院委托了特别委员会确定征收补偿的公正价格。法庭的正式审理工作始于1979年3月6日,同时双方约定该日即为征收之日。经过一系列听证和论证,特别委员会最终提交的价格约为233万美元。双方均对区法院认定的补偿价格提出了异议。1981年8月13日,区法院在举行听证之后决定：补偿价格为特别委员会提交的233万美元的基础价格加上评估的效率问题给被征收人带来的损失，损失以6%计。1982年3月26日，联邦政府最终将款项打入法院专用账户并于当日获得了土地的所有权。

特别委员会对土地的评估时间为1979年，而联邦政府实际支付补偿款的时间为1982年，两者相差三年之久。事实上，在这三年内，土地的市场价格早已发生了变化。双方当事人均起诉到联邦第五巡回法院，认为之前的补偿违反了宪法公正补偿的要求。法院援引先例，认为"普通征收程序虽然已经启动，但是在政府并未实际占有不动产时，并未真正构成征收"[1]。因此在本案中"支付补偿款之日应当被认定为征收之日"，也就应该存在"利息"。案件最后上诉到联邦最高法院，联邦最高法院维持了第五巡回法院关于"支付补偿款之日应当被认定为征收之日"的判决，但同时又指出在征收补偿过程中，当价值评估的时间与实际支付价款的时间存在实质性延迟，且该土地的价值在此期间发生重大变化时，那么可以启动《联邦民事诉讼法》第60(b)条的变更补偿额程序。

在本案中，联邦最高法院通过维持原判的形式认可了下级法院所确定的时间，但在肯定区法院计算的基础上以联邦宪法第五修正案规定的公正补偿为指引，通过援引其他法律变更补偿，达到救济的目的。

2. 犹他州国道委员会诉弗里贝格案：特殊适用下的违宪

犹他州国道委员会诉弗里贝格案的判决同样生效于1984年，却比柯比森林工业公司诉美国案更向前迈进了一步。在该案中，虽然犹他州国道委员会早已提请法院启动了征收程序并以当日为计算价值的时间节点，但是由于时隔8年之后才落实补偿而土地早已升值，导致双方就计算价值的时间问题对簿公堂。犹他州最高法院在判决中认为，虽然根据《犹他州征收法》的规定，以法院传唤被征收人之日不动产的价值为补偿标准，[2]但是应当将州法作为一个整体置于宪法公平补偿的框架内进行理解。州政府为了获得授权而迟延履行征收程序致使被征收人遭受的不利影响不应由被征收人承担。在征收过程中，当被征收人的财产在从收到法庭传唤到州政府实际获得征收权限这一期间产生了实质性增值之时，就应当以政府实质获得征收权限之日作为财产价值估算之日。[3]

---

[1] United States v. 2175.86 Acres of Land, 696 F.2d 351,355 (1983).

[2] See UTAH CODE ANN. § 78 - 34 - 11 (1996).

[3] See Utah State Road Commission v. Friberg, 687 P.2d 821 (Utah 1984).

在该案中，犹他州最高法院并未回避时间节点的问题，但也同样没有激进地宣布州法完全违反宪法，而是对此设置了适用的条件，也就是州立法并未在一般意义上违宪，但在具体适用之时，如果州法的规定明显构成不公平补偿之时，则应当在个案中进行灵活适用。而在唐纳安娜县诉本内特案中，新墨西哥州最高法院的裁判思路与此类似，也认可了州法中关于价值计算时间的规定，但同时又明确指出如果这一规定在个案中的适用引起了明显的不公平，这一适用便是违宪的。新墨西哥州规定以提起征收诉讼之日为计算财产价值之日，如果被征收的不动产在提起征收诉讼之日的价格与被征收者实际被占有之日相差无几，则应当遵循这一规定；但当后者的价格明显较高之时，机械地适用成文法就会引起违宪。[1]

3. 萨拉托消防区诉哈克特案：适用普通法达到公正补偿

萨拉托消防区为了给当地的消防队员建造宿舍、办公楼和停车场，根据加利福尼亚州的征收法于 1999 年 12 月 17 日向法院提起征收诉讼，正式启动征收程序。根据加利福尼亚州的征收法，存在三个可供选择的计算时点：(1) 存入补偿款之日，除非有早于该日的更合适时间；(2) 如果法庭审理补偿问题在征收程序启动后一年内开始，以征收程序启动之日计；(3) 在非因土地所有者引起延迟的情况下，如果开庭在征收程序启动一年以后，则以法庭审理程序开始之日计。在本案中，显然适用第二种情形，因此双方以征收程序启动之日，也即 1999 年 12 月 17 日作为计算被征收财产价值的时间节点，并以 200 万美元达成合意。

法院正式开始审理该征收案的时间是 2000 年 11 月 13 日，但哈克特分别于 2000 年 10 月 5 日和 12 日重新评估了被征收不动产的价值，结果显示其价值已从原来的 200 万美元升值至约 305 万美元和 320 万美元。因此哈克特向法院主张了 320 万美元的补偿款，并试图提供重新评估的证据。但法院支持了萨拉托消防区提出的动议，排除了重新评估的证据，并根据加利福尼亚州征收法的规定判决以提起诉讼之日作为价值计算时间，补偿额为 200 万美元。[2] 加利福尼亚上诉法院推翻了原审判决，认为提起诉讼之日虽然是成文法规定的计算时点，但成文法所规定的三个时间仅是达到宪法公正补偿目的的手段之一，而非唯一手段。同时，法院援引联邦最高法院在柯比森林工业公司诉美国案中的判

---

〔1〕 See County of Dona Ana v. Bennett, 867 P. 2d 1165 (N. M. 1994).

〔2〕 事实上，初审法院在决定排除这一证据之时也相当纠结，法官知道法律对此有明确规定，同时这一规定被执行了相当长的时间，但同时又隐约感觉到这对被征收人不公平。

决解释道：当被征收不动产的价值在评估之日和实际征收之日之间发生实质性增长之时，以增长后的价值作为补偿标准才能达到公平市场价值的要求，否则便是不公正的、违宪的。

加利福尼亚法院的模式也并未直接宣布州法违宪，而是将成文法之规定当作达到宪法公平补偿目的的手段之一。换言之，当成文法的规定在个案中明显有失公允之时，可以灵活地适用普通法。

4. 西温莎镇诉尼伦贝格案：解释新的时间依旧属于成文法之内涵

尼伦贝格等人欲在自己的土地上开发建设住宅，并提交了土地规划申请。然而西温莎镇政府在给尼伦贝格等人的回信中表达了“可能”会征收该土地用于建设公园。于是尼伦贝格等人的开发计划搁浅了，直至土地正式启动征收程序之日。后来双方就计算被征收土地价值的时间产生了分歧，尼伦贝格等人认为应当以收到西温莎镇政府的信件之日作为计算之日，而西温莎镇政府认为应当以征收程序正式启动之日作为计算之日。而此时不动产的价值与收到信件时比已经贬值了至少25%。根据新泽西州征收法的规定，应当选择四个可选日期中最早的那一个作为衡量价值的时间点：(1)征收者实际占有被征收财产之日；(2)征收程序启动之日；(3)征收者的行为对被征收者使用和享受财产产生实质影响之日；(4)衰败征收宣告之日，若没有宣告衰败征收，则为被征收不动产被列入衰败财产的上诉期满之日。而在本案中，争议焦点在于信件送达之日是不是对被征收者使用和享受财产产生实质影响之日。

初审法院支持了尼伦贝格等人的诉讼请求，判定信件送达之日为合适的价值评估之日，[1]但上诉法院随即推翻了这一判决，认为就新泽西州的征收法而言，西温莎镇政府的信件并没有实质影响尼伦贝格等人对不动产的使用。案件被上诉到了新泽西州最高法院，新泽西州最高法院推翻了上诉法院的判决，维持了初审法院的认定。理由在于：虽然尼伦贝格等人在收到信件之后可以继续提交开发土地的申请，但是记录显示，任何这种类型的申请均是无效的，而且当土地可能被征收的消息被传播之后，这片土地几乎无法进行交易。也正因如此，在收到信件之后，“可能”被征收的意图使这片土地无法进行最高最优的利用。所以，收到信件之日即为产生实质影响之日。在该案中，法院改变了征收部门认定的评估日期，并解释改变后的时间节点依旧属于成文法规定的应有

---

[1] See N. J. Stat. Ann. 20:3 - 30(c).

之义。

总结上述几个典型案例可以发现,从一般意义上而言,法院并不会直接挑战成文法的规定,也不会直接宣布其违宪,但在对其保有最基本的尊重之外,并未机械地执行成文法的规定,而是依据宪法第五修正案公正补偿的要求,对具体情况进行审查。当出现不能归责于被征收人的原因,导致不动产的价值发生实质变更之时,法院则会运用诸如解释法律、适用普通法、径直宣布违宪等方式以达到公正补偿的目的。同时,通过考察美国被征收不动产价值的计算时点可以发现:第一,虽然联邦立法与州立法在确定时间节点上存在难以克服的缺陷,但绝大多数州仍旧通过立法的方式对这一问题作出了具体的规定,对于绝大多数征收补偿案件而言,基本可以通过立法的指引达到公正补偿的目的。第二,由于法律自身存在缺陷,无法完全应对现实中复杂的征收补偿问题,因此在以州立法为基础的同时,借助司法途径,通过宪法公正补偿的要求进行个案判断是克服立法局限,保障被征收人合法权益的必要补充。第三,对计算时点的判断,法院尽管可以进行合宪性审查,但应当对立法权威保有最基本的司法尊让,宜进行“合宪性微调”,不宜贸然宣布违宪。

三、最高最优规则的内涵与适用

如果说征收补偿的标准是公平市场价值,是自愿买家与自愿卖家达成的一种虚拟市场价格,而确定不动产的评估时点在立法和司法上也存在一种相对可寻的路径,那么另一个核心问题是:应当以不动产的何种用途估算其价值?是现有用途、规划后的用途还是其他用途?因为一个不争的事实是,当土地的用途发生变更之后,其价值也会发生天翻地覆的变化,而如果这一变化是由于规划和随之而来的土地征收引起的,那么选择土地的何种用途作为衡量价值的标准就是一个关键性问题。

美国法上以“最高最优使用”(highest and best use)作为确定公平市场价值的核心规则,即不动产征收补偿中的公平市场价值就是该不动产的最高最优使用下的市场价值。“最高最优使用”规则的内涵首次出现于联邦最高法院在奥尔森诉美国案(*Olsen v. United States*)中对公正补偿的解释。法院在判决中阐释到:公正补偿需要考量内化于被征收财产中的各种价值因素,因此对被征收人的补偿不应局限于其对土地的现有利用,而应当合理地考虑所有可能的合适用途。尤其是土地在一个合理的预期内,可能的最高和利益最大化的使用也应当被考虑在内。[1]如今已有多个州对此进行了立法定义。[2]从理论上看,有学者将其定义为"一种能够在土地未来的使用过程中产生最高现实效益与价值的具有可行性的使用或者项目开发方式"[3]。而最高最优使用在于这种对不动产的使用方式满足了以下几个特征:(1)具有法律及物理上的可能性;(2)获得了适当的支持;(3)具有经济上的可行性;(4)获得了土地的最高价值。[4]而从先前的判例来看,这种使用并没有被限制于某种特定的用途,[5]只要被征收人能够举证证明财产存在不同于现状的最高最优用途,在获得法院的认可之后便应当以最高最优使用下的市场价值进行补偿。

在理解这一概念时,需要避免的一个误区是:将最高最优使用的价值仅仅认定为经济上的最高最优价值。事实上,在判断财产是不是最高最优使用时,不能仅仅考量财产在经济学上的价值,还应当注重其在生态环境保护、历史等方面发挥的作用。例如对于市中心的一栋具有历史纪念价值的建筑或者历史街区,从经济意义上讲,开发成购物中心或许才是最高最优使用的体现,但是需要注意的是,"最高最优使用"体现的是一种综合性的价值,是在综合考量经济、环境、审美、纪念、法律、现实地理位置、开发条件等因素之后作出的一种权衡。

还有一个需要厘清的问题是"最高最优使用"和土地规划法之间的关系。就纯粹意义上的"最高最优使用"而言,其似乎与土地规划法律之间存在一定程度的矛盾,因为一个不争的事实是土地规划法限制了土地的开发和利用,并通过法律法规或者其他规范性文件的形式强制对土地的功能进行定义和分区,而这种界定是否就一定是被征收财产的"最高最优使用"价值?换言之,如果土地规划法没有发挥土地的最大经济价值是否一律违宪?从美国的实践来看,土地

---

〔1〕 See Olsen v. United States 292 U.S. 246, 255 (1934).

〔2〕 See e.g. MD. ANN. CODE art. 21, § 12-106 (1973); WIS. STAT. ANN. §32.09 (1973).

〔3〕 Searles, *Highest and Best Use: The Keystone of Valuation in Eminent Domain*, 45 N.Y. St. B.J. 39 (1973).

〔4〕 See Stephen Sussna, *The Concept of Highest and Best Use under Taking Theory*, 21 Urb. Law. 113 (1989).

〔5〕 土地的最高最优使用可能被证明为建造退休之家[U.S. v. 131.76 acres, 296 F. Supp. 1381, (1969)]、野外露营地[Arkansas Highway Comm. v. DeLaughter, 468 S.W.2d 242 (1971)]、花园式的住宅公寓[U.S. v. 1.16 acres, etc., City of Stamford Conn., 300 F. Supp. 1021 (1969)]、渔场等[U.S. v. Carbin, 423 F. 2d 821 (1970)]。

分区规划法令并不会仅仅因为限制了土地的最高最优使用而被认定为违宪。[1]因为土地规划法的目的在于通过分区规划,制订最为合理的土地利用方案以增进社会公共福祉,而不是使具体的每一片土地发挥最大的经济价值。[2]简言之,分区规划针对和鼓励的是对整体意义上的土地进行最大效益的利用与开发,而非针对具体某宗土地的利用。[3]

由上述内容可知,最高最优使用的定义虽然难以界定,[4]但其含义并不难理解,就是指在不久的将来,财产在物理上、法律上和经济上均可以合理实现并且能带来最高使用价值的用途。[5]这种价值虽然通常表现为经济价值,实质上则是一种综合价值。更为重要的问题在于:被征收人如何举证证明财产存在不同于现状的最高最优用途?法院又当依据何种标准判断被征收人的主张是否成立?

一般情况下,公平市场价值是以土地的现有用途为标准计算的,除非被征收人能够举证证明存在更优的用途。[6]具体而言:第一,被征收人所提供的证据并不限于土地现有的用途,但其对将来的更优用途负举证责任;[7]第二,对土地的推测性用途的证据不予采信。[8]而证明最高最优使用的关键在于论证物理上、法律上和经济上的可行性(feasibility)。概言之,即为:(1)被征收人所主张的用途在物理上是否可行?(2)被征收人所主张的用途在法律上是否被禁止?

---

〔1〕 See Samp Mortar Lake Co. v. Town Planning and Zoning Comm., 155 Conn. 310, 231 A. 2d 649 (1967).

〔2〕 See Blades v. Raleigh, 280 N. C. 531, 187 S. E. 2d 43 (1972).

〔3〕 See Bow and Arrow Manor, Inc. v. Town of West Orange, 63 N. J. 335, 307 A. 2d. 563 (1973).

〔4〕 最高最优使用本身也并不是一个一成不变的概念,会随着市场价值、工程开发能力、法律规范等的变化而变化。See Michael Rikon, *The Highest and Best Use Concept in Condemnation*, 82 N. Y. St. B. A. J. 47 (2010).

〔5〕 参见宋志红:《美国征收补偿中的最高最优使用规则及启示》,载《经济研究参考》2016 年第 24 期。

〔6〕 See Searles, *Highest and Best Use: The Keystone of Valuation in Eminent Domain*, 45 N. Y. St. B. J. 40 (1973).

〔7〕 在美国,通常意义上而言,对一个征收案件的审理主要包含两大主题:一个是征收的合法性,另一个是补偿的数额。就补偿的数额而言,被征收人有权提供证据证明被征收财产的最高最优用途以增加财产的市场价值和补偿数额。但同时,被征收人也对此负有举证责任。See Utah Road Comm'n v. Hansen, 14 Utah 2d 305, 383 (1963).

〔8〕 See State v. Jacobs, 16 Utah 2d 167, 170 (1964).

(3)被征收人所主张的用途在经济上是否可以带来更高的价值?[1] 如果被征收人无法举证证明上述三个要件,就将承担举证不能的后果。[2]

第一,物理可行性。物理可行性是指该不动产的面积、形状、地质地形等物理性状适合被提议的用途。在司法实践中,专家证人证言通常是证明不动产具有物理可行性的最佳证据。[3] 如果不动产的各种物理性状满足了被征收者所提议的更高用途,那么需要进一步举证证明的是周边的基础设施或者功能分区能否满足被提议的最高最优用途。[4] 例如主张建造停车场为最高最优用途的,除了需要考察该土地的面积、形状、地形特征等是否满足建设停车场的要求之外,还需要考察其周围是否有诸如商场、医院等需要停车场的设施。

第二,法律可行性。法律可行性是指不存在任何限制其被提议用途发挥的公私法律限制因素。公法上的限制主要是指分区规划,同时也包括对建筑的高度、建筑类型等的限制;私法上的限制主要是指相邻关系。因此,被征收人在举证证明被提议的最高最优用途之时应当证明这种使用不存在法律上的限制,不违反分区规划、不侵害相邻关系和公共利益。当然,一个例外情况是:如果基于当下的市场状况与情势,可以合理预见土地规划改变的可能性,则可以突破现有分区规划的限制。[5] 在实践中,证明此事通常需要提供的证据包括规划部门对类似地段的规划、周围环境的变更情况、规划委员会长时间的调研论证等。[6]

第三,经济可行性。经济可行性是指被征收人所主张的用途可以从经济意义上获取更大的价值。被征收人需要举证证明所主张的最高最优用途存在真实的或者潜在的需求。当然,此种经济上的利益并不局限于财产单独使用下的

---

[1] 事实上,对上述三个要件的证明是一个十分复杂的程序,在法庭审理实践中被征收人主要通过造价师、评估专家、工程师、建筑师、市场调研专家等的证言来论证物理、法律和经济上的可行性。在一份指南中,有学者列举了九项需要考量的因素:(1)相邻区域中业已按照所主张的用途进行开发的不动产;(2)该区域的开发历史;(3)就所主张的用途进行开发所采取的行动;(4)被征收土地在所主张用途上进行开发的不足之处;(5)财产的现有使用情况;(6)对所主张用途的需求程度;(7)一般性的市场倾向;(8)物理上的可能性(包括地形、已有的基础设施等);(9)法律上的可能性(包括区划法、环境评估等)。See Donald T. Morrison, *How to Determine Highest and Best Use* (*with Sample Direct Examination*), 16 ALI - ABA Coures Materials J. 72 - 73 (1991).

[2] See Liere v. State, 333 N. Y. S. 2d 266 (1972).

[3] See e. g., Northern Illinois Gas Co. v. Wienrank, 213 N. E. 2d 411 (1965).

[4] See e. g., Commonwealth v. Riley, 402 S. W. 2d 840 (Ky. 1966); Commonwealth v. Coffey, 409 S. W. 2d 166 (Ky. 1966).

[5] See Nichols, *Untried Use and Valuation of Condemned Land in New York*, 39 ST. JOHN'S L. REV. 318 (1965).

[6] See e. g., Knight v. State, 317 N. Y. S. 2d 800 (1971).

收益，同样也包括与周边土地结合或者多种用途下的财产收益。在实践中，被征收人可以通过人口数量、项目规划、周边基础设施等的现状和发展趋势证明所主张的最高最优用途具有一定的市场需求和经济上的利益。[1]

在“最高最优规则”之下，美国的征收补偿实践中又发展出了市场比较法、重建成本法、资本化收入法等具体的计算方法，用以确定公平市场价值。

市场比较法是指通过替代机制，寻找该区域中与被征收财产具有可比性的其他财产在近期内的市场交易价格，并参照交易情况、交易日期、区位条件等要素估算被征收财产价值的方式。

重建成本法又称改造成本法，该方法通过估算被征收财产在附近地域中重新建造，或者改造具有相同用途的建筑，使其达到被征收财产的原有用途所需的成本的方式来确定公平市场价值。重建成本法通常被用于新建筑以及诸如教堂、医院等具有特殊用途的建筑。如果建筑相对陈旧，则通常会采用计算改造成本的方法确定公平市场价值。在这种情况下，对不动产折旧价值的计算会运用会计学中的直线折旧法、加速折旧法以及偿债基金等方法。然而对于征收之时的公平市场价值，还需要通过专家对不动产的观察、评估、测算等才能加以确定。

资本化收入法是评估商业建筑公平市场价值最常见的手段。该方法实质上是对被征收财产实际收益或未来潜在收益的一种估计。例如，按年计算的收入，可以被转化成资本化率进行计算。这一比率取决于货币价值、安全性评估以及收益流量的持续性。鉴于商业收入具有较大的不确定性，因此，只有归属于被征收不动产本身的收益才可被计算在内。例如，对纯租金收入的估算通常需要考虑被征收不动产当下的租金收入、附近相似不动产的租金收入、出租的期限、无法出租的空缺损失，以及利息、税收、经济形势等。

第二节　公平市场价值与中国法上征收补偿的实证差异

一、产值倍数法的实证检验

（一）产值倍数法与中央目标之间的实证差距

在公平市场价值的补偿体系中，大部分情况下都可以依据成熟的土地市场

---

[1] See e.g., State v. Hopkins, 506 P.2d 57 (1973); State v. Tedesco, 291 P.2d 1028 (1956).

确定被征收不动产的非人格化“虚拟”交易价格。在美国，有时候因为在市场上几乎找不到类似的财产或者土地为州政府所有而缺乏自由交易的功能，不动产的市场可比价就很难通过市场的可比销售价确定。面对这种情况，通常采用重建成本法或收益方法等手段确定被征收不动产的公平市场价值。由于我国土地制度和特殊，长久以来，集体土地无法直接进入土地一级市场进行交易和流通，因此也不存在集体土地的土地市场。从1953年的中央人民政府政务院《关于国家建设征用土地办法》开始，我国就一直采用产值倍数法来计算补偿额，区别只是在于倍数的不同。根据修改前的《土地管理法》，土地补偿费为前三年平均年产值的6~10倍，安置补助费为前三年平均年产值的4~6倍，同时每公顷被征收耕地的安置补助费，最高不得超过被征收前三年平均产值的15倍，土地补偿费和安置补助费的总和不得超过土地被征收前三年平均年产值的30倍。同时根据中央的意见，要求“征地补偿安置必须以确保征地农民原有生活水平不降低、长远生计有保障为原则”。这一原则其实已经十分接近公平市场价值的内涵：使之“在金钱上处于和财产没有被征收时同样的地位”[1]。

现在的问题是，修改前的《土地管理法》所采用的产值倍数法是否真的能达到“确保征地农民原有生活水平不降低、长远生计有保障”这一目标？

笔者根据2014—2017年各省的数据对这一问题进行了粗略的统计、推算和分析，尝试回答在假定没有通货膨胀的状态下，土地征收补偿安置款能在保持原有生活水平的情况下，维持一个农民多少年的生计？基本思路是：以征收当年的人均生活消费支出作为保持生活水平的重要依据，同时计算出当地前三年的土地平均产值，以此推算不同补偿倍数下维持原有生活水平的年限。通过对全国31个省级行政区（不包含我国的香港特别行政区、澳门特别行政区和台湾地区）数据和全国平均数据的测算，对产值倍数法作一个总体性的基本判断。

具体统计和推算方法是：以《中国统计年鉴》为数据来源，假定2017年为土地征收的时点，分别计算各地区前三年（2014—2016年）土地平均年产值、2017年农村人均生活消费支出、2017年平均每征收1亩土地需安置的人口数，以及补偿金能维持现有生活水平的年数。[2]

（1）计算2014—2016年的平均年产值。计算方法为用每一年的种植业产

---

〔1〕 Seaboard Air Line Ry. v. United States, 261 U. S. 299 (1923).

〔2〕 需要说明的是，这是一个假想的模型，通货膨胀率、农民变为城镇人口后生活支出的增加等因素均没有被考虑在内。

值除以相应年份的耕地面积，得到三组数据后累加除以3，算出平均值。(2)计算2017年的人均耕地面积。计算方法为用2017年各地区的耕地面积除以2017年各地区农业人口数。(3)推算征收1亩土地需要安置的农业人口数。推算方法为1除以人均耕地数(取人均耕地数的倒数)。(4)计算不同补偿倍数下维持原有生活水平的年限。具体计算方法为用平均年产值乘以相应的倍数(笔者选取了10倍、15倍和30倍)，并除以2017年农村居民人均生活消费支出，得出相应的年限。根据上述推算方式，笔者推算了全国31个省级行政区和全国的平均指标(见表5－4)。

表5－4 不同产值倍数征地补偿安置款对被征地农民的生活保障能力

地区	2014—2016年平均年产值(元/亩)	2017年需安置人口(人/亩)	2017年农村居民人均消费支出(元)	补偿安置款维持原有生活水平的年数(年)		
				10倍	15倍	30倍
北京	4624.68	0.92	18,810.50	2.67	4.01	8.02
天津	3625.72	0.41	16,385.90	5.40	8.10	16.20
河北	3525.13	0.35	10,535.90	9.56	14.34	28.68
山西	1594.63	0.26	8424.00	7.28	10.92	21.84
内蒙古	1019.90	0.07	12,184.40	11.96	17.94	35.88
辽宁	2527.75	0.11	10,787.30	21.30	31.95	63.90
吉林	1262.20	0.11	10,279.40	11.16	16.74	33.48
黑龙江	1233.60	0.07	10,523.90	16.75	25.13	50.25
上海	5628.56	1.04	18,089.80	2.99	4.49	8.97
江苏	5247.47	0.37	15,611.50	9.08	13.62	27.24
浙江	4881.41	0.61	18,093.40	4.42	6.63	13.26
安徽	2470.93	0.33	11,106.10	6.74	10.11	20.22
福建	8198.49	0.69	14,003.40	8.48	12.72	25.44
江西	2823.71	0.46	9870.40	6.22	9.33	18.66
山东	4184.98	0.35	10,342.10	11.56	17.34	34.68
河南	3747.68	0.39	9211.50	10.43	15.65	31.29
湖北	3579.74	0.31	11,632.50	9.93	14.90	29.79
湖南	4918.22	0.50	11,533.60	8.53	12.80	25.59
广东	7258.11	0.87	13,199.60	6.32	9.48	18.96

续表

地区	2014—2016 年平均年产值（元/亩）	2017 年需安置人口（人/亩）	2017 年农村居民人均消费支出（元）	补偿安置款维持原有生活水平的年数（年）		
				10 倍	15 倍	30 倍
广西	3275.29	0.38	9436.60	9.13	13.70	27.39
海南	5758.12	0.36	9599.40	16.67	25.01	50.01
重庆	2895.67	0.31	10,936.10	8.54	12.81	25.62
四川	3341.85	0.41	11,396.70	7.15	10.73	21.45
贵州	2441.57	0.29	8299.00	10.14	15.21	30.42
云南	2001.52	0.28	8027.30	8.90	13.35	26.70
西藏	919.90	0.35	6691.50	3.93	5.90	11.80
陕西	3232.84	0.28	9305.60	12.41	18.62	37.23
甘肃	1530.57	0.18	8029.70	10.59	16.43	32.85
青海	1681.00	0.32	9902.70	5.30	7.95	15.90
宁夏	1547.00	0.15	9982.10	10.33	15.50	31.00
新疆	2620.74	0.16	8712.60	18.80	28.20	56.40
全国	3341.90	0.29	10,954.50	10.51	15.77	31.53

根据推算，当补偿的倍数达到 10 时，可维持原有生活水平的年限在 2.67 ~ 21.3 年，全国的平均水平为 10.51 年；当补偿的倍数达到 15 时，可维持原有生活水平的年限在 4.01 ~ 31.95 年，全国的平均水平为 15.77 年；当补偿的倍数达到 30 时，可维持原有生活水平的年限在 8.02 ~ 63.9 年，全国的平均水平为 31.53 年。这意味着，在这一理想模型之下，若以 30 倍为补偿标准，那么失地农民在不进行任何劳动的情况下得到的补偿款，可以维持其目前生活水平的年限大多在 25 年以上。

基于这一分析框架可以发现，由于发达地区农村居民人均消费支出高，每征收 1 亩土地需要安置的农村人口较多，因此补偿安置款可以维持其原有生活水平的年限普遍偏低。如北京市、上海市、浙江省等，即使在 30 倍的补偿下，依旧仅能维持约 8 年、9 年和 13 年。而有些地区由于土地年产值较低，补偿款所能维持的年限也偏低，如西藏、青海等，在 30 倍的补偿下也仅能维持约 12 年和 16 年。

但是就全国而言，数据所反映的一个基本情况是：在全国范围内，原《土地管理法》所确立的年产值倍数法在补偿标准达到30倍时,除了个别地区的保障能力有限之外,绝大多数地区在理想状态下能够维持被征地农民原有生活水平很长一段时间。因此,如果仅仅从理论和数据上进行简单的推算,产值倍数法并没有像学者们所诟病的那么不好,因为在理论上,在缺乏土地交易市场的情况下,运用产值倍数法也是一种计算的手段,而实证数据也说明,在绝大多数情况下,产值倍数法确实能够达到所谓的"原有生活水平不降低、长远生计有保障"。但是我国土地征收的补偿标准低下确实是一个不争的事实,所以,对此难以回避的疑问是:产值倍数法的问题究竟出在哪里?为什么被征地的农民普遍感觉补偿方式不公平?

(二)产值倍数法时失地农民造成心理落差

"在学理上,土地征收补偿法律关系有两个端点:一端是'被征收人的所失'(Loss to the Owner);另一端是'征收人的所得'(Gain to the Taker)。"[1]在我国的土地征收制度中,农民集体失去了对集体土地的所有权,而农民个人永久失去了对相应集体土地的使用权,集体土地失去了作为农用地的价值;与此同时,政府通过征收获得了被征收土地作为建设用地的价值。因此,客观的通过产值倍数法计算出的补偿款与人均消费的比值确实是衡量补偿是否公正的标准之一,但另一个重要的因素在于,农民对"所失""所得"以及两者差额归属的认知。

1.安置补偿款与土地出让价款差距悬殊,被征收人所失与征收人所得不成比例。根据表5-4可以测算出在以2017年为征收时间点的情况下,以10倍、15倍和30倍为补偿标准时的亩均补偿款。同时根据《2017中国国土资源统计年鉴》中记录的各地土地出让面积和成交价款可以大致推算出每个地区的亩均出让价格。并可由此大致推算出单位面积的安置补偿款占土地出让价款的比重(见表5-5)。根据测算可知,从全国平均水平来看,亩均土地出让价格在115万元左右,其中上海、北京、浙江、广东、江苏为我国单位面积土地使用权出让价格最高的省份(或直辖市),分别达到了1283.48万元、851.77万元、252.91万元、241.22万元、200.34万元。在30倍补偿的情况下,各地区安置补偿款占土地出让金价款的比重多在10%以内,全国的平均水平为8.74%。可见,征地补偿款和土地出让金之间的差距极其悬殊,不仅在客观上造成了极大的经济不平等,同时也在农民内心形成了极大的落差。

---

〔1〕 靳相木、陈箫:《土地征收"公正补偿"内涵及其实现——基于域外经验与本土观的比较》,载《农业经济问题》2014年第2期。

表 5－5　补偿安置款占土地出让价格比重

地区	2014—2016 年平均年产值(元/亩)	补偿安置款(元/亩)			平均出让价格(元/亩)	补偿安置款/出让价格(%)		
		10 倍	15 倍	30 倍		10 倍	15 倍	30 倍
北京	4624.68	46,246.80	69,370.20	138,740.40	8,517,650.52	0.54	0.81	1.64
天津	3625.72	36,257.20	54,385.80	108,771.60	2,970,668.86	1.22	1.83	3.66
河北	3525.13	35,251.30	52,876.95	105,753.90	706,373.86	4.99	7.49	14.97
山西	1594.63	15,946.30	23,919.45	47,838.90	805,213.44	1.98	2.97	5.94
内蒙古	1019.90	10,199.00	15,298.50	30,597.00	225,449.17	4.52	6.79	13.57
辽宁	2527.75	25,277.50	37,916.25	75,832.50	640,538.93	3.95	5.92	11.84
吉林	1262.20	12,622.00	18,933.00	37,866.00	546,076.94	2.31	3.47	6.93
黑龙江	1233.60	12,336.00	18,504.00	37,008.00	419,642.99	2.94	4.41	8.82
上海	5628.56	56,285.60	84,428.40	168,856.80	12,834,844.71	0.44	0.66	1.32
江苏	5247.47	52,474.70	78,712.05	157,424.10	2,003,401.85	2.62	3.93	7.86
浙江	4881.41	48,814.10	73,221.15	146,442.30	2,529,130.12	1.93	2.90	5.79
安徽	2470.93	24,709.30	37,063.95	74,127.90	1,237,673.40	2.00	2.99	5.99
福建	8198.49	81,984.90	122,977.35	245,954.70	1,932,351.13	4.24	6.36	12.73
江西	2823.71	28,237.10	42,355.65	84,711.30	864,508.24	3.27	4.90	9.80
山东	4184.98	41,849.80	62,774.70	125,549.40	784,769.71	5.33	8.00	16.00
河南	3747.68	37,476.80	56,215.20	112,430.40	940,118.08	3.99	5.98	11.96
湖北	3579.74	35,797.40	53,696.10	107,392.20	841,475.71	4.25	6.38	12.76
湖南	4918.22	49,182.20	73,773.30	147,546.60	875,038.50	5.62	8.43	16.86
广东	7258.11	72,581.10	108,871.65	217,743.30	2,412,213.77	3.01	4.51	9.03
广西	3275.29	32,752.90	49,129.35	98,258.70	809,164.13	4.05	6.07	12.14
海南	5758.12	57,581.20	86,371.80	172,743.60	1,229,415.48	4.68	7.03	14.05
重庆	2895.67	28,956.70	43,435.05	86,870.10	1,175,904.74	2.46	3.69	7.39
四川	3341.85	33,418.50	50,127.75	100,255.50	1,008,826.74	3.31	4.97	9.94
贵州	2441.57	24,415.70	36,623.55	73,247.10	564,006.13	4.33	6.49	12.99
云南	2001.52	20,015.20	30,022.80	60,045.60	603,928.27	3.31	4.97	9.94

续表

地区	2014—2016 年平均年产值(元/亩)	补偿安置款(元/亩)			平均出让价格(元/亩)	补偿安置款/出让价格(%)		
		10 倍	15 倍	30 倍		10 倍	15 倍	30 倍
西藏	919.90	9199.00	13,798.50	27,597.00	347,636.67	2.65	3.97	7.94
陕西	3232.84	32,328.40	48,492.60	96,985.20	512,571.43	6.31	9.46	18.92
甘肃	1530.57	15,305.70	22,958.55	45,917.10	358,439.96	4.27	6.41	12.81
青海	1681.00	16,810.00	25,215.00	50,430.00	123,122.88	13.65	20.48	40.96
宁夏	1547.00	15,470.00	23,205.00	46,410.00	191,831.57	8.06	12.10	24.19
新疆	2620.74	26,207.40	39,311.10	78,622.20	148,849.29	17.61	26.41	52.82
全国	3341.90	33,419.00	50,128.50	100,257.00	1,147,406.95	2.91	4.37	8.74

2. 获得补偿款与永久失去土地之间心理落差悬殊,被征收人的所得难以弥补永久之所失。直至今日,中国仍然有数亿农民。对于农民群体和农业社会来说,土地始终是最为重要的生产和生活要素,土地制度始终是农业社会制度的核心内容。[1] 中国人自古就有安土重迁的思想,土地不仅是安身立命的生活和生产资料,更是维系情感的精神寄托。因此,即使补偿款足够维持失地农民的长远生计,但他们也因此永久失去了农地的使用权,失去了最为重要的生活来源和情感纽带。

二、区片综合地价的实证检验

(一)区片综合地价的内涵与确定方式

公平市场是一个虚拟市场,而公平市场价值是一个虚拟价值。产值倍数法的补偿方式为我国立法所确认,但在长时间的实践中屡遭诟病。随着经济的发展和农民维权意识、谈判能力等的增强,沿海地区的城市早已逐渐突破传统的以原用途为基础的产值倍数法,转为区片综合地价的方式。最新修改的《土地管理法》以区片综合地价替代了产值倍数法,将原第 47 条修改为第 48 条,指出在确定区片综合地价之时,应当"综合考虑土地原用途、土地资源条件、土地产值、土地区位、土地供求关系、人口以及经济社会发展水平等因素,并至少每三

---

〔1〕 参见刘承韪:《产权与政治:中国农村土地制度变迁研究》,法律出版社 2012 年版,第 1 页。

年调整或者重新公布一次”。而在地方,比如浙江早在2002年即发布了《关于加强和改进土地征用工作的通知》,并在其中提出土地征收区片综合价格是根据城镇建设征收农村集体土地的需要,由县级人民政府依照被征收农地不同地段、土地利用类型、土地生产能力、人均耕地面积和经济发展水平综合划定区片,进行土地价格评估,在充分听取有关方面意见的基础上,统一制定的每个土地征收补偿区片的“征地综合补偿标准”。

可以说,与传统单一的“原用途+产值倍数法”相比,区片综合地价的估算方式似乎更为接近公平市场价值。在土地征收补偿体系较为成熟的美国,当缺乏市场交易时,诸如原始成本、重建成本、过去收益等方法都可以作为替代性手段帮助确定土地的公平市场价值。[1]区片综合地价在估算土地征收补偿标准时考量了大量与之相关的因素,甚至在一定程度上直接借鉴了市场价值的影响因素,同时在计算方法上,也采用了农地价格因素修正法、年产值倍数法、收益还原法、市场比较法、剩余法等手段,从上述表象初步观察,区片综合地价已经十分接近公平市场价值。那么现在的问题是:这些确定区片综合地价的方式是否等同于公平市场价值?或者说,区片综合地价的价值内涵和估算手段是否等同于公平市场价值?

从手段考察,区片综合地价的确定主要有以下几种方式。

1.农地价格因素修正法。这种方式主要是以农地的价格为基础,综合考虑影响不同区片土地价格的因素,从而计算出一个修正系数,再加上社会保障价格。其计算公式为:征地区片价格=区片农用地价格×期日修正系数+社会保障价格。这种方式的优点在于综合考量了影响价格的因素,但缺点也很明显,即对系数的量化十分困难,而且目前全国大量地区没有开展农用地定级评估工作,这种操作方式将耗费大量成本,也很难形成一套成熟而科学的计算逻辑。

2.年产值倍数法。这种计算方式直接借鉴了原《土地管理法》中的产值倍数法。具体计算方式为:征地区片价=土地年产值×(区片安置补偿倍数+区片土地补偿倍数)。其中,土地年产值主要根据前三年的平均年产值确定;确定土地补偿倍数和安置补助倍数时主要从符合当地经济水平和农民生产生活的需要出发,以不降低农民原有生活水平、使其长远生计有保障为

---

〔1〕 See U.S. v. Toronto, Hamilton & Buffalo Nav. Co., 8 U.S. 396, 403 (1949).

出发点,在土地补偿倍数和安置补助倍数不足之时可向省级人民政府申请提高。这种测算方式简单易操作,但是缺点也极其明显,即无法显著体现地区差异,同时补偿额较低。

3. 收益还原法。这种方法与上述两种方法最大的区别在于收益还原法是对土地开发后的正常预期收益进行评估,将土地用途转化之后生成的价格也考虑在内,这意味着在这一部分的计算中,也涵盖了对土地增值收益损失的补偿。但这种方式只适用于能够产生收益的土地或建筑物的评估,最典型的就是房租。同时,该方法因为不确定的因素过多,在实际操作中也异常复杂,所以评估时难度较大。

4. 市场比较法。这种方式运用替代经济学原理,以临近区域的土地为对象,通过比对相邻区域土地的征收补偿标准、价格等来确定本区片的征收补偿标准。其基本公式为:征地区片价 = 征收日期修正 ×(补偿费用 - 青苗及地上补偿)× 征收地类修正 ×(1 + 区位修正)×(1 + 征收情况修正)×(1 + 个别情况修正)。在具体的计算过程中,主要包含了选择征地案例、统一可比较内涵、在修正基础上进行案例征收补偿标准评估、计算征地区片价四个步骤。这一方法考虑到了土地的市场价格和征地双方的利益,应当说具有一定的进步性,但同时也对土地市场的成熟度依赖较高,在目前我国土地市场发育不成熟、行政干预较强的情况下,短时间内尚不具备运用该方法测算征地补偿价格的基础。

5. 剩余法。剩余法是在评估开发完成后不动产正常交易价格的基础上,扣除建筑物建造成本以及其他各项支出,以剩余价格作为土地评估价的方法。其参照的基础为国有建设用地开发后的价格,通常采用的是城镇商业、住宅和工业用地末级地的平均价格,再通过一系列修正得到集体建设用地的价格。基本计算公式为:征地区片价 = 集体建设用地价格 - 土地开发费 - 税费。其中税费包含耕地占用税、耕地开垦费、征地管理费,而集体建设用地的价格则是由国有建设用地价格乘以修正系数获得。该方式的优点在于充分考虑了土地用途转换之后的增值收益,且将其与国有建设用地的价格直接联系起来,使补偿价格更加接近虚拟市场价格,同样地,其缺点在于修正系数的确定要经过极其复杂的过程。

上述几种方式,无论是考虑到了土地用途转换之后的增值收益,抑或只是在传统的计算方式基础之上提高了补偿的标准,从表面观察都提高了土地征收补偿的标准，但是究其本质，仍旧是一种政府指导价，而非市场价。因为参照价格和修正系数的确定权依旧掌握在政府手中，而非由市场形成。事实上，在实践中应当根据被征收财产的特点选择不同的方式确定公平市场价值，进行公正补偿。在征收财产易形成现实市场价格之时，优先以市场方法进行计算；而在难以形成客观的市场环境之时，应选择合适的方式建构相对客观的虚拟市场环境，确定补偿的最终标准。[1]然而上述区片综合地价的计算方法，一方面没有尽可能地创造或者依赖现实的市场环境，另一方面其建构的虚拟交易环境也并未比照市场，在价格的形成中带有浓重的政府干预和指导的因素。

由此可见，无论是从区片综合地价的计算方式还是从其反映的实质内涵而言，在理论上都与真正意义的公平市场价值具有本质区别。但是由于我国特殊的国情和土地制度，如果通过区片综合地价的计算方式所形成的补偿价格与市场价格相差无几，那么在现阶段我们也并不需要苛求这种概念上的比附性。即使是在美国业已成熟的公平市场价值，也存在诸多弊端，没有一个客观的补偿公式能放之四海而皆准。因此，除了理论上的剖析和比对之外，接下来要考察的是，在实证之下两者是否趋同。

（二）区片综合地价与市场价值的实证差异

根据对上述区片综合地价测算方式的分析可知，剩余法是最接近市场价值的一种计算方式，因此笔者拟以河南省济源市为样本，统计在剩余法之下，区片综合地价与产值倍数法、土地出让金的市场价之间的关系。基本公式为：征地区片价＝集体建设用地价格－土地开发费－税费，其中，集体建设用地价格＝国有建设用地价格×修正系数。

1. 集体建设用地价格的测算。在我国，集体建设用地因为无法在市场上交易，因此并未形成市场机制，其价格只能通过区位相当、用途相同的国有建设用地的价格乘以一定的修正系数估算。集体建设用地一般位于城乡接合部，故而可以用国有建设用地中城镇商业、住宅和工业用地末级地的平均价格作为估算的基准价。在修正系数的确定中，采用典型例证法，在同一地区选择多宗集体建设用地和国有建设用地租赁样点，采用收益法测算并修正，并咨询相关专家意见，确定相关系数（见表5－6）。

---

〔1〕参见刘连泰、左迪：《征收法上按公平市场价值补偿规则的白圭之玷——以美国法为例》，载《浙江社会科学》2013年第9期。

表 5－6　济源市集体建设用地价格修正系数

	区片			
	一级区片	二级区片	三级区片	四级区片
修正系数	0.611	0.635	0.652	0.693

根据公开的数据，仅能获得济源市 2013 年 1 月 1 日商业用地、住宅用地和工业用地位于一级、二级、三级和四级区片的基准地价（见表 5－7），因此要对其基准地价进行期日修正，估算 2016 年 1 月 1 日的基准地价。对于济源市的地价变动指数，因为尚缺相关统计数据，但是大体上可用物价变动指数予以替代，即 118%。因此，在 2013 年地价的基础上，先通过地价变动指数估算出 2016 年的基准地价，再通过相应的修正系数进行修正，可以得出 2016 年济源市一级、二级、三级和四级区片集体建设用地的价格。

表 5－7　2013 年济源市国有建设用地基准地价

单位：元/亩

地类	区片			
	一级区片	二级区片	三级区片	四级区片
商业用地	280,001.4	260,001.3	246,667.9	206,667.7
住宅用地	280,001.4	233,334.5	220,001.1	193,334.3
工业用地	133,334.0	120,000.6	120,000.6	113,333.9
平均价格	231,112.3	204,445.5	195,556.5	171,112.0

2. 土地开发费的测算。参照各地"五通一平"的标准，参考济源市 2015 年基准地价，可知其开发费用约为每平方米 90 元，也即每亩 60,000.3 元。

3. 相关税费的计算。税费主要包含耕地占用税、耕地开垦费和征地管理费三大类。其中，耕地占用税以河南省财政厅《关于调整耕地占用税适用税额有关问题的通知》为依据确定，济源市为 24 元/平方米，即 16,000.1 元/亩。相应的耕地开垦费为 13 元/平方米，即 8666.7 元/亩。征地管理费以河南省发展计划委员会、财政厅《关于贯彻〈国家计委、财政部关于全面整顿住房建设收费取消部分收费项目的通知〉的通知》为依据，收取比例为 2.8%，一级至四级区片分别收取 2000 元/亩、1553.3 元/亩、1286.7 元/亩、1093.3 元/亩。

由此，根据上述公式，可以分别测算济源市 2016 年一级至四级区片的征地区片价（见表 5－8）。

表 5－8　济源市 2016 年征地区片价格（通过剩余法测算）

区片	2013 年地价（元/亩）	地价变动指数（%）	2016 年地价（元/亩）	修正系数	土地开发费（元/亩）	耕地占用税（元/亩）	耕地开垦费（元/亩）	征地管理费（元/亩）	征地区片价（元/亩）
一级区片	231,112.3	118	272,714.7	0.611	60,000.3	16,000.1	8666.7	2000.0	95,961.7
二级区片	204,445.5	118	241,247.9	0.635	60,000.3	16,000.1	8666.7	1553.3	82,972.1
三级区片	195,556.5	118	230,754.5	0.652	60,000.3	16,000.1	8666.7	1286.7	80,498.2
四级区片	171,112.0	118	201,914.3	0.693	60,000.3	16,000.1	8666.7	1093.3	70,166.3

用测算的结果与河南省 2016 年平均土地出让价以及产值倍数法等数据进行比较可以发现，虽然与传统的产值倍数法相比，区片综合地价的补偿标准总体上有所提高，但一级至四级区片的区片综合地价分别仅占平均土地出让价的 10.21%、8.83%、8.56% 和 7.46%（见表 5－9）。显然，从实证数据测算，区片综合地价与土地出让时的市场价相差甚远。区片综合地价并非市场价值的真实反映，也并未建构起相对客观的虚拟市场环境。

表 5－9　2016 年济源市区片价与本省土地平均出让价比重

区片	征地区片价（元/亩）	征地区片价占本省土地平均出让价的比重（%）	产值倍数法补偿款占出让价格的比重（%）		
			10 倍	15 倍	30 倍
一级区片	95,961.7	10.21	3.99	5.98	11.96
二级区片	82,972.1	8.83			
三级区片	80,498.2	8.56			
四级区片	70,166.3	7.46			

第三节　公平市场价值的本土观及其适用面向

从所有权的角度来看，大体可以将我国的土地分为国有土地和集体所有土地两大类，相应地也就出现了国有土地上房屋征收与集体土地（如附着物等）征收两大类征收形式。本书主要探讨的是集体土地征收与补偿的问题，但是鉴于国有土地上房屋征收与补偿的模式与美国的公平市场价值补偿模式有诸多类似之处，且我国在这方面已经积累了一定的实践经验，因此就相关问题一并予以探讨，以期对集体土地征收补偿价格的计算有所裨益。

一、公平市场价值的中国样板

国有土地上房屋征收大体上遵循以下程序：(1)确定房屋征收范围；[1] (2)拟订征收补偿方案；(3)论证征收补偿方案与听证；[2] (4)对征收补偿方案向公众征求意见；[3] (5)修改征收补偿方案；[4] (6)社会稳定风险评估；[5] (7)政府常务会议讨论决定相关事项；(8)落实征收补偿费用；[6] (9)公告。[7]

国有土地上房屋征收的"公平、合理"补偿，既非完全补偿，也不是适当补偿，而是补偿范围特定的市场补偿。[8] 国有土地上房屋征收的补偿以委托的第三方评估机构评估的结果作为依据。依据最新版的《房地产估价规范》，[9] 在对房地产的市场价值进行评估时，应当遵循独立、客观、公正原则，合法原则，价值时点原则，替代原则和最高最佳利用原则。[10] 在具体的估价过程中，根据不同的估计目的和价值类型，选择上述原则中合适的原则进行评估，并可根据实际情况增加其他适用的原则。根据《房地产估价规范》中的解释，价值时点原则是指评估价值应为根据估价目的确定的某一特定时间的价值或价格，但仅指出"估价时点应根据估价目的确定，采用公历表示，精确到日"，并未说明准确的期日。最高最佳利用原则是指"评估价值应为在估价对象最高最佳利用状况下的价值或价格"，《房地产估价规范》对此问题并未进一步作出说明和细化技术规

---

〔1〕 在作出征收决定前，市、县级人民政府要组织发展改革、城乡规划、国土资源、建设等有关部门就房屋征收范围进行审查，并对拟征收范围内的建筑、居民、环境等社情、民情进行摸底比较。现实中出现的比较典型的情况是在房屋征收过程中，由于规划不合理导致被征收人的房屋因部分在红线内需要拆除。具体可参见最高人民法院公布的全国法院征收拆迁十大典型案例之"杨瑞芬诉株洲市人民政府房屋征收决定案"。

〔2〕 参见《国有土地上房屋征收与补偿条例》第 9 条。

〔3〕 参见《国有土地上房屋征收与补偿条例》第 9 条、第 10 条。

〔4〕 参见《国有土地上房屋征收与补偿条例》第 11 条。

〔5〕 参见《国有土地上房屋征收与补偿条例》第 12 条。

〔6〕 参见《国有土地上房屋征收与补偿条例》第 27 条。

〔7〕 参见《国有土地上房屋征收与补偿条例》第 13 条。

〔8〕 参见房绍坤、曹相见：《论国有土地上房屋征收的"公平、合理"补偿》，载《学习与探索》2018 年第 10 期。

〔9〕 2015 年 4 月 8 日，中华人民共和国住房和城乡建设部批准《房地产估价规范》为国家标准，编号为 GB/T 50291 - 2015，自 2015 年 12 月 1 日起实施。

〔10〕《房地产估价规范》(GB/T 50291 - 2015)第 2.0.1 条。

范，但在评估期日的选择、评估方式的确定、评估原则的确定等方面，国有土地上房屋征收与补偿的操作程序已然十分接近美国公平市场价值补偿的确定方式，也比集体土地征收补偿的确定方式更加成熟和完善。

在估价时点的选择上，美国的立法并未统一，主要借助司法途径在基本尊让立法权威的前提下进行合宪性微调。我国并非判例法国家，但立法者似乎也敏锐地意识到这个问题，就全国范围而言，尽管法律法规对征收时点、评估时点和补偿时点三者之间的关系缺乏规定，[1]但总体而言相关实践较为统一。在2011 年《国有土地上房屋征收与补偿条例》颁布实施之前，2001 年的《城市房屋拆迁管理条例》规定房屋拆除需要获得房屋所在地的市、县人民政府房屋拆迁管理部门颁发的拆迁许可证。[2] 2003 年原建设部颁布的《城市房屋拆迁估价指导意见》规定：拆迁估价时点一般为房屋拆迁许可证颁发之日。拆迁规模大、分期分段实施的，以当期（段）房屋拆迁实施之日为估价时点。而各地也基本参考《城市房屋拆迁估价指导意见》的规定，将被征收房屋价值评估的时点确定为拆迁许可证核发之日。[3]但是，2011 年颁布实施的《国有土地上房屋征收与补偿条例》废除了《城市房屋拆迁管理条例》中颁发拆迁许可证的规定，房屋拆迁许可证已然成为历史。2011 年 6 月 3 日，住房和城乡建设部印发了《国有土地上房屋征收评估办法》，将评估时间点确定为房屋征收决定公告之日。[4]随后，部分地方也印发了相应的国有土地上房屋征收评估技术规范，将房屋评估的时点确定为征收决定公告之日。[5]也即房屋的价值以征收决定公告之日的市场价值为准，在公告之后，即使房价发生变动，也以上述时间点为准。同时参考《房地产估价规范》，在采用市场比较法进行评估时，要求“消除成交日期的市场状

---

〔1〕 参见耿宝建：《国有土地上房屋征收与补偿的十个具体问题——从三起公报案例谈起》，载《法律适用》2017 年第 9 期。

〔2〕 《城市房屋拆迁管理条例》（现已失效）第 6 条规定，“拆迁房屋的单位取得房屋拆迁许可证后，方可实施拆迁”。

〔3〕 如《浙江省城市房屋拆迁价格评估暂行办法》第 8 条规定，“被拆迁房屋及其附属物和安置用房的评估基准日以房屋拆迁许可证核发之日为准”。《宿迁市市区房屋拆迁补偿评估技术细则（试行）》第 7 条规定，“拆迁估价时点为房屋拆迁许可证颁发之日。因延长拆迁期限换领拆迁许可证的仍以首次拆迁许可证颁发之日为估价时点”。《郑州市城市房屋拆迁补偿安置评估规则（试行）》第 11 条规定，“拆迁评估时点一般为房屋拆迁许可证颁发之日”。

〔4〕 《国有土地上房屋征收评估办法》第 10 条规定，“被征收房屋价值评估时点为房屋征收决定公告之日”。

〔5〕 如《重庆市国有土地上房屋征收评估技术规范（试行）》第 4 条规定，“被征收房屋价值评估时点为房屋征收决定公告之日”。

况与价值时点的市场状况不同造成的价格差异,将可比实例在其成交日期的价格调整为在价值时点的价格”[1]。

我国国有土地上被征收房屋价值的评估时点较为统一且易于确定。在我国司法体系内,几乎也不存在成文法的标准之外,通过援引我国《宪法》第13条第3款的规定而改变评估时点的可能。更多情况下,法院援引的是《国有土地上房屋征收与补偿条例》第2条、第19条的内容,要求对被征收房屋所有权人给予公平补偿。对被征收房屋价值的补偿,不得低于房屋征收决定公告之日与被征收房屋类似的房地产的市场价格。[2]因此,对被征收房屋价值计算时点的确定这一问题的本土表达即为如何正确理解“不得低于”与“公平补偿”之间的关系。结合最高人民法院在孔某丰诉泗水县人民政府房屋征收决定案、居某等诉福州市鼓楼区人民政府房屋征收补偿决定案中的意见,几个方面或许为解决这一问题可以提供了一定的路径。

首先,对于被征收房屋价值评估时点为房屋征收决定公告之日的规定也应当结合《国有土地上房屋征收与补偿条例》中有关公平补偿的规定进行客观准确的体系解释,而不能机械地理解和适用有关房屋征收决定公告之日的规定,无视具体征收项目中实施日期的差异,补偿协议签订日、补偿决定作出日和实际货币补偿款支付日之间的差异,一味地将房屋征收决定公告之日作为评估的时点。尽管我国目前尚未形成合宪性审查的具体机制,但是“不得低于”这一表述却为灵活适用有关房屋征收决定公告之日提供了法律解释的空间。

其次,我国法院不宜在公正补偿要求的指引下轻率地否定以征收决定公告之日作为价值评估的时点,也不宜机械地将评估报告出具之日起一年或者两年作为判断标准,而是应当结合其他法律的规定和具体的征收情况进行综合判断。

1.市、县人民政府在以房屋征收决定公告之日作为评估时点后,应当在合理期限内通过签订补偿协议等方式对被征收人进行及时补偿。对合理期限的认定应当结合当地房地产市场价格波动的状况和评估报告的“应用有效期”进行确定,通常情况下参考《房地产抵押估价指导意见》,宜确定为一年内。

---

[1] 《房地产估价规范》(GB/T 50291-2015)第4.2.8条。

[2] 参见“孔庆丰诉泗水县人民政府房屋征收决定案”,载《人民法院报》2014年8月30日,第3版;居某等诉福州市鼓楼区人民政府房屋征收补偿决定案,最高人民法院(2018)最高法行再202号行政判决书。

2. 当市、县人民政府未在一年内与被征收人签订补偿协议或者作出补偿决定时，应当重点考察出现延迟的原因是否可以归责于被征收人。如果主要由于被征收人的原因导致补偿迟延，宜坚持将房屋征收决定公告之日作为价值评估的时点；若补偿决定明显迟延且不能归责于被征收人，同时不动产的市场价值发生了实质变动，不宜再坚持将房屋征收决定公告之日作为价值评估的时点。

3. 进行房屋征收应当遵循“先补偿、后搬迁”的原则。补偿应当理解为补偿协议或者补偿决定确定的款项已经支付或者依法提存、周转用房或者产权调换房屋已经交付或者已经依法提存相关凭证与钥匙，而不应将签订补偿协议等认定为补偿。

4. 如果由于拆迁规模较大确需分期分段实施征收，应当以当期（段）房屋拆迁之日为估价时点。

然而我们应当明确的是，所有时间节点的选择都是理想状态下逼近市场价值和现实操作中的无可奈何之间的一种平衡，因此并不存在一个绝对合理的时间点，而需要根据不同地区的经济发展状况、市场成熟程度等进行确定。

从补偿范围来看，在选择货币补偿的情况下，房屋被征收后被征收人能够获得的货币补偿的金额[1] = 被征收房屋经由评估机构评估确定的市场价格（包括对房屋装饰装修商定或者评估的补偿金额）[2] + 搬迁费用（搬迁发生的实际费用或者双方约定的一定数额的搬迁补助费）+ 临时安置费用（没有提供周转房情况下的临时安置费 + 超出过渡期限的临时安置费）[3] + 营业性房屋的停产停业损失（非营业性房屋无此项补偿）。[4] 应当说，我国国有土地上房屋征收的补偿相较于美国并无多大差异，甚至因为考虑到社会风险以及中国人对土地长期依赖的传统等，会进行搬迁和临时安置的补偿，而在美国公平市场价值补偿之下，搬迁安置费等并未被涵盖在内。但总体而言，两国补偿的内容均是按客观的可计算的标准执行的。

就具体的评估方式而言，《房地产估价规范》共规定了比较法、收益法、成本

---

〔1〕 参见《国有土地上房屋征收与补偿条例》第 17 条。

〔2〕 参见《国有土地上房屋征收与补偿条例》第 19 条。

〔3〕 参见《国有土地上房屋征收与补偿条例》第 22 条。

〔4〕 根据房屋被征收前的效益、停产停业的期限等因素确定，具体计算方法由各省、自治区、直辖市制定。实践中计算方法主要有以下几种：(1)根据被征收房屋的总体价值的一定比例计算，预先由双方协商确定；(2)根据房屋的面积按照单位面积补偿一定金额来计算；(3)根据营利性房屋前几年的年平均营业收入和利润等指标，乘以停产停业的期限（年数）来计算；(4)由评估机构对其进行评估确定；(5)根据实际损失计算，协商确定。

法、假设开发法等四种主要的估价方法,[1]这与美国法上确立公平市场价值所采用的市场方法、成本方法、收益方法等十分类似。比较法针对的是较为容易寻找可比市场的不动产,评估方通过搜集交易实例,选取可比较的实例,在建立比较的基础上,进行基于交易情况、市场状况和房地产状况的修正和调整,进而计算比较价值。收益法针对的是能产生未来收益的不动产,通常通过测算收益期或持有期、未来收益、报酬率、资本化率、收益乘数等数据计算收益价值。在可比市场难以确定时,会采用成本法对不动产进行估值,其中最主要的考量因素是重置成本(或重建成本)和折旧。假设开发法针对的是计划进行开发或者还未完全开发的不动产,该方法主要通过考察最佳开发经营方式、后续开发经营期、后续开发的必要支出、开发完成后的价值以及折现率或后续开发的应得利润等因素计算开发价值。

由上述分析可知,虽然我国在集体土地征收补偿的计算方面一直沿用政府定价的模式,仅在城郊房屋的征收上打开了口子,引入了与国有土地一样的测算方式,但对国有土地上房屋的征收补偿的测算已然十分接近世界其他发达国家的公平市场价值测算方式。可以说,这种利用市场定价的方式为集体土地征收补偿的计算树立了清晰的中国样板,也为其适用和推广奠定了理论和现实基础。

二、集体土地征收补偿中公平市场价值的适用面向

与国有土地上房屋征收补偿的定价机制不同的是,集体土地征收补偿的价格完全由政府决定,不存在价值评估程序。根据国务院《关于深化改革严格土地管理的决定》和《土地管理法实施条例》的规定,集体土地征收的补偿标准、地上附着物征收的补偿标准均由省级人民政府直接确定。但是在地方,省级政府通常会将这一权力下放给地市。集体土地上房屋的价格通常由设区的省辖市制定青苗及地上附着物补偿标准,并依据制定的标准直接确定被征收不动产的补偿价格,而不存在评估机构的独立评估程序。

而城市近郊的土地,根据中共中央纪委办公厅《关于加强监督检查进一步规范征地拆迁行为的通知》的规定,在《土地管理法》等法律法规作出修订之前,

---

[1] 参见《房地产估价规范》(GB/T 50291－2015)第4.1～4.6条,其他还有诸如基准地价修正法、路价法、标准价调整法、多元回归分析法、修复成本法、损失资本化法和差价法等,每一种方法均针对不同的情形。

集体土地上房屋拆迁要参照《国有土地上房屋征收与补偿条例》的精神执行，因此在确定征收补偿之时，会和国有土地上不动产征收一样进行价值评估。

在2019年《土地管理法》修正之前，我国的集体土地征收基本遵循了"批前程序""报批程序""两公告已登记"三个阶段。随着2019年《土地管理法》第47条第4款对预征补协议制度的引入，原有土地征收补偿相关制度安排的地位发生变化，整个土地征收工作的重心发生位移。根据新的要求，绝大多数集体土地利害关系人同意签订补偿安置协议是申请征地的先决条件，而省级政府和国务院的主要职责从"批复决定"变成了"对征收土地的必要性、合理性、是否符合《土地管理法》第45条规定的公共利益以及是否符合法定程序进行审查"。然而，这一变化尽管有利于保障被征收人的权益，但是本质上并没有提高征收补偿的价格。就整个征收补偿的过程而言，实行的是一种政府定价，而不是市场定价，更无法反映最高最优原则下真实的市场价值。"区片综合地价"的本质依旧是政府定价，与"市场价"依旧存在不小的差距。因此，可以从以下几个方面改进我国集体土地征收补偿的制度。

（一）引入"最高最优使用规则"

我国征地补偿制度最大的问题是缺乏科学、合理的机制让农民参与土地增值收益的分配，被征地农民在现实中要么只获得了极低的补偿，要么因为特殊原因获得了高昂的补偿金。乱象的背后是理论的缺失和立法的缺位。从理论上看，土地增值收益的分配缺乏一套系统回答农民如何参与分配、按什么比例参与分配等问题的理论依据；而在立法上，《土地管理法》曲折的修改历程更是一个最直观的注脚。虽然学界和实务界对提高征地补偿标准达成了一定的共识，但对于如何确定分配比例仍旧存在争议，是规定一个统一的比例，还是建立一套相应的机制，至今仍无法找到一个相对可行的方案。所谓最高最优使用规则，即将土地由于用途变更而带来的增值赋予原土地权利人，只有在征收后的用途使土地的价值降低时才按照原用途补偿。其背后的原理在于：纯粹因为土地用途变更而引起的增值应当属于土地发展权的范畴，因而归属于原土地权利人；而当征收使其贬值时，也应当符合"像未被征收时一样的状态"的要求。在引入土地发展权与最高最优使用规则之后，便无须纠缠于具体的增值收益分配比例，而只需将因规划允许范围内的土地用途变更或者开发强度增加而带来的增值收益配置给原土地权利人即可，至于后续的配套措施则可通过特别利益金或土地增值税等进行二次调节，这样不仅可以在理论上达到内部的自洽，也简单易行。

第一,对于集体的农业用地征收后依旧用于农业的情形,补偿的价值不应限制在原用途的范围内,而应当由原土地权利人通过举证证明该农用地的最高最优用途,也即物理上、法律上和经济上都具有可行性的农业用途。例如被征收土地目前种植的是水稻,但是如果被征收人能证明该土地可种植经济价值更高的花卉或者蔬菜,且满足地理、土壤、气候等物理条件,不违反法律的禁止性规定,那么在征收时,就应当按照经济价值更高的种植花卉、蔬菜等用途进行补偿,而非种植水稻的用途。当然,农地征收后依旧农用的情形在我国极少出现,征收后价值降低的可能性也微乎其微,在土地征收实践中,最为常见的、矛盾最为突出的是集体土地转为建设用地的情形。

第二,对于集体农业用地转为建设用地的情形,在适用最高最优使用规则时存在巨大的法律和现实障碍。从理论上讲,如果在规划之时将集体农业用地确定为建设用地,那么即可初步表明该农用地至少通过规划之后在物理上、法律上和经济上具有转变为建设用地的可能性,其最高最优使用价值也应当是相应建设用地的价值,而非农用地的价值。但即便抛开规划问题,我们也无法回避建设用地供给模式的单轨制。依据现行法律规定,绝大部分集体土地必须通过征收这一途径转为国有建设用地之后方可用于开发,也就意味着在保留集体所有权的前提下几乎没有将农用地转为建设用地的制度空间和法律可行性,也正因如此,最高最优使用规则并不能在现有制度框架内发挥应有的作用。

因此,最高最优使用规则的适用还有赖于建设用地供给制度由单轨制向双轨制改革。此次《土地管理法》的修改取消了集体建设用地不能直接进入市场流转的二元体制,赋予了集体经营性建设用地入市的合法性,破除了“唯有通过征收才能成为建设用地”的障碍,集体土地在保留所有权的前提下也就有了转为建设用地的法律可行性。因此,最高最优使用规则可以在我国集体土地征收增值收益分配中发挥关键作用。

(二)明确评估不动产的时间

正如前文所言,美国在确定评估被征收的不动产的时点时,延续了美国的法治实践传统,立法与司法互补不足。通常情况下,法院并不会直接挑战成文法的规定,更不会直接宣布其违宪,但在对成文法的规定保有最基本的尊重的同时,并非机械地执行成文法的规定,而是根据宪法第五修正案中公正补偿的要求,对具体情况进行审查。当出现不能归责于被征收人的原因,导致不动产的价值发生实质变动之时，法院则会运用诸如解释法律、适用普通法或者径直宣布违宪等方式以达到公正补偿的目的。我国在国有土地上房屋征收与补偿实践中也可以通过对“不得低于”的法律解释达到公正补偿的要求。而在集体土地征收补偿中，在推动按市场价进行补偿的同时，也应当通过精细化立法确定价值估算的程序和方式，其中就包括评估时点的确定。

首先，宜将征收土地公告之日确定为一般意义上评估集体土地及其他不动产价值的期日。在我国集体土地征收实践中，征收土地公告之日通常被认为是征收之日，之前的报批程序只是征收的一个前置程序，彼时征收并未在实质意义上启动，而之后的登记程序只是对补偿方案等的确认，且《国有土地上房屋征收评估办法》中也将评估时间点确定为房屋征收决定公告之日，因此征收土地公告之日最适宜在立法上予以确认。[1] 在美国的实践中，还有诸如实际占有之日、权利移转之日等法律规定的征收之日。但我国遵循的是“先补偿后占有”的原则，因此在实际占有之前已经完成补偿，故实际占有之日并无意义；权利移转之日在我国通常是登记确认之日，但事实上早在登记确认之日之前便已经确定了补偿的价格，登记只是对补偿和安置方案的确认，因此权利移转之日也不宜确定为价值评估之日。

其次，应当尽可能地消除征收公告对财产价值产生的影响。通常而言，由于规划或者征收消息的发布，不动产的价值会在一定程度上受到影响进而产生波动，因此在立法时要充分考虑这一情况，相应地进行调整。这一点主要体现在评估手段上，应当同时参考周围类似地区未被征收的不动产的价值进行综合判断。

再次，对市县政府在“合理期限”内作出的补偿决定，人民法院应当保有最基本的司法尊让，不宜直接裁定或者判决变更。除非行政机关补偿决定所确定的评估时点确实背离了公正补偿的原则，给被征收人造成了较大损失，否则宜以微调为主。

最后，例外情况为非基于被征收人的原因导致延迟且不动产价值发生实质变化。在这种情况下，由于被征收人并没有过错，由此产生的不利影响不应当由被征收人承担。因此，如果在这种情形下，不动产的价值在实际征收之日已经有了明显的溢价，那么应当以实际征收之日为准。但如果这种迟延是被征收

---

〔1〕 另外，《国有土地上房屋征收与补偿条例》第 19 条规定，“对被征收房屋价值的补偿，不得低于房屋征收决定公告之日被征收房屋类似房地产的市场价格”。

人引起的,则依旧应当以征收土地公告之日的财产价值为准。[1]

(三)借鉴和完善评估手段

美国的评估手段与我国城市房地产的评估手段有颇多相似之处,但我国实行的是土地公有制,国有土地出让以土地使用权出让、转让为前提,其价格是一次性支付的多年地租的总和,是土地所有权在经济上的一种实现形式。因此,我国土地价格的含义不同于土地私有制国家,它并不是所有权的价格,而是取得多年土地使用权时支付的对价。但对于国有土地而言,使用权人在使用期间同样拥有转让、出租、抵押等权利,与所有权的行使已然十分类似;而集体土地征收本就是所有权的转移,因此在估价程序和手段上与美国等土地私有制国家应当是相似的。[2]根据我国目前的土地市场发展状况,可在集体土地征收补偿领域引入剩余法、收益还原法、成本逼近法、市场比较法等评估手段,对不同的开发方式和不同的土地采取不同的方法进行评估。

剩余法又称假设开发法,是用来评估较为独特的具有开发潜力的土地价格的方法。具体而言,在评估具有开发潜力的土地价格之时,估计将其开发之后可以形成的预期价格,扣除建造和销售等产生的成本以及正常的合理利润,所得的剩余即为估价的结果。[3]其实这一原理十分简单,开发商支付土地出让金是为了获得扣除一切开发成本之后的利润,因此其愿意支付的最高地价就等于未来开发之后的楼价扣除各种成本和利润之后的剩余额。这种方式可适用于征收集体土地后进行商业或者房地产开发的情形,在条件成熟之时也可成为集体土地直接入市流转用于上述开发时对土地的估价方式之一。[4]

收益还原法又称收益资本化法,是对具备收益性质的土地进行估价的一种方法。简言之,该方法把土地当作一种投资,将土地的价格当作为获取未来若干年其他不动产收益而投入的资本。一个较为理想化的类比是:如果被征收土地每年产出的收益与一定货币额存入银行每年产生的利息等量,那么该土地的价格即为存入银行的货币额。这种评估方式适用于对耕地进行征收后用于建

---

〔1〕 关于中国法和美国法上征收效力规范的前移问题,参见刘连泰:《宪法上征收规范效力的前移——美国法的情形及其启示》,载《法学家》2012 年第 5 期。

〔2〕 参见邱道持:《农村土地资产评估》,西南师范大学出版社 2015 年版,第 1 ~2 页。

〔3〕 参见邱道持:《农村土地资产评估》,西南师范大学出版社 2015 年版,第 183 页。

〔4〕 需要注意的是,征收必须基于公共利益的需要,但是并非所有的房地产开发或者商业开发均不满足公共利益的要求,如危房的拆迁等。同时,在统筹城乡建设用地、推动集体经营性建设用地入市改革的大背景下,如果能形成较为成熟的双轨制供地模式,剩余法依旧可以发挥重要作用。

造学校等盈利较难计算的工程项目。当然,这也是一种较为理想的状态,现实中还要考虑年收益率的变化、还原利率的变化等因素。

成本逼近法是以成本分析为评估的基础,以开发该宗土地所耗费的各项费用之和为主要依据,加之一定的利润等来确定土地价格的估价方法。在目前我国土地交易市场还不成熟的状况下,可以作为过渡时期主要的评估方法。但这种方法的局限性也是十分明显的,因为土地开发的成本与土地所产出的效益并不绝对相关,土地产出的效益还受到规划、区位等因素的影响。该方法可适用于土地征收后用于工业开发等情况。

市场比较法也是一种常见的估价方法,主要根据替代原则将待估不动产与相似区位近期内发生交易的类似房地产进行价格比对,对交易期日、交易情况、区位条件等进行修正后可得到比准价格。该方法市场可信度高,但同时对市场的依赖程度也较大,在目前我国土地的市场交易体系不成熟、市场交易信息不完整、市场交易程序不透明的情形下,适用该方法有一定的难度。但是随着土地市场的进一步发展和完善、土地交易资料的逐渐丰富,这也是一种相对客观与合理的方法。

总之,公平市场价值方法从理论到实践都不是完美的。但是一方面我们需要清醒地意识到世界上并不存在一个能全盘解决问题的完美公式,公平市场价值也自然存在固有的缺陷;另一方面我们也应当认识到,就目前而言,公平市场价值仍然不失为一种相对客观且能普遍适用的方法。

第六章

集体土地征收增值收益之二次分配

集体和个人基于所有权和土地发展权获得土地增值收益的初次分配，这种初次分配的标准来自公平市场价值。初次分配是对财产权市场价值的补偿，不仅包含了土地的原用途价值，也包含了土地发展权的价值。然而如果分配仅限于此，也是有失公允的，因为一个不争的事实是，国家为土地开发、经济建设、环境改善等也投入了大量的成本，部分土地价值的增长也得益于政府的积极行为，加之城市化建设的需要，政府基于公共利益具有分享土地增值收益的正当性。因此，在初次分配之后，应当进行二次分配。而开发利益公共还原思想和特别受益费制度（Special Assessment），则为我国集体土地征收增值收益的二次分配提供了相对简单易行的方案。因此，本章将通过解构美国特别受益费制度的法律构造为我国集体土地征收增值收益二次分配提供一种可能的方案。

第一节　特别受益费的源起与制度构造

开发利益的公共还原思想，滥觞于土地自然增益归公理论。在美国，形成了所谓的价值捕获理论，该理论以土地为研究对象，将土地的双重属性与梅森（Mason Gaffiney）的土地税收理论相结合，提出以土地税平衡土地利益分配，最终形成了实现价值捕获的技术性方案，如土地储备、开发权交易、非营业性增值税以及特别受益费等。早在 17 世纪，美国的地方政府就开始运用特别受益费制度向因公共开发而受益的不动产权利人课征受益金。简言之，所谓特别受益费，即根据立法的授权向土地及不动产权利人课征一定金钱以回收因公共开发形成的特别利益,这是美国进行公共开发增值收益回收的主要手法。

一、特别受益费制度之演化

从传统意义上而言,特别受益费是一种基于法律授权而对土地课征的费用,[1]政府[2] 利用财政收入(主要是税收收入),基于公共利益对规划的土地进行建设和改良,[3]使得与之相关联的特殊人群获得了特别利益(special benefits),因而其需要缴纳费用来"返还"这部分特别利益。[4]美国政府早已利用特别受益费制度来支持公共设施的建设和公共服务的开展,如下水道、公路、人行道等的建设和维护。[5]

特别受益费与一般的不动产税不同,其征收的客体是获得了特别利益的不动产,而非一般意义上的所有社会成员的不动产。[6]例如威斯康星州法令将特别受益费的课征限于"特定区域内获得特别利益的财产"[7],也即必须是特别受益区(Special Assessment District)内的不动产,这是计算特别受益费的基础。[8]另外,无论是在实质上还是在程序上,特别收益金和一般的不动产税都存

---

[1] See Benjamin Harrow, *Special Assessment Taxes*, 22 Law. & Banker & Cent. L. J. 155 (1929).

[2] 在美国,关于哪些公共机构获得了法律的授权可以课征特别受益费,可参见 Gaines, *The Right of Non - Property Owners to Participate in a Special Assessment Majority Protest*, 20 U. C. L. A. L. REV. 205 - 206 (1972)。

[3] See Jefferey v. City of Salinas, 232 Cal. App. 2d 29, 42 Cal. Rptr. 486 (1st Dist. 1965).

[4] 特别受益费是一种基于特殊经济利益的假设。特殊经济利益的本质在于政府的公共改良行为导致相关不动产价值的增加。这种价值的增加来源于政府行为,其所消耗的主要是集体纳税人所缴纳的税款,而非增值财产的所有权人的财产。公共财政资源十分有限,区域的建设和发展也非常依赖于地方税收,因此,地方财政的使用必须基于公共利益,而非为了增加私人利益。从这个意义上讲,这种特殊经济利益需要被视为一种公共利益,而非个人不劳而获(unearned)的利益。特别受益费的课征在某种程度上也可以被视为对该种不劳而获的利益的弥补。See Tax Foundation, *Special Assessments and Service Charges in Municipal Finance*, Government Finance Brief No. 20, 16 (1970).

[5] 一般而言,美国的州宪法允许立法机关授权当地政府征收和使用特别受益费以支持相应公共项目的建设和公共服务的开展。例如,早在 1953 年,《明尼苏达州法典》第 429 章便授权市、县、城郊、农村使用特别受益费。同样,《明尼苏达州宪法》第 5 条第 1 款也规定:"立法机关可以授权市政法人基于财产增益,而非财产的现金价值征收特别受益费以支持地方开发。"(在美国市政法人是指为了地方政府的管理,通常由各州以特许状形式,将某一地区的居民联合起来而建立的既具有公司实体所具备的一般特性同时又被赋予一定公权力的法律实体。)Minn. Const. art. X § 1 provides: "The legislature may authorize municipal corporations to levy and collect assessments for local improvements upon property benefited thereby without regard to cash valuation."

[6] See E. McQuuaam, *The Law Of Municipal Corporations* § 38.02 (3d ed. 1970).

[7] Wis. STAT. §66.60(1)(a) (1975).

[8] See Hale v. City of Kenosha, 29 Wis. 599, 605 (1872).

在区别,其中本质的区别在于“特别的利益置于特别的不动产之中”还是“一般的利益及于普通不动产”。[1]在德佩尔市诉公共服务委员会案(*City of De Pere v. Public Serv. Comm'n*)中,法官也进一步认为“特别受益费迥异于一般的税收,它基于特殊区域内不动产获得的特别利益,并用于支持相应区域的开发”[2]。

因此,证明是否可以课征特别受益费的核心要素,便是证明政府的公共开发行为是否仅仅给特殊区域内的少数成员增加了利益,而非给整个社会的所有成员带来了普遍利益(General Benefits)。[3]基于对价理论(Consideration Theory),特别受益费便是一种获得特别收益所需支付的对价,[4]财产所有者所需支付的数额则是其不动产获得的增益。[5]

事实上,特别受益费制度并非滥觞于美国独立之后,其早在北美殖民时期便已初现端倪。1691年,纽约议会通过了一项法案,授权纽约市政府对辖区内所有房屋的所有者课征费用。课征费用的理由在于政府修剪植物、扩建公共设施、清理下水道、铺设沥青等造成了大量的公共财政支出,而这些公共开发使居民获得了相应的利益。[6]

1787年,一项新的法案在纽约通过,使该种费用的征收已不再针对所有的房屋,而是针对那些根据政策和规划获得利益的房屋,也因此出现了最早的受益区(Benefit District)的概念。

随后,一系列法案相继通过,不断补充、细化、更新1787年的法案。在美国建国初期,就已经演化形成了特别受益费制度的基本框架:(1)特别受益费主要由市政法人课征;(2)课征的对象仅限于基于公共开发而获得明确利益的区域;(3)征收的钱款被用于公共开发建设,如植树、建造排水沟、街道的建设和维护、供水设施的建设等;(4)征收数额的计算以收益财产为基础。整个19世纪,美国的特别收益金制度基本都遵循了上述的模式和架构。到了1893年,在美国

---

[1] See e. g., Plymouth v. Elsner, 28 Wis. 2d 102, 135 N. W. 2d 799 (1965).

[2] City of De Pere v. Public Serv. Comm'n, 266 Wis. 319, 327, 63 N. W. 2d 764, 769 (1954).

[3] See Duncan Dev. Corp. v. Crestview Sanitary Dist., 22 Wis. 2d 258, 264(1964).

[4] See Illinois Cent. R. R. v. Decatur, 147 U. S. 190, 198 – 199 (1893).

[5] 当然,对于特别受益费数额的计算,美国历史上曾产生出了多种方式,增益的数额仅是其中一种,而对价理论也并非一直被严格地遵循,因为在很多特殊的情况下,由于政府公共开发行为的开支过大,如此计算会对被征收人造成极大的不公平。See Weitz v. Davis, 4 Ariz. App. 209, 419 P. 2d 113 (1966).

[6] See Victor Rosewater, *Special Assessments*, New York: Columbia College, 1893, p. 22 – 23.

的 44 个州中,已有 40 个州通过立法或者司法判例不同程度地支持了特别受益费制度。[1]

20 世纪初期,特别受益费已经成为美国城市建设发展资金的主要来源之一,在某些地区特别受益费收入甚至是一般财产税收的数倍。1913 年,在人口超过 10 万的城市中,特别受益费的收入占其总财政收入的 12% 左右。在洛杉矶、堪萨斯城、波特兰和奥克兰这一比重更是高达 20% 。而在人口数量超过 3 万的 199 座城市中,仅有 5 座未建立特别受益费制度。[2] 尽管在"一战"期间,特别受益费的频率有所下降,但 1922 年,在人口数量超过 3 万的 261 座城市中也仅有 7 座未建立该制度。[3] 而使用频率最高的,主要集中于南部和西部一些新兴城市。特别受益费制度的普及程度也从侧面印证了该制度在资金供给方面对美国城市建设的莫大助益。

20 世纪 20 年代,美国处于空前的城市化建设时期,对特别受益费的依赖也达到了前所未有的高度,尤其是街道、排水沟、水管的建设和娱乐场所的开发,仅仅在 1928 年,人口数量超过 3 万的城市就课征了 2.5 亿美元特别受益费。[4]

在美国经济大萧条的 20 世纪 30 年代,由于大部分人无力支付这笔费用,政府收到的特别受益费大量减少,即使在经济条件相对较好的地区也是如此。而在那些业已开展基础设施建设但是没有建造住宅的地区更是无法收取。大量的特赋债券(Special Assessment Bonds)在此期间无法正常履约,政府的信用大受影响,以致在大萧条之后,特赋债券的财政收入功能被大大降低。"二战"以后,随着美国经济的复苏和发展,特别受益费的收入又大量增加,但是其在总财政收入中的比重从 1930 年的 6.7% 下降到了 1968 年的 1.5% 。

---

〔1〕 See Victor Rosewater, *Special Assessments*, New York: Columbia College, 1893, at 52.

〔2〕 See U. S. Bureau of the Census, *Financial Statistics of Cities over* 30,000: 1913, Washington: Government Printing Office, 1915.

〔3〕 See U. S. Bureau of the Census, *Financial Statistics of Cities over* 30,000: 1925, Washington: Government Printing Office, 1927.

〔4〕 See U. S. Bureau of the Census, *Financial Statistics of Cities over* 30,000: 1928, Washington: Government Printing Office, 1931.

二、特别受益费制度的内部构造

(一)作为构成要件的特别利益

通常而言,特别受益费的课征需要至少满足两个前提条件:第一,政府[1]必须证明项目开发是为了公共利益,而非私人利益。[2]第二,开发建设活动必须使被课征特别受益费的不动产获得了特别利益。[3]进一步讲,政府必须证明开发建设行为与不动产价值增加之间存在因果关系。在实践中,当政府进行一项开发建设时,通常会给特殊的社会成员带来利益,同时也包含着给予普通社会成员的普遍性利益。因此,政府通常会确定一定的利益比例,并按比例确定特别受益费和普通税收承担建设费用的数额。[4]然而,因为法院在进行审查时通常会尊让政府对此作出的决定,因而对于因果关系的审查并不十分严格。[5]

特别受益费的核心构成要件是特别利益,时至今日,法院还未对特别利益下过准确定义。早期,法院通过不动产市场价值的增加程度来判断特别利益的

---

〔1〕 通常情况下,政府是主要的执行者,但是政府所获得的授权来源于议会制定的法令,因此虽然在此处笔者的表述为“政府”,但实际上更为准确的表述应该是“市政及立法机构”,此处所指的是其广义的概念。考虑到政府是最为直接的执行者和决策者,也为了保持全书在理解上的一致性,故在此用“政府”一词。

〔2〕 在联邦建筑公司诉恩赛因案[Federal Constr. Co. v. Ensign, 59 Cal. App. 200, 209 – 210 (2d Dist. 1922)]中,法院认为:“开发建设必须是一种公共项目,即必须对一定数量的社会成员产生利益,也因此政府实施该开发行为可以不经具体个人的同意……”同时,威斯康星州法律要求执行有关课征特别受益费的决议时必须基于市政目的(municipal purpose)。See Wis. STAT. §66.60(2)(1975).

〔3〕 特别利益(special benefit)并非一个统一的表述,在很多地方被表述为当地利益(local benefit)。在联邦建筑公司诉恩赛因案[Federal Constr. Co. v. Ensign, 59 Cal. App. 200,210 (2d Dist. 1922)]中,法院认为:“除非政府的行为能够增加当地福祉,否则不应认定为是为了公共利益而进行的开发建设。无论这种利益是现实存在的抑或可期待的,政府都有权因此而向普通社会成员征税。但是对于仅仅有利于部分特定社会成员的公共开发行为,政府则无权向所有社会成员征税,因为这种特殊利益并没有被普通社会成员所享有。”同时,威斯康星州法律规定政府的公共开发行为必须对限定的且可确定区域内(limited and determinable area)的财产增加利益。See Wis. STAT. §66.60(2) (1975).

〔4〕 See Callies & Duerksen, *Value Capture as a Source of Funds to Finance Public Projects*, 8 URB. L. ANN. 87 (1975).

〔5〕 在斯宾塞诉麦钱特案[Spencer v. Merchant, 125 U.S. 345,356(1888)]中,联邦最高法院通过了对特别受益费法案有效性的审查,并论述到:立法机关有权决定具体哪一宗土地可能以及事实上会因为政府的开发行为而获利,并通过法令课征特别受益费。不动产所有者无权对其不动产是否获益提出申诉,仅能就特别受益费的有效性以及其在不同土地之间分配的比例予以质疑。同样地,加利福尼亚最高法院在艾里什诉哈恩案[Irish v. Hahn,208 Cal. 339,347,281 p.385,388(1929)]中认为只有在出现欺诈或滥用自由裁量权之时,法院才会对是否获益这一问题进行审查。简言之,法院通常仅仅审查特别受益费的有效性和其分配,但不对不动产是否获益进行审查。

存在与否以及提高的量。[1]随后的判断方法相较之前更加精准，法院在考察市场价值的增加之时，不仅考虑当下的使用价值的增加，同时也将合理的潜在使用价值的增加考虑在内，[2]因为通常而言，潜在市场价值的增加是获得特别利益最明显的表征。[3]在争议焦点为课征特别受益费是否有效的案件中，政府一方要承担举证责任，如果当地政府无法提供完整且实质的证据证明存在特别利益以及相应的比例，法院有权判决政府课征特别受益费的决定无效。

需要说明的是，特别利益的判断与工程项目的规模并不存在必然联系。[4]例如政府可能通过课征特别受益费来筹集资金，为全城安装路灯；也可能课征特别受益费来建造公园。与此相同的是，稽征区（Assessment District）的大小与特别利益的判断同样没有必然的联系。[5]有些城市可能仅仅划分了一个稽征区，而有些城市可能根据不同的区位和发展规划划分有多个稽征区，但特别利益的判断并不会因此而一定产生变化。

通常情况下，在课征特别受益费之前会划定稽征区，而特别利益要件的缺失会导致特别受益费的课征违宪。加利福尼亚州法令第 1911 条和第 1913 条规定：稽征区是“因开发建设享有利益并经特殊评估需承担开发成本和费用的区域”[6]。在春街公司诉洛杉机市案（*Spring Street Company v. City of Los Angeles*）中，[7]加利福尼亚州最高法院认为：政府只有对土地逐块（lot – by – lot）进行评估和论证，证明其将会获得特别利益之后才能划定稽征区，否则对少数财产所有者不公平。[8]

---

〔1〕 See Federal Construction Co. v. Ensign, 59 Cal. App. 200, 212, 210 P. 536, 541 (2d Dist. 1922).

〔2〕 See Auburn Lumber Co. v. City of Auburn, 258 Cal. App. 2d 732, 737 – 38, 66 Cal. Rptr. 58, 62 (3d Dist. 1968); Jeffery v. City of Salinas, 232 Cal. App. 2d 29, 36, 42 Cal. Rptr. 486, 492 (1st Dist. 1965); Howard Park Co. v. City of Los Angeles, 119 Cal. App. 2d 515, 522, 529 P. 2d 977, 981 – 82 (2d Dist. 1953).

〔3〕 Ibid.

〔4〕 See e. g. , Federal Construction Co. v. Ensign, 59 Cal. App. 200, 215, 210 P. 536, 542 (2d Dist. 1922).

〔5〕 Ibid.

〔6〕 CAL. STS. & HY CODE § § 5343, 10008 (West 1969).

〔7〕 See Spring Street Company v. City of Los Angeles, 170 Cal. 24, 148 P. 217 (1915). 与此类似，美国联邦最高法院在诺伍德诉贝克案［*Norwood v. Baker, 172 U. S. 269 (1898)*］中指出缺乏特别利益的特别受益费违反了美国宪法的正当法律程序条款。

〔8〕 See Spring Street Co. v. City of Los Angeles, 170 Cal. 24, 30, 148 P. 217, 219 (1915). Accord, Roberts v. City of Los Angeles, 7 Cal. 2d 477, 491, 61 P. 2d 323, 329 (1936) and Lloyd v. City of Redondo Beach, 124 Cal. App. 541, 546 – 47, 12 P. 2d 1087, 1090 (1st Dist. 1932).

(二)作为权力来源的征税权与警察权

与特别利益相对应的概念是一般利益,基于这两者的差异,理论和实践中存在特别受益费属于税还是费,权力来源是征税权还是警察权的讨论。在最近的圣保罗第一浸信会教堂诉圣保罗市案中,美国明尼苏达州最高法院讨论了税与费、一般利益与特别利益之间的实质差异。[1]在该案件中,法院讨论的核心问题在于基于通行权而征收费用的权源是征税权还是警察权。因为如果来源于征税权,特别受益费的课征便要受到宪法关于税收的规定的限制,[2]也正因如此,对特别受益费的征收数额必须进行严格控制,使之不能超过所获的特别利益的数额。然而当这一费用的课征来源于警察权时,就不用受到宪法税收条款的制约。[3]

法院援引判例认为判断一项特殊费用的征收是基于政府的征税权还是警察权,需要检验征收该费用的主要目的(primary purpose)。[4]如果"主要目的是增加财政收入,而非弥补市政管理的费用",这种情况下行使的便是征税权。[5]当然,法院也承认通过这种判断方式得出的结论只具有相关性,而不具有说服性,[6]因此,还需要通过分析不动产所获得的是一般利益还是特别利益来进一步判断。以该案为例,法院最终判定以教堂周边交通建设需要为名征收的费用使"一般大众获益",具有税收的特征和功能,因为该通行服务的提供并没有增加教堂的市场价值,同时,"所有前往教堂的人员对毗邻教堂的道路的使用本质上与一般大众对公共道路的使用并无二致"[7]。

需要指出的是,无论特别受益费的权力来源是警察权还是征税权,征收的前提都必须是存在特别利益,这两者的主要区别在于数额的计算标准以及所遵循的程序不同。在警察权之下,政府只需要判断"事实上存在利益",而在征税权之下,征收的数额则以"事实上存在的利益的价值量"为基础。

具体而言,当课征一项特别受益费的权力来源于征税权时,对不动产带来的利益必须是事实上存在的,也即存在实际增益,而且需要精确地计算出增加

---

〔1〕 See First Baptist Church of St. Paul, et. al., v. City of St. Paul, 884 N.W. 2d 355 (2016).

〔2〕 See Carlson – Lang Realty Co. v. City of Windom, 307 Minn. 368, 369 (1976).

〔3〕 See Drew v. Tifft, 79 Minn. 175, 183 (1900).

〔4〕 See Farmers Ins. Grp. v. Comm' r of Taxation, 278 Minn. 169, 174 (1967).

〔5〕 See County Joe, Inc. v. City of Eagan, 560 N.W. 2d 681, 686 (Minn. 1997).

〔6〕 Ibid.

〔7〕 Brewster v. City of Pocatello, 768 P.2d 765, 767 (Idaho 1988).

的价值量。以此为权源课征特别受益费受到法律的严格限制,最大的限制在于课征的数额不能超过实际所获增益的价值量,如果超过,就属于“未经正当法律程序征收私有财产”,存在违宪风险。而当权力来源是警察权时,则并不需要对增益的价值量进行精确的计算。但此种情况下,如果不动产未能获得特别利益,政府也不能为了弥补公共开发的成本而简单地按比例课征特别受益费。因为虽然在警察权之下不需要精确计算增益的价值量,但是享有特别利益作为课征特别受益费的前提必须得到满足。就课征特别受益费权力的不同来源及其区别见表6－1。

表6－1　课征特别受益费的权力来源及其区别

权力来源	征税权		警察权
名目	一般财产税	特别受益费用(税)	特别受益费(费)
主要目的	增加财政收入	增加财政收入	弥补开发成本
限制	同一种类计算方法相同	同一种类计算方法相同;数额小于等于增益	具有合理性
条件	一般利益	特别利益	特别利益
基准	财产的市场价值	财产的增益	财产的增益

第二节　特别受益费制度的运行模式

一、特别受益费制度运行的一般程序

在美国,不同的州对特别受益费制度的运行程序有不同的规定,但无论法律规定如何迥异,大体而言都可以将其划分为三个主要部分:(1)初步评估;[1](2)详细分析;[2](3)批准最终评估名册并核发证书。[3]具体而言,可以分为以

〔1〕 初步评估一般包括以下步骤:(1)启动程序;(2)准备报告;(3)发布举行听证会的通知;(4)举行听证会;(5)通过决议。See e. g. Minn. Stat. §429.031.

〔2〕 详细分析一般包括以下步骤:(1)公开招投标;(2)准备评估名册;(3)发布举行听证会的通知;(4)举行听证会。See e. g. Minn. Stat. §429.041, 429.061.

〔3〕 批准最终评估名册并核发证书通常包括以下步骤:(1)批准和确认评估名册;(2)发行债券筹集开发经费;(3)收取特别受益费并核发证书。See e. g. Minn. Stat. §429.041, 429.061, 429.081, 429.091.

下三个阶段。

第一,启动阶段。特别受益费制度既可以由不动产所有人主动申请启动,也可以由当地政府依职权启动。尽管政府鼓励不动产所有人根据意愿主动申请,但是更普遍的方式是政府根据当地发展的一般政策启动课征程序。

第二,确定特别受益区。通常而言,政府部门会根据规划决定开发建设的区域,划定特别受益区的范围和界线,确定课征特别受益费的区域和费率。[1]从理论上讲,要精确地确定特别受益区及特别受益费的费率几乎是不可能的,因为公共开发引起的辐射性增值虽然具有一定的可预期性,但无论是范围还是强度均存在多种不确定的因素。因此,现实中,行政机关通常依据一般理性人的标准进行判断,即从原则上讲,普通人对该区域内的财产因政府的公共开发行为而受益存在合理期待。而法院对此问题也没有在以往的判例中提供任何具有可操作性的标准,其基本的态度是:允许立法机关和政府根据现实需要确定特别受益区,这种现实的需要应考虑地形、人口密度、管理的便利等。

第三,确定特别受益费的数额。法院在这一问题上的态度与上述特别受益区的确定问题相类似,允许政府根据现实需要确定计算方法。从理论上讲,直接评估公共开发前后不动产的价值增量是最精确的方式,但在实际操作过程中,这种方式却存在诸多弊端。因此,通常而言,政府多采用成本法来计算特别受益费,并确定其在各个不动产上的比例。[2]

二、特别受益费数额的确定方式

(一)总成本的确定

在确定每个不动产应分担的特别受益费之前,首先要确定的是公共开发的总成本。在核算总成本时,需要考虑的不仅仅是实际建造和开发的费用,同时也包括与此相关的工程费用、法律费用、街道修复费用、开发期间的预期利益弥补费用和合理的管理费用等,甚至也包括一定比例的意外事故基金。

(二)特别受益费总额的确定

政府部门计算的特别受益费的总额与开发成本具有相关性,但特别受益费

---

〔1〕 See Gaines, *The Right of Non – Property Owners to Participate in a Special Assessment Majority Protest*, 20 U. C. L. A. L. REV. 208 (1972).

〔2〕 See e. g. , City of Baldwin Park v. Stoskus, 8 Cal. 3d 563, 568, 503 P. 2d 1333, 1336, 105 Cal. Rptr. 325, 328 (1973).

总额并非完全等于总开发成本。有时为了平衡长期以来的建设成本,政府会将项目前期发生的与之相关的投入也计算在内,而当开发成本明显过高时,特别受益费的总额会低于总成本。但是一般而言,特别受益费的总额与项目建设的总成本相当,当然,对特别受益费的确切推算必须以评估为基础。

因为政府不能从收取特别受益费的项目中获益,所以在确定特别受益费总额之时,需要扣除其因公共开发而客观上获得的收益,其中最主要的部分是行政机关所拥有的不动产因此而获得的特别收益,因为与其他受益人一样,如果行政机关的不动产在特别受益区之内,政府也对自己拥有的不动产进行了开发建设,其不动产同样也会因为公共开发而获得不同程度的收益。另外还存在一些法律规定的例外情形,虽然某些不动产也因此获得了收益,但因为其性质特殊,所以也将其排除在计算特别受益费的范围之内,比如联邦政府所拥有的不动产等。简言之,特别受益费总额 = 开发总成本 - 政府不动产所获特别受益 - 法律规定的例外情形。

(三)具体不动产特别受益费数额的确定准则

在确定完总成本和特别受益费的总额之后,下一步便是公平合理地确定稽征区内每一个不动产应当承担的特别受益费的比例和具体的数额。对此进行计算的理想结果是所有不动产所有者都恰如其分地承担其所需支付的费用,未少缴,也未被多征。但无论在理论上还是在实际操作中,这都是一个十分复杂的问题,因此通常会采用多种方法尽可能地使计算结果达到这种理想状态。美国政府在长时间的实践中,发展并形成了三种最为常用的方法:单元评估法(Unit Assessment)、正面临街长度法(Front Foot Assessment)和区域评估法(Area Assessment)。

1. 单元评估法

单元评估法因为统计方式简单直接,一度成为最流行的计算方法。该方法主要被应用于测算因下水道工程而产生的特别受益费,但因其存在的弊端也相当明显,所以如今已很少被采用。[1]根据这种方法,每一栋住宅楼和商业建筑都被划分成一个个独立且相同的单元,并按比例承担费用。在这种方法下,一栋坐落在5英亩土地上拥有20个房间的房子与一栋占地面积1英亩的房子所需要缴纳的特别受益费是相同的。这种方法的合理性在于,无论房子的占地面积

〔1〕 See Duncan Dev. Corp. v. Crestview Sanitary Dist., 22 Wis. 2d 258, 125 N. W. 2d 617 (1964).

为多少,如果均为一户,那么其所享有的社会服务是相同的,因此需要缴纳的特别受益费也应当相同。但是这种计算方式的不合理之处也相当明显,因为虽然面积较大的住户享受的公共服务,如下水道、路灯、供水等与面积较小的住户并无差异,但两者的开发和维护成本却存在显著差异,获益量也相应存在差异。因此,单元测算法只适用于基础设施建设完善的小型社区,并且要求每栋住宅的占地面积大体相同。

2. 正面临街长度法

正面临街长度法是目前在实践中使用最多的方法,主要依据不动产临街的长度来计算相应的特别受益费比例,该方法主要用于街道、下水道、人行道、供水管道等项目的建设和维护中。该方法的合理之处在于,获得特别利益的程度通常和不动产临街的长度成正比,当然,这一基准对于商用建筑、工业建筑和住宅而言是不同的。[1]举例而言,如果政府修缮了一条2000英尺的街道,共花费15,000美元,而其中一块土地有100英尺毗邻该街道,那么其特别受益费大致为总费用的5%,也即750美元。在特殊情况下,如果公共项目的开发成本过高,而且对于周围的不动产影响有限,通过计算总成本并按照临街长度比例计算特别受益费就会有失公允。为了避免这种情况的发生,政府会设定一个最高值,当总成本超过这一最高值时,便按预先设定的最高值进行计算。

建筑正面通常是按照临街的长度确定比例,并按照比例确定特别受益费的数额;而建筑侧面的计算相对容易得多,尽管很多建筑侧面的长度存在较大差异,但考虑到建筑侧面的开发成本、土地数量等在总量中占比相对较小,因此为了统计和计算的方便,大部分城市会通过计算平均年费的方式来替代。[2]同时,对于位于转角处或者形状不规则的土地,部分城市也有特殊规定。而在绝大多数情况下,正面临街长度法适用于与公共开发区域毗邻的不动产,但有时也有例外情况。例如,在米勒诉密尔沃基市案(*Miller v. City of Milwaukee*)中,[3]威斯康星州最高法院判定密尔沃基市对于防水堤的修建项目有权向距离湖边1/4英里处的不动产的所有人课征特别受益费。

---

〔1〕 See Molbreak v. Village of Shorewood Hills, 66 Wis. 2d 687, 225 N. W. 2d 894 (1975).

〔2〕 See e. g. Wis. STAT. § 66.625 (1975).

〔3〕 See Miller v. City of Milwaukee,14 Wis. 699(1861), *See* also Cf. Soens v. City of Racine,10 Wis. 214(1860).

3. 区域评估法

区域评估法并不像单元评估法那样机械地按照建筑或者户来平均划分，也不像正面临街长度法那样依据临街的长度直接进行计算，而是通过划定一定的区域，对没有直接毗邻开发区域的不动产进行综合测算的一种方式。如大型电房、水泵站、市中心的停车场等，虽然这些设施没有与所有的土地直接连接，但它们服务于特定的区域，并为该特定的区域带来特定的利益。在评估的区域中，部分为已开发地区，但仍然有一部分为未开发用地，在此种情况下，政府在计算总成本之后，会对未开发用地的面积进行一定比例的折算，在此基础上核算稽征区可课征特别受益费的面积以及每英亩应承担的费用。最常见的是道路面积，因为道路本身被排除在总面积之列，因此会将未开发土地的20% ~ 25%预留为道路建设用地，并排除在统计之列。另外，因为未开发土地的收益并不能及时显现，所以通常对这部分土地课征的特别受益费会延迟到土地被规划开发之后。而且通常而言，针对一个公共开发项目，特别受益费的计算采取的是多种方式。例如水泵建设项目，水管建设部分采用的是临街长度法，其他部分采用的是区域评估法。当然，对每一部分成本进行严格区分并非仅仅是个简单的数学问题，因为在开发过程中，每一部分的成本存在相互重合的地方。

通常而言，针对一个公共开发项目，计算特别受益费会采取多种方式。例如对于水泵建设项目，水管建设部分采用的是临街长度法，其他部分采用的是区域评估法。当然，对每一部分的成本进行严格区分并非简单的数学问题，因为在开发过程中，每一部分的成本存在相互重合的地方。

三、特别受益费的收取方式

虽然一般的不动产税和特别受益费在理论基础、构成要件、计算方式、限制因素等方面有差异，但在收取方式上两者是一致的。对于逾期未缴的特别受益费以及滞纳金甚至会像一般的不动产税一样被列入税则(tax roll)名录。

特别受益费的缴纳可以采取一次性缴纳的方式，也可以根据规定采取按年分期付款的方式。对于一次性课征的特别受益费，课征的时间并非始于项目完成之时，考虑到存在未规划的土地等情况，具体的课征时间由政府视具体情况而定。通常而言，政府会规定一个推迟收取的时间，并结合项目具体投入使用的时间，取两者中的较早者计算和课征特别受益费。

对于采取年费形式分期课征的特别受益费，每一年的年费中必须包含相应比例的份额以及其年利息。与一次性收取的特别受益费不同的是,按年费形式收取的特别受益费会与其他市政税收一起被记载于税则名录之中,在缴纳完特别受益费和其他税款之后,政府会颁发相应的税收证书。为了避免支付年利息,不动产所有人也可以在政府发布分期付款通知后 30 天内向市政秘书处提交一次性支付全额特别受益费的申请。

第三节 “征收—给付”视角下特别受益费的中国化构造

美国的特别受益费指的是政府对基础设施等进行投资建设之后引起周边土地价值增加,相关人因享受特别利益而对其征收的一种费用,是调节特殊人群享受的特殊利益的一种手段。美国特别受益费制度关注的不是被征收的土地而是被影响的周边土地,而本书要研究的是农村集体土地被征收后,由于征收行为所带来的增值收益的分配问题,因此,从表面上看,美国的特别受益费所针对的土地和本书所研究的被征收的土地并非指向相同的对象,更让人疑惑的是,不动产所有者作为被征收的主体,当财产被政府征收之后,如何在理论上证成缴纳特别受益费的合理性。但是本质上,两者具有相同的原理,两者均是对“给付”行为的一种社会平衡。更进一步讲,特别利益是给付的一种,在土地征收过程中,这种给付在理论上呈现出三种不同的形态:物理性给付(physical giving)、管制性给付(regulatory giving)和派生性给付(derivative giving)。[1] 从传统和新型的征收类型入手,可以更全面地发现和分析给付的形式和时代内涵,并通过“征收—给付”的理论分析框架来探寻特别受益费制度中国化的理论前提和现实可行性。

一、特别受益费制度中国化的理论证成

(一)新型“征收—给付”理论的发展

征收与给付是一对相伴的概念,每一种征收行为均存在一种与之对应的给

〔1〕 严格意义上讲,此处所讲的给付与传统的行政给付虽有一定的联系,但并不完全相同。为了避免概念体系的混乱,故此处只作给付,后文将进行详述。

付行为，并且两者是相伴相生的，不可能存在脱离给付的征收行为。[1]但这种给付与传统行政法中的给付行政不是同一个概念，与我国行政法学界所认识的行政给付更是存在差异。

给付行政的概念来源于德国行政法，[2]其作为一个行政法上的概念出现，与现代国家任务的变迁之间具有不可分割的关系，即国家负有对个人生存进行照顾的职责。[3]与传统行政法的干预行政不同，给付行政将重点置于社会保障而非司法审查。我国行政法学界提出的行政给付也大体指向了社会保障。“狭义的行政给付仅指行政主体在公民失业、年老、疾病或丧失劳动能力或其他特殊情况下，依照法律的规定，赋予其一定的物质权益或与物质有关的权益的行政处理行为。”[4]在实定法上，如《宪法》第 45 条、《社会保险法》第 2 条等都为行政给付提供了原则性法律依据。[5]事实上，这种救济和社会保障性质的行政给付行为早已不能完全涵盖给付行政的内涵。随着社会生产力的发展和政府的转型，行政机关不仅对诸如失业人员、孤儿等提供住房、生活费、就业培训等授益性服务，而且也会出于美观、安全、健康等考虑提供大量的授益性服务，这种服务可能是实物形式的，也可能是以许可的形式间接形成的给付。

目前，我国学界对征收的研究主要集中于物理性征收（physical taking），也有少量学者的研究涉及管制性征收（regulatory taking），[6]但因其在我国的发展前景还有待论证，因而论著较少。而派生性征收（derivative taking）这一概念过于超前，还未被引入我国，甚至在美国对其讨论也并不充分。

物理性征收，顾名思义就是在法律意义上财产的所有权发生变动的同时，也对该实物进行物理上的占有或其他处分。这是最为常见的征收类型，在中国

---

[1] 美国有学者认为给付行为在美国之所以没有获得学者们的关注是因为美国宪法中存在征收条款，却不存在给付条款，这造成了长久以来学界对此问题研究的空白和缺失。然而这种研究不对等的状态在当下已不合时宜，因为无论从理论上的“征收—给付”连贯性，还是出于对等保护、公平效率等的考虑，对给付的研究也应当获得足够的重视。See Abraham Bell & Gideon Parchomovsky, *Givings*, 111 Yale Law Journal 547 - 618 (2001).

[2] 1938 年，德国学者福斯多夫发表了《当成是服务主体的行政》一文，提出了“生存照顾”的概念，并将之与当时的“服务行政”相区别，前者是政府单方面提供的福利，而后者则需要支付一定的对价。

[3] 参见章剑生：《现代行政法基本理论》（第 2 版），法律出版社 2014 年版，第 111 ~ 112 页。

[4] 姜明安主编：《行政法与行政诉讼法》（第 5 版），北京大学出版社 2017 年版，第 381 页。

[5] 参见章剑生：《现代行政法基本理论》（第 2 版），法律出版社 2014 年版，第 119 页。

[6] 中国学者对管制性征收理论还未进行系统的论述，现有研究主要集中于美国管制性征收的历史演变，以及诸如网约车、旧城改造等热点问题。代表性的论著有刘连泰等：《美国法上的管制性征收》，清华大学出版社 2017 年版。

语境下讨论的农地征收也主要是这种形式。在美国,法院通常将此种征收视为“永久性物理侵害”。管制性征收是行政机关采用强制性权力对私人使用的不动产进行管制的时候对私人财产权益造成类似于征收的损失,从而认为该管制转化为征收,对该被管制人财产价值的减损需要参照征收进行公正补偿的法律制度。[1]但是并非所有该种类型的管制和限制都构成管制性征收,当行政机关的管制是为了防止所有权人对财产的使用损害他人时,并不构成管制性征收,也不需要对其进行补偿。[2]而派生性征收是指当周围的财产因征收或者其他原因产生价值减损时,其自身价值也因此受到减损的情形。[3]派生性征收与管制性征收最大的区别在于后者行政机关直接将管制行为作用于受影响的财产,而前者管制行为直接作用于周围的财产。

举例而言,某地政府根据发展规划建设机场,征收了5000亩土地用于机场航站楼、航道、停机位等的建设;同时,为了航空安全,限制了附近100栋建筑的高度。由于新机场的运营,周围5平方公里的土地价值下降了20%。在这个过程中,对用于建设机场的5000亩土地的征收属于物理性征收,对为了航空安全而被限制高度的100栋大楼属于管制性征收,对因机场建设而价值下降20%的土地中,除却物理性征收和管制性征收之外的部分属于派生性征收。

正如前文所述,征收与给付是一对相伴的概念,每一种征收行为均存在一种与之对应的给付行为,并且两者是相伴相生的,不存在脱离给付的征收行为,因此,行政机关在实施征收的同时,也必然存在给付行为。

与物理性征收、管制性征收、派生性征收相对应,理论上也存在物理性给付(physical giving)、管制性给付(regulatory giving)和派生性给付(derivative giving)三种给付方式。在物理性给付中,行政机关直接将财产利益给予私主体;在管制性给付中,行政机关虽然没有直接给予财产所有者以财产利益,但是通过许可等授益性行为提高了财产的价值;而在派生性给付中,行政机关并未直接对相关不动产实施任何行政行为,而其周围的不动产因行政机关的给付行为产生了增值使该不动产也因此间接获得了增值。

我国政府在对农地实施征收时,同样也存在上述三种给付情形。比如,农

---

〔1〕 参见彭涛:《论美国管制征收的认定标准》,载《行政法学研究》2011年第3期。

〔2〕 See Lucas v. S.C. Coastal Council, 505 U.S. 1003, 1022 (1992).

〔3〕 See Abraham Bell & Gideon Parchomovsky, *Takings Reassessed*, 87 VA. L. REV. 279 – 281 (2001).

地被征收之后，对被征收农民采取的就地安置、重新盖房等直接分配的方式，即属于物理性给付；而重新规划、增加容积率等则是典型的管制性给付；完善周边基础设施、提高绿化等则是派生性给付的体现。

（二）给付与公共利益之返还

征收需要补偿是一个无须赘述的命题，同样给付也应当获得特别利益的返还，因为正如上文所言，征收和给付是一对相伴相生的概念，无论是出于公平的考虑，还是出于政治背景下的公共选择的考量，我们都不能只强调征收需要补偿，而不强调给付需要返还。

1. 公平视角

如果说征收是一种强加于被征收人的特别牺牲，是一种对社会负担的分配，那么给付则是一种施与相对人的特别利益，是一种对社会利益的分配。美国历史上有法官在阿姆斯特朗诉美国案（*Armstrong v. United States*）中解释道：美国宪法第五修正案征收条款的设计保证了政府不会出于公平正义的考虑而将属于整个社会的负担置于部分人身上。[1] 出于社会公平的考虑，也不应当将属于整个社会的利益让部分人独享。分配正义要求政府在分配负担和利益之时都要基于公平原则。[2]尽管对于何谓公平众说纷纭，在不同的政治背景下存在不同的价值位阶和价值判断，但是毫无疑问的是，政府不得基于一个主体利用政治制度的能力来决定利益的分配，也不得以可能造成不正当政治影响为由而歧视任何一个主体。[3]因此，出于社会公平的考虑，对征收给予补偿的同时，应当对给付课征费用。

2. 效益视角

根据政府理性人的假设，政府的一切行为都追求价值的最大化，只有当利益大于成本时政府才会有所作为。但是在没有对给付课征费用的情况下，可能会产生一定的财政幻觉，进而影响项目的开发。比如对于一项高速公路开发项目，建造成本和征收成本一共为 5 亿元，政府通过计算发现，这个项目的实施可以为周边地区带来 8 亿元的增益，然而税收的增加量只有 1 亿元。那么基于理性人假设的政府如果没有考虑给付带来的利益，可能会拒绝这一项目的开发，

---

〔1〕 See Armstrong v. United States, 364 U. S. 40, 49 (1960).

〔2〕 See John Rawls, *Justice as Fairness*, 67 PHIL. REV. 165 (1958).

〔3〕 See Alan E. Brownstein, *Illicit Motive in the Municipal Land Use Regulation Process*, 57 U. CIN. L. REV. 1 (1988).

因为5亿元的成本远远大于1亿元的税收收入，但是如果将给付带来的利益也考虑在内，则收益将大于开发成本，政府进而会推动项目的实施。

3. 我国的实际情况

我国的征收安置补偿主要包括就地安置和货币安置两种形式。对于就地安置而言，行政机关的重新规划、基础设施的完善、居住环境的改善等均是行政机关的给付行为，除去应有的征收补偿之外，政府还投入了社会的资源提升了不动产的价值。而对于货币安置而言，由于重新规划和区位的变化，在"最高最优用途"补偿原则下，被征收人获得的货币补偿中不仅包含了其应当获得的市场价值，同样也存在行政机关的给付，因为如果没有土地规划和基础设施建设等条件的改变，被征收土地"最高最优用途"的市场价值也可能会大打折扣。因此出于公平、效益的考虑，对土地征收补偿款、课征特别受益费都具有理论上的必要性。

二、土地增值收益调节金的有益实践

中央在这一领域应当说已经进行了一定的尝试，虽然和前述特别受益费制度有一定区别，但其原理是相近的。如早在1994年我国便开始对转让国有土地使用权、地上建筑物(包括地上、地下的各种附属设施)及其附属物而取得的增值额征收土地增值税。[1] 2016年4月财政部和国土资源部印发的《农村集体经营性建设用地土地增值收益调节金征收使用管理暂行办法》也对集体经营性建设用地入市和再转让的土地增值收益规定了20%～50%的调节金。

试点地区的改革远远早于中央的统一安排。比如，苏州市早在1996年就规定要从集体建设用地流转总价中提取30%，实行市、县级市(郊区)和乡(镇)三级分成。[2]芜湖市在大桥镇四捍村集体建设用地转让中，按照土地所有者、镇、县(区)、市政府2∶5∶2∶1进行分配。上海市松江区的具体做法是市级财政不收取土地增值收益调节金，区级财政参照国有土地出让收入分配比例收取土地增值收益调节金，即商业服务用地按出让收入的50%缴纳调节金。[3]

正如前文所述，从国家角度出发，土地的增值有一部分是由于国家对土地

---

[1] 参见《土地增值税暂行条例》《土地增值税暂行条例实施细则》。

[2] 参见《苏州市农村集体存量建设用地使用权流转管理暂行办法》。

[3] 参见宋志红：《中国农村土地制度改革研究——思路、难点与制度建设》，中国人民大学出版社2017年版，第266页。

进行重新规划、进行基础设施建设等引起的，基于"涨价归公"原理国家应当分享土地增值收益；从集体组织角度出发，特殊的群体享受到了特别利益和给付，出于公平和效用原则，应当课征费用，进行开发利益公共还原。

实践中上述做法有一个共同的特点，即税费都是基于土地的流转而课征的，流转的方式主要包括出售、交换、赠与、出租以及作价出资等，而且规制的对象是国有土地和集体经营性建设用地，并不包含农用地和宅基地。这样的安排是可以理解的，因为在传统模式下，土地征收的补偿以原用途为基准，虽然呈现出不断上升的趋势，但本质上还是一种政府定价。这种定价模式直接攫取了被征地农民的土地发展权益，同时也早已将土地规划和基础设施建设等带来的"给付红利"排除在补偿款之列。因此在这种前提下，课征税费显然犹如火上浇油，势必会引起更大的社会矛盾。

但是正如本书所建构的承认农民的土地发展权和按照公平市场价值进行征地补偿的模式下，农民的权益获得了制度上的保障，从征地到补偿都能在中央的改革文件和法律体系内部寻找到有力的支撑点，避免改革走进死胡同、立法无法自洽。合理的社会财富分配机制应当包括三个步骤：初次分配以尊重和保护产权为基础，主要通过自由的市场交易来完成；第二次分配以公平为基础，主要通过政府征税和提供社会保障等公共服务来完成；第三次分配则以伦理和道德为基础，主要通过公益慈善和社会爱心捐助等方式来完成。[1]在上述机制下，剩下的工作便从初次分配过渡到了二次分配。

首先，应当扩大增值收益分配的适用范围。正如前文所言，美国政府对于土地增值的返还主要通过特别受益费制度完成，这种制度在美国不同的地方具有不同的属性，有的将其归为税的一种，有的则将其视为费。在美国两者的区别在于权力的来源和约束其的宪法条款。而在中国，称谓上的争论笔者无意过多讨论，因为无论是称为土地增值税抑或土地增值收益调节金，两者均具有分享增值收益、进行利益平衡的目的。而首先应当做的是扩大增值收益分配的适用范围，而非仅仅局限于国有土地和集体经营性建设用地的流转阶段。土地征收补偿之后获得的增值收益也应当遵循上述分配原理，进行二次调节。

其次，土地增值税的形式或许更加合理。因为初次分配尊重和保护的是产权，而国家显然不是集体土地的产权人。土地增值收益调节金的作用模式是直

---

〔1〕 参见刘剑文、陈立诚：《税制改革应更加注重分配正义》，载《中国税务报》2013年11月6日，第B01版。

接从流转收益中提取一定的比例参与初次分配。而理论上更为合理的方式应当是初次分配(征收补偿)归属于产权人,二次分配由国家通过合理的税收体系进行调节。这样做也可以促使政府的角色由土地经营者转向土地管理者。

再次,美国特别受益费制度带给我们的启示是,对于这部分费用的课征不应当是任性而无所限制的,应当以政府投入的成本为限。因此我国在确定税基税率等事项时,虽然可以根据各地实际情况确定,但一定要明确这部分收益的用途。

最后,土地增值税的建构不能仅仅从集体土地征收增值收益分配这一个环节去完善,必须从完善税费体系的角度整体考虑。土地税费改革既需要从中国特色社会主义土地法律体系的宏大视角来谋划、架构,使之逐步纳入立法规划,迈入实质性立法进程;也需要引入成本效益分析等社会科学方法,科学测算可能的损益比例,以更好地说服地方政府、利益集团;还需要政府积极践行依法行政、租税法定和预算公开原则,以实际行动促进土地税费改革和公民的参与。[1]

三、统筹推进土地制度与税制改革

土地制度改革和税制改革是当下中央重点推行的改革,从某种意义上讲,想要真正落实中央提出的土地制度改革目标,必须统筹推进税制改革,加强两者之间的协调性与系统性。

目前的土地征收增值收益分配制度改革事实上依旧面临着空前的压力。在理论上,有部分学者坚持认为土地的增值和价格的上涨乃是政府持续的投入和开发引起的,因此通过低征高卖实现“涨价归公”的模式不应当发生改变;而在实践中,几乎所有地方政府都担心土地出让金收入的降低将大大减少地方的财政收入从而影响城市化的进程。为了解决上述问题,2016 年财政部与国土资源部曾探索建立土地增值收益调节金制度,但全国人大常委会 2018 年 12 月审议的《土地管理法》《修正案草案》既没有引入这一制度,也没有规定相关的土地税费完善条款。

同时,税收制度改革也带来了巨大的现实压力。当前税收制度改革的重点是,通过调整税收结构和减税等措施激发社会的活力,推动“大众创业、万众创新”。但是减税措施的实施从客观上降低了政府的财政收入,在这一背景下,仅

---

〔1〕 参见沈开举主编:《中国土地制度改革研究》,法律出版社 2014 年版,第 346 ~ 347 页。

仅呼吁提高农民在土地征收中的增值收益分配比例显然并不能推动改革。一个相对合理的方案是,在减少政府土地出让金收入的同时创造新的土地税源,统筹推进土地制度改革和税制改革。

就目前我国的土地税收体系而言,虽然已经在土地的取得、保有和流转环节开征了耕地占用税、土地增值税、契税、城镇土地使用税、房产税(试点)以及企业所得税和个人所得税等直接税和间接税,但其征收对象仅为国有土地、房产及其他附属物,并不包括规模巨大的集体土地。因此,可以从以下几个方面入手,完善土地税收制度。

首先,继续坚持和推动中央提出的集体经营性建设用地入市、宅基地有偿退出等改革,积极推动城乡统一市场的建立和同地、同权、同价目标的实现。可以预见的是,一旦集体经营性建设用地流转入市制度确立,就可以在体量巨大的土地流转中创设大量的土地税源,使城市建设和发展获得财政支持。

其次,在集体土地征收增值收益的分配中创设新的税源。但前提是在进行征收补偿的初次分配时,依据初次分配尊重和保护产权的原理进行市场价值补偿。在此基础上,以税收的形式征收特别受益费进行集体土地征收增值收益的二次分配。这可以在一定程度上弥补土地出让金收入减少带来的财政空洞。

最后,土地制度的改革应当与税收制度的改革统筹推进。虽然我国税制改革的总体方向是减税降费,但只要设置合理的税率,并通过土地制度的改革来增设新的税源,就能在根本上使二者相互促进。

第七章

集体土地征收增值收益分配之框架与保障

第一节　集体土地征收增值收益分配的二层次理论

中央曾多次提出要“建立兼顾国家、集体、个人的土地增值收益分配机制”，集体土地征收增值收益分配制度改革的核心在于处理国家、集体和个人之间的关系，尤其是国家与后两者的关系，这属于外部分配的范畴，亦是本书探讨的核心内容。

在集体土地征收增值收益的分配过程中，国家、集体和个人处于不同的位置，任何一方独享这一收益都有失公允。对于集体和个人而言，参与增值收益分配的权利基础是土地发展权，土地发展权在我国的建构具有基础性意义，这一概念术语和制度体系一旦在中国落地，就可以从源头解释集体和个人参与分配土地增值收益的正当性；对于国家而言，参与增值收益分配的正当性理由是公共利益，一方面，只有基于公共利益的需求才能行使征收权；另一方面，国家分享土地增值收益也只能因为公共利益。

但是在理论和权利逻辑上，农民集体是农村土地的所有者，从产权经济学角度出发，土地增值收益权的归属完全取决于农地收益权的归属，而农地收益权是农地产权束中的重要组成部分，因此土地增值收益应当归属于拥有土地所有权的主体。虽然政府在推动城市建设，改善基础设施、经济环境等方面的积极行为，产生了对周边土地价格影响的正外部性，但是对于政府而言，他们的权利是对这种正外部性产生的经济利益的分享权，即获得正外部性的报酬，而不是享有这种收益的所有权。

也正因如此，在我国，传统的集体土地征收增值收益分配方式不仅无法在理论上达到权利逻辑内部的自洽，也无法在实践中妥善处理国家、集体和个人三者之间的关系。一个相对理想的方案是建构集体土地征收增值收益分配的二层次理论。在基于公共利益的需要对集体土地进行征收之时，应当基于集体和个人的土地发展权按照公平市场价值进行初次分配，保障集体和个人的土地权利；同时，国家基于公共设施建设、环境保护等公共利益的需求，可依特别受益费制度获得开发利益的返还，完成集体土地征收增值收益的二次分配。

事实上，上述理论也是“初次分配基于产权、二次分配基于税制”原则的体现，国家并非集体土地的产权人，故不应直接参与初次分配，而应当通过合理的税收体系来调节收入分配。这样无论是从转变政府角色、保护农民集体产权抑或平衡收益等角度考量，都更加合理。现实中的财政、政府管制与自治经营等问题确实会成为地方推行改革的强烈阻碍。但是正因如此，我们更应该清醒地认识到，唯有通过改革，才能更好地提高土地资源的配置效率，转变政府土地经营者的角色，使其专注于土地管理，逐步清理非法用地。但现阶段考虑到改革的动力问题，应当在增值收益分配格局中适当考虑相关部门的利益。

第二节　集体土地征收增值收益分配的目标、原则与进路

目前我国城镇化和工业化进程日益加快，经济社会的发展重心由农业转向非农业领域，生产要素等逐步向非农业领域集中。在此情形下，农地非农化也成为不可逆转的趋势。农地非农化的过程中必须要面临的一个问题是：土地的使用方式发生了改变，导致土地的价值发生改变，那么在国家、集体、农民个体等权利主体之间这部分土地增值收益应当如何分配才能保障相关权利主体的利益？

近年来，征地制度改革的总体思路渐趋明朗，相关政策文件对土地增值收益的分配方式进行了细化。目前我国正处于经济社会发展进入新常态的转型时期，国家已经充分意识到了改革农村土地增值收益分配制度的重要性和紧迫性，也为农村土地增值收益分配制度指明了方向。

事实上，集体土地征收增值收益分配制度的改革是随着理论上的“涨价归属”争议和实践中的建设用地供给制度和征地制度的矛盾而展开的。从理论上

看，随着中央的定调和理论的发展，目前学界对于“涨价归属”的问题逐渐达成了基本的共识。作为整体的征收增值可以分为由社会经济发展引起的辐射增值、由政府治理引起的土地增值和由土地稀缺性决定的增值三个部分。其中前两者是由外部因素引起的增值，属于价值返还的范畴，应基于价值捕获进行开发利益公共还原；而最后一种增值是由土地自身的因素引起的，收益分配属于产权权利束中的一部分，这种增值理应归所有权人所有。农民集体是农村土地的所有者，从产权经济学角度出发，土地增值收益权的归属完全取决于农地收益权的归属，而农地收益权是农地产权束的重要组成部分，因此土地增值收益应当为土地所有者所拥有。虽然政府在推动城市建设，改善基础设施、经济环境等方面积极行为，产生了对周边土地价格影响的正外部性，但是对于政府而言，其权利是对这种正外部性产生的经济利益的分享权，即获得正外部性的报酬，而不是享有这种收益的所有权。因此作为重要的生产要素和不可或缺的公共资源，集体土地征收增值收益的分配理应实现产权人和社会共享的总目标，也即“建立兼顾国家、集体、个人的土地增值收益分配机制，合理提高个人收益”。而从实践观察，《土地管理法》的修改和“三块地”改革又为“建立城乡统一的建设用地市场，保障农民公平分享土地增值收益”提供了一定的制度空间。

因此，集体土地征收增值收益分配的总目标是：建立兼顾国家、集体、个人的土地增值收益分配机制，合理提高个人收益；改革征地制度，建立城乡统一的建设用地市场，保障农民公平分享土地增值收益。

基于此目标，应当遵循农民利益不受损、土地公有制下利益共享、土地资源市场配置和重大改革于法有据等原则。其中农民利益不受损是集体土地改革的底线之一，也是集体土地征收增值收益分配制度改革的底线；土地公有制下利益共享与土地资源市场配置原则是完成集体土地征收增值收益分配制度改革的基本原则，利益共享和市场配置也是改革的核心理念；而重大改革于法有据则是在制度和立法层面保障改革能够顺利推进的重要原则。

第一，农民利益不受损原则。土地自古以来便是中国农民赖以生存的基础，无论是井田制、两税法、一条鞭法、摊丁入亩、天朝田亩制度、均田制，抑或民生主义，都是对土地和税赋的改革，文学作品中“田夫抛秧田妇接，小儿拔秧大儿插"[1]也是古人对小农生产的生动描述。即便是在城镇化快速发展的今天,宅基地、承包地和集体建设用地这"三块地"依旧是农民利益最直接的载体,无论哪一类土地的改革都将牵一发而动全身,都有可能直接影响农民的生产生活方式和长远生计。因此,但凡涉及农村土地制度的改革,其成功与否的主要标准便在于是否符合广大农民群众的利益。

之所以将农民利益不受损称为农村土地制度改革的底线,是因为对于庞大而复杂的土地制度,改革的价值取向难免呈现出多元化趋势,如保护耕地、集约建设用地等。但所有的价值目标都需要服务于农民利益不受损这一底线,其他土地制度改革目标的实现绝不能以牺牲农民利益为代价。因此,应当摒弃由于特殊历史原因造成的"农村向城市输血"的发展模式,通过构建完整的集体土地权利体系,增加农民的财产性收益和土地财富;同时在集体内部明晰权利主体,在内部分配上兼顾效率与公平,平衡地区之间的差异与利益关系。

第二,土地公有制下利益共享原则。土地公有制是我国宪法确立的土地制度,坚持土地公有制决定了当前我国土地制度改革的政治方向,也是中央对农村土地制度改革提出的"三条底线"之一。实践中由于农村土地产权主体的模糊性引发了一系列问题,因此学界提出了"国有论"[2]"私有论"[3]"复合所有论"[4]"集体所有改良论"[5]等不同的主张。然而从基本国情来看,"农民集体土地所有权,既是一种意识形态的结果,又和中国历代先贤追求的目标相互联系,所以,它既承担着对于农民进行社会保障的经济职能,又承担着中国共产党历史上曾经认定的政治职能。从《宪法》第10条第2款、《民法典》第260条和第262条、《土地管理法》第9条和第11条等相关规定来看,农村的集体土地所有权已经成为一项不可动摇的原则"[6]。事实上,坚持土地国家所有和集体

---

[1] 于北山选注:《杨万里诗文选注》,上海古籍出版社1988年版,第45页。

[2] 杨勋:《国有私营:中国农村土地制度改革的现实选择——兼论农村改革的成就与趋势》,载《中国农村经济》1989年第5期;李春香:《农村土地制度改革路径探析——农地国有化视角的思考与展望》,载《湖北社会科学》2018年第12期。

[3] 文贯中:《吾民无地:城市化、土地制度与户籍制度的内在逻辑》,东方出版社2014年版,第109~111页。另外主张"集体土地私有化"的学者还有杨小凯、陈志武、许小年等海外华人,但这一观点遭到了温铁军、贺雪峰、孟勤国、李昌平等学者的坚决反对,可参见孟勤国:《揭开中国土地私有化论的面纱》,载《北方法学》2010年第1期。

[4] 李太淼:《马克思主义基本原理与当代中国土地所有制改革》,载《中州学刊》2017年第9期。

[5] 袁震:《论集体土地所有权的政治伦理属性与法律属性》,载易继明主编:《私法》第14辑·第2卷(总第28卷),华中科技大学出版社2017年版。

[6] 孙宪忠:《争议与思考——物权立法笔记》,中国人民大学出版社2006年版,第491页。

所有两种所有制并存已经是学界的基本共识,改革的方案也基本以不触动现有的土地所有制结构而展开。但是需要明确的是,坚持公有制、坚持农村土地集体所有并不意味着延续长久以来模糊的农村土地所有权制度;相反,在坚持公有制的前提之下,明晰集体土地产权主体才是改革的方向。

同时,坚持土地公有制并不是最终目标,土地利益的社会共享才是最终目标之一。“不患寡而患不均,不患贫而患不安”是中国先贤对社会发展不平衡的基本担忧,中央也提出要让农民“共享改革开放的成果”。然而正如前文所言,目前的状况是:由于受到严格的用途管制和流转限制,集体土地所有权人无法自行改变土地的用途,更无权将集体土地直接流转进入土地一级市场,而是只能通过先征后卖的方式,由国家将土地征收为国有土地之后,以招、拍、挂等形式出让国有土地使用权,并收取出让金。事实上,国家正是通过土地用途管制和土地征收制度将土地发展权从集体土地的产权束中剥离,并通过行政管理权将其吸收,隔离了土地市场化调整的可能。可见,在当下的集体土地所有权中并不存在土地发展权,或者更为准确地说是土地发展权被隐形国有化,不存在集体土地所有权人获得土地发展权的空间。

更进一步讲,我国对农地的补偿仅仅考虑了对土地承包经营权等用益物权的补偿,忽视了非经营性土地权利即土地发展权。而正是由于农村土地征收中土地发展权理念的缺失,使我国尚未建立起土地发展权制度,导致这项本该归属于土地所有者的土地发展权益被政府和开发商分享,农民被排除在分享者之列。而一个重视和保障民生的土地制度应当能够促进社会财富的积累和分配的公平,因此无论土地制度如何设计和改革,都应当在公有制下坚持利益共享,完善集体土地所有权的权利结构,实现集体土地与市场经济的有效衔接,完善土地增值收益的分配模式。

第三,土地资源市场配置原则。党的十八届三中全会提出要建设统一开放、竞争有序的市场体系,使市场在资源配置中起决定性作用。从理论上讲,通过市场配置资源是最有效的形式,然而目前我国依旧带有深刻的计划经济时代的烙印,土地资源主要通过行政指标进行配置,且建设用地的供给由国家进行垄断,国家通过征用集体土地,以无偿划拨或者低征高卖的方式完成土地交易。这种长时间的垄断在一定意义上带来了经济发展和耕地保护的益处,但其弊端也逐渐暴露,尤其是土地利用效率大打折扣,市场配置机制严重缺位。

为此,在设计土地制度之时,尤其要注重对农村土地市场的培育,改革单轨制建设用地供给模式，在符合土地规划的前提下，让市场来调节土地的供求和价格。同时，明晰政府与市场的边界，培育市场主体，规范土地市场运作，强化政府公共管理职能，使之符合完善市场经济体制的需要，这也是今后土地市场改革的主攻方向。[1]

第四，重大改革于法有据原则。“凡属重大改革都要于法有据”是新时代中央对改革和法治关系的重新确认，也是新近形成的法治改革观的重要组成部分。[2]因此在以往的制度革新中，通常表现出“先改革、后立法”的状态，也即先利用政策或者地方实践中的做法突破原有法律的规定，继而争取获得中央的支持和认可并逐步修法或者立法。这一实践逻辑的弊端是显而易见的，因为宪法和法律的权威无法得到应有的尊重和维护，依宪治国、依法治国也将停留在口号层面。

不过我们可喜地看到，目前无论是“三块地”改革，还是土地管理制度的改革，都在一定层面上强调了“法治土改”，其中一个明显的标志是农村土地制度改革试点首次采取了全国人大授权模式，全国人大常委会授权国务院在 33 个试点县（市、区）行政区域暂停执行部分法律的部分条款，同时《土地管理法》也在吸收前期改革成果的基础上进行了修正。因此，集体土地征收增值收益分配制度的改革也应当遵循重大改革于法有据原则，通过全国人大授权调整法律适用，或者以修法、立法的形式保障改革的合法性。

而在集体土地征收增值收益分配制度改革的路径安排上，要以党的土地改革新举措为引领，创设土地发展权，并将其植入我国的物权体系，使之成为土地所有权的应有子权利，同时重新建构公共利益的判断标准和模式，使其既能发挥限制政府征收权的应然功效，又能合理满足国家经济发展的用地需求。对符合征收要求的土地依最高最优使用规则进行公平市场价值补偿，并通过特别受益费制度进行二次分配，对政府进行外部性补偿；对不符合征收要求的集体土地在不违反土地用途规划的前提下允许其直接入市流转，由主集体土地所有者与用地主体协商定价，并由政府收取土地增值收益调节金（见图 7－1）。

---

〔1〕 参见胡亦琴：《农村土地市场化进程中的政府规制研究》（第 2 版），经济管理出版社 2013 年版，第 174 页。

〔2〕 参见陈金钊：《“重大改革都要于法有据”的意义阐释》，载《甘肃理论学刊》2014 年第 5 期。

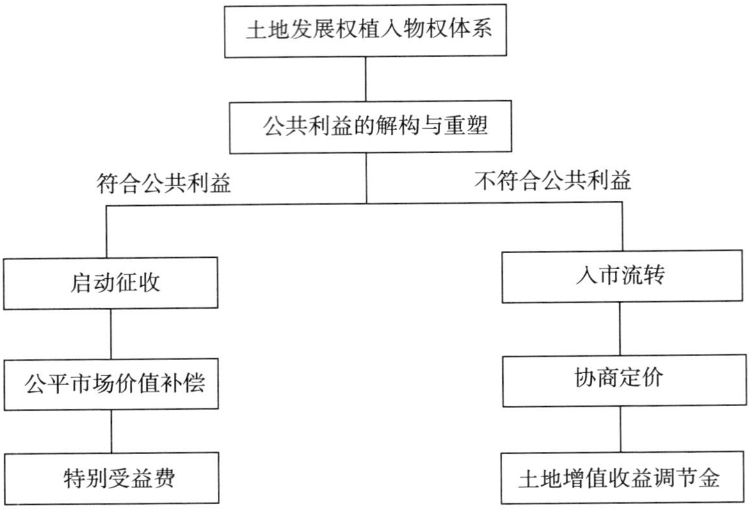

图7－1　集体土地征收增值收益分配改革进路图

集体土地征收增值收益分配应遵循如下基本顺序：首先，集体土地所有者应依据所有权优先分享土地征收的增值收益；其次，作为集体成员的农民个人在失地后应当分享到本集体大部分土地征收的增值收益；再次，中央政府取得部分增值收益，用以保障粮食安全、进行生态补偿和区域平衡；最后，地方政府取得由于基础设施建设、环境改良等带来的外部性增值以促进城市化的良性发展。

第三节　集体土地征收增值收益分配的制度建构

集体土地征收增值收益分配制度改革涉及重大的利益格局调整，这不仅需要中央政策的扶持，更需要立法的完善和相关保障措施的协同并进。我们应当清醒地认识到：中国土地法律体系的建立，包括集体土地征收增值收益分配制度的建构，有其自身特有的基础和特殊的制约因素，因此世界其他任何国家的土地法律制度模式在中国都不可能完全移植成功、落地生根。[1] 我们所能做的也仅仅是基于“中国问题”的意识，着重考察相同或相似发展进路上具有代表性

〔1〕 参见刘俊：《中国土地法理论研究》，法律出版社2006年版，第2页。

和实用性的制度设计,并寻求其在中国语境下的理论延展性和实践可能性。令人欣慰的是,这种非纯粹的法制史研究或者国别研究从某种意义上讲最大限度地抽离了制度背后的共同特征,为我国集体土地征收增值收益分配制度的完善提供了必要的理论和实践素材。结合上文的分析,应当从以下五个方面着手进行制度保障。

一、创设土地发展权体系

如果说对公共利益的认定是从外部上判断是否可以发动征收的核心,那么毫不夸张地讲,土地发展权则是整个征收补偿系统中内部性权利体系的核心,甚至可以说,土地发展权在目前中国的土地管理制度中是解决症结的基础和"钥匙",从功能性角度而言,远远超越了完善土地征收制度本身。土地发展权,尤其是农地发展权的概念术语和制度体系一旦在中国得以落地生根,就可以从源头合理合法地解释为什么在征地过程中,土地增值收益要在国家、农民集体和农民个人间进行分配,为什么集体建设用地可以像国有土地一样入市流转、交易,为什么国家可以对土地实行严格的用途管制以及如何调节由于用途管制带来的利益不公……

事实上,在国有建设用地使用权交易过程中,受让人所支付的土地出让金中已经包含了土地发展性利益的对价。但对于集体土地而言,政府通过"土地征收制度+用途管制"的模式将土地发展性利益从农村土地的产权束中剥离,并通过行政权将其吸收,这使农民集体无法对土地的空间开发和利用进行市场化调整。中央对此的态度十分明确,要求"建立兼顾国家、集体、个人的土地增值收益分配机制"。

从立法层面考量,需要将土地发展权纳入我国物权法体系。土地发展权从性质上讲是一种权利而非权力,其满足物权绝对性与支配性的基本特性,在物权权利体系内部,来源于土地所有权,并且是土地所有权的特殊权利内容。从制度层面上讲应当首先设立土地发展权信托机构,坐实集体成员的成员权。同时对于非基于公共利益的用地在土地发展权交易机构进行协商买卖,基于公共利益的土地征收则通过国家强制购买的方式完成交易。长久以来,我国的征地矛盾集中体现在对集体土地所有者土地发展权的不平等对待,而所谓的"规划制定和变更程序不完善"、"缺乏协议购买制度"、"告知程序不合理"、"征收审批中立性与公正性不足"、"补偿方式单一"以及"缺乏听证程序"等一系列问题其实只是表象。平等权是平等的法律化,发展权就是土地开发利益的法律化。只有赋予集体土地发展权才能推动农民以集体土地为资本参与市场经济,让市场在资源配置中起决定性作用,让农民分享改革开放的成果。

二、健全公共利益的认定制度

公共利益是世界通行的土地征收启动要件,也是中外公法学者长久关注的核心命题之一。早在1950年,中央人民政府政务院就颁布了我国第一部对土地征收及公共利益进行专门规定的法律文件《城市郊区土地改革条例》,此后,公共利益在我国立法史上几乎是一个真空的概念。直到2011年的《国有土地上房屋征收与补偿条例》第一次清晰地规定了公共利益的内涵。而对于集体土地的征收而言,直至2019年,新修订的《土地管理法》才效仿《国有土地上房屋征收与补偿条例》,在第45条第一次架构了集体土地征收中公共利益的内涵。

国内近几年为了缩小征地范围,将着力点置于对公共利益名录的制定上,试图通过细化对公共利益的认定而将征地限制在"制度的牢笼"之中。然而一个不争的事实是,一方面在理论上无法穷尽对公共利益的认定,另一方面出于国家建设的现实需要,认定过宽或者过窄都将面对巨大的阻碍,付出巨大的制度成本。而另一个我们不得不面对的现实是,无论是立法机关还是司法机关,在我国的特殊国情下,均与美国存在巨大差异,完全效仿美国的"议会授权+司法微调"模式在中国不具备现实的制度土壤。但至少有两点是可以明确的:第一,通过详细界定公共利益的方式进行立法控制是一种相对落后的立法模式,无论是理论上还是现实中都缺乏一定的基础;第二,无论通过何种程序认定公共利益,均不能由行政机关来主导甚至决定。

考虑到中国的特殊国情,一个比较理想的折中方案是将公共利益进行层次化区分,通过立法将高层次的公共利益列入名录。人大通过形式审查判断该内容是否属于名录内第一层次的公共利益,同时用"人大初次判断+法院终极判断"的民主程序对不在名录内的公共利益进行判断。

三、改革建设用地供给制度

土地增值收益分配与征地和建设用地供给制度的关系十分密切,后者不进行改革,土地增值收益分配制度将很难落实。科学界定公共利益是缩小征地范围的重要措施之一,而想要从制度层面彻底解决征地范围的难题还必须依靠建设用地供应制度的改革。因为更深层次的原因在于我国特有的建设用地供应制度,而目前中央试点的集体经营性建设用地使用制度的改革则是当前大有作为的一块,也是从制度层面解决国家垄断建设用地市场、长久未能缩小征地范围问题的突破口。

科学确立公共利益的标准和开放集体经营性建设用地入市犹如缩小征地范围的两条腿,一条为了解决技术层面的征收口子问题,另一条则从内部供应上改变征收需求问题。两条腿必须协调运动,只有通过对公共利益的界定从法律上缩小征地的口子,才能为集体经营性建设用地入市提供可能的空间;也只有开通集体经营性建设用地入市这一新的供地途径,才能使对公共利益的界定真正起到缩小征地范围的作用。

首先,启动宪法解释机制,对《宪法》第 10 条进行解释,扫除集体经营性建设用地入市的宪法障碍。其次,利用《土地管理法》和民法典物权编修改相关内容的契机,确认集体经营性建设用地入市流转的合法性,制定《集体建设用地流转法》和《土地征收法》等专项法律,具体规定集体建设用地流转的基本原则、适用范围、方式、登记、合同、争议解决、监督等内容,并以此为契机出台《土地征收法》,完善征收制度。最后,制定《农民集体法人组织法》,通过立法完成对农民集体的法人化改造,明确其权利义务和具体的运行模式,为今后的改革进行铺垫。

四、建立市场价格补偿机制

与公共利益一样,公正补偿同样困扰着我国征收补偿的理论与实践,而且从某种意义上而言,似乎被征收者和征收者都在中国语境下默认了公共利益要件的无效性,只要获得“足够”的“公正补偿”,征收工作就能快速推进。事实上,关于土地征收补偿制度的探索从来都未曾停止,从传统的土地原用途的产值倍数法,到如今的区片综合地价,补偿的标准一直都在提高。但与此形成鲜明对比的是征收补偿的矛盾并未就此减少,究其实质乃征收补偿的标准远远低于市场价格,不仅在理论上无法达到公平补偿的要求,在实践中也给失地农民带来了极大的心理落差。因为事实上原《土地管理法》所采用的产值倍数法无法真正达到“确保征地农民原有生活水平不降低、长远生计有保障”的基本要求,而且在“所得”与“所失”之间形成了鲜明的对比。而现行《土地管理法》区片综合地价本质上是一种政府定价,在实践中也难以经受公平市场价值的检验。

如果要用简单的公式直观地表达这种公正补偿,那应该是“公平市场价值 = 土地原用途价值 + 土地发展权价值”或者“公平市场价值 = 区片综合地价 + 土地增值收益价值”,再或者“公平市场价值 = 土地市场交易价值 - 税费”。前两种路径在一定程度上也能达到公平市场价值的目标,但关键是在我国征收补偿的现实中,往往只补偿了原用途价值却剥离了土地发展权价值,补偿了区片综合地价却攫取了土地的增值收益。因此需要寻求第三条道路,也即“土地市场交易价值 - 税费”。

在建构我国集体土地征收增值收益分配制度之时,应当按公平市场价值进行第一次分配。

1. 引入最高最优使用规则。对于集体的农业用地征收后依旧用于农业的情形,补偿的价值不应限制在原用途的范围内,而应当由原土地权利人通过举证证明该农用地的最高最优用途,也即物理上、法律上和经济上都具有可行性的农业用途;对于集体农业用地转为建设用地的情形,有赖于建设用地供给制度由单轨制向双轨制改革的推进。

2. 明确评估不动产价值的时间。首先,宜将征收土地公告之日确定为一般意义上评估不动产价值的日期。其次,应当尽可能地消除征收公告对财产价值产生的影响,通常而言,由于规划或者征收消息的发布,不动产的价值会在一定程度上受到影响,因此在立法之时要充分考虑这一情况,相应地进行调整。再次,对市县政府在合理期限内作出的补偿决定,人民法院应当保有最基本的司法尊让,不宜直接裁定或者判决变更,除非行政机关作出的补偿决定、确立评估的时点确实背离了公正补偿的原则,给被征收人造成了较大损失,否则宜以进行微调为主。最后,例外情况为非基于被征收人的原因导致延迟且价值发生实质变化。

3. 完善评估手段。就我国目前的土地市场发展状况而言,可引入剩余法、收益还原法、成本逼近法以及市场比较法等评估手段,对不同的开发方式和不同的土地采取不同的方法进行评估。

五、构建新的土地增值收益税收体制

从国家角度出发,土地的增值有一部分是由国家对土地进行重新规划、投入基础设施建设等引起的,基于“涨价归公”原理国家应当分享土地增值收益;

从集体组织角度出发,特殊的群体享受到了“特别利益”和“给付”,出于公平和效用原则,应当课征费用,进行开发利益公共还原。在承认农民的土地发展权和按照公平市场价值进行征地补偿的模式下,农民的权益获得了制度上的保障,从征地到补偿都能在中央的改革文件和法律体系内部寻找到有力的支撑点,避免改革走进死胡同,立法难以自洽。合理的社会财富分配机制应当包括三个步骤:初次分配以尊重和保护产权为基础,主要通过自由的市场交易来完成;第二次分配以公平为基础,主要通过政府征税和提供社会保障等公共服务来完成;第三次分配则以伦理和道德为基础,主要通过公益慈善和社会爱心捐助等方式来完成。在上述机制下,剩下的工作便从初次分配过渡到二次分配。

事实上,早在 1994 年我国便开始对国转让国有土地使用权、地上建筑物(包括地上、地下的各种附属设施)而取得的增值额征收土地增值税。2016 年 4 月财政部和国土资源部印发《农村集体经营性建设用地土地增值收益调节金征收使用管理暂行办法》,对集体经营性建设用地入市和再转让的土地增值收益规定了 20% ~50% 的调节金。

实践中,可以通过如下改革进一步完善土地增值收益的二次分配,以形成完整的集体土地征收增值收益分配联动机制:首先,应当扩大制度的适用范围,而非仅仅局限于国有土地和集体经营性建设用地的流转阶段,土地征收补偿之后获得的增值收益也应当遵循上述分配原理,进行二次调节。其次,采用土地增值税的形式或许更加合理。因为初次分配尊重和保护的是产权,而国家显然不是集体土地的产权主体。土地增值收益调节金的作用模式在于直接从流转收益中提取一定的比例参与初次分配。而理论上更为合理的方式应当是初次分配(征收补偿)归属于产权人,第二次分配由国家通过合理的税收体系进行调节。这样做也可以促使政府的角色由土地经营者转向土地管理者。再次,我国在确定税基税率等事项时,虽然在明确指导方针和范围界限的前提下可以根据各地实际情况确定,但一定要明确这部分收益的用途。最后,土地增值税的建构不能仅仅从集体土地征收增值收益分配这一个环节去完善,必须从税费体系完善的角度整体考虑。而土地税费改革既需要从中国特色社会主义土地法律体系的宏大视角来谋划、架构,使之逐步纳入立法规划,迈入实质性立法进程;也需要引入成本效益分析等社会科学方法,科学测算可能的损益比例,以更好地说服地方政府、利益集团;另外还需要政府积极践行依法行政、租税法定和预算公开原则,以实际行动促进土地税费改革与公民参与的互动。

事实上,上述五个方面的制度建设并不能孤立地执行和看待,而必须将其置于一整个集体土地征收增值收益分配制度的链条中去培育和观察,因为本质上,这是一个联动的机制,缺少任何一环,分配制度的改革都是不完整和不彻底的。土地发展权的植入为农民参与土地征收增值收益的分配疏通了法律上的障碍,也为形成完整的分配链提供了坚实的权利逻辑。公共利益认定制度的变革与建设用地供给制度的变革将从根源上改变政府垄断建设用地一级市场的局面:前者有利于达到中央提出的"缩小征地范围"的目标,并给集体土地入市提供一定的制度空间;而后者的推行则将倒逼征地范围的缩小,两者相辅相成。公平市场价值补偿的确立是土地发展权植入物权体系和集体建设用地入市改革的必然结果,同时最高最优使用规则的适用也有赖于建设用地供给制度由单轨制向双轨制改革的推进。一旦将集体经营性建设用地入市上升为正式的土地制度,甚至进一步统筹城乡建设用地,那么"唯有通过征收才能成为建设用地"的障碍便会消除,集体土地在保留所有权的前提下也就有条件满足转为建设用地的法律要求。也正因如此,最高最优使用规则可以在我国集体土地征收增值收益分配制度中发挥关键作用。最后,只有确立了公平市场价值补偿,才能为特别受益费制度的创设提供制度前提。

结　论

以2013年十八届三中全会启动土地制度全面深化改革为标志，我国土地法治的发展进入了一个全新的时代。与以往有所不同的是，新时代党的土地制度改革政策朝向全盘性地解决土地问题。新时代中国特色社会主义土地管理法律制度完善的总基调是发挥市场在资源配置中的决定性作用，守住“三条底线”。农村集体土地改革的基本方向是推进集体土地“充权”和“放活”，国有土地改革的基本方向是集约、节约、高效利用。为此，党中央分别安排了一个“土地征收、集体经营性建设用地入市和宅基地制度”联动改革、两个“三权分置”改革和两个“增值收益分配”改革。因此，在进行土地法治研究时不能仅针对特殊问题而谈论特殊问题，却忽视了党的土地政策与特殊土地问题研究之间的衔接。

也正因如此，对集体土地征收增值收益分配制度的研究也不应仅仅局限于分配这一个环节，从时间上应当始于征收，终于分配，是一整个征收、补偿和再分配的过程；是一个以确立征收标准为起点，以权利架构为基础，以公平补偿为重点，以开发利益公共还原为终点的过程。而从改革的大背景与制度层面考量，应从土地征收补偿制度、集体建设用地流转制度、土地产权制度等方面进行分析和建构。以往研究的误区在于刻意强调具体的分配比例，但事实上谁也无法测算出政府的积极行为对土地的增值带来了多少影响。因此，核心的思路应当是通过“赋权—限权——次分配—二次分配”的过程，在尊重产权和市场的前提下让农民获得更多利益，并根据公共利益的需要让政府分享增值收益。

在集体土地征收增值收益分配制度改革的路径安排上，要以党的土地改革新举措为引领，创设土地发展权，并将其植入我国的物权法体系，使之成为土地所有权的应有子权利；同时重新建构公共利益的判断标准和模式，使其既能发挥限制政府征收权的应然功效，又能合理满足国家经济发展的用地需求。对符合征收要求的土地依最高最优使用规则进行公平市场价值补偿，并通过特别受益费进行二次分配,对政府进行外部性补偿;对不符合征收要求的集体土地在不违反土地用途规划的前提下允许其直接入市流转,与用地主体协商定价,并由政府收取土地增值收益调节金。

就集体土地征收增值收益分配的基本顺序而言,首先,集体土地所有者应依据所有权优先分享土地征收的增值收益;其次,作为集体成员的农民个人在失地后应当分享到本集体大部分土地征收的增值收益;再次,中央政府取得部分增值收益,用以保障粮食安全、进行生态补偿和区域平衡;最后,地方政府取得由于基础设施建设、环境改良等带来的外部性增值以促进城市化的良性发展。

参 考 文 献

一、中文著作

[1]沈开举主编:《中国土地制度改革研究》,法律出版社2014年版。

[2]宋志红:《中国农村土地制度改革研究:思路、难点与制度建设》,中国人民大学出版社2017年版。

[3]刘守英:《中国土地问题调查》,北京大学出版社2017年版。

[4]中共中央马克思恩格斯列宁斯大林著作编译局编:《马克思恩格斯全集》,人民出版社1972年版。

[5]陈小君等:《农村土地问题立法研究》,经济科学出版社2012年版。

[6]孙中山:《三民主义》,岳麓书社2001年版。

[7]杨海坤:《农民权利的公法保护》,北京大学出版社2015年版。

[8]刘连泰:《宪法文本中的征收规范解释——以中国宪法第十三条第三款为中心》,中国政法大学出版社2014年版。

[9]陈新民:《德国公法学理论基础》(上册),山东人民出版社2001年版。

[10]汪晖:《中国征地制度改革:理论、事实与政策组合》,浙江大学出版社2013年版。

[11]杨建顺:《日本行政法通论》,中国政法大学出版社1998年版。

[12]陈新民:《中国行政法学原理》,中国政法大学出版社2002年版。

[13]程雪阳:《中国地权制度的反思与变革》,上海三联书店2018年版。

[14]沈守愚:《土地法学通论》,中国大地出版社2002年版。

[15]姚兆杰、刘国臻:《我国土地权利法律制度发展趋向研究——以土地发展权为例》,中山大学出版社2016年版。

[16]贺雪峰:《地权的逻辑——中国农村土地制度向何处去》,中国政法大学出版社2010年版。

[17]周诚:《周诚自选集》,中国人民大学出版社2007年版。

[18]苏力:《法治及其本土资源》,北京大学出版社 2018 年版。

[19]钱穆:《中国历代政治得失》,九州出版社 2012 年版。

[20]王旭:《美国城市化的历史解读》,岳麓书社 2004 年版。

[21]北大—林肯中心编:《土地制度的国际经验启示》,科学出版社 2017 年版。

[22]中共中央马克思恩格斯列宁斯大林著作编译局:《马克思恩格斯全集》(第 25 卷),人民出版社 1974 年版。

[23]毕宝德:《土地经济学》,中国人民大学出版社 2001 年版。

[24]王利明:《物权法研究》,中国人民大学出版社 2002 年版。

[25]江平、巫昌祯主编:《现代实用民法词典》,北京出版社 1988 年版。

[26]邵恒心、宇德良等:《土地增值收益分配制度改革研究》,中国大地出版社 2016 年版。

[27]高富平编:《土地法学》,高等教育出版社 2016 年版。

[28]林立:《波斯纳与法律经济分析》,上海三联书店 2005 年版。

[29]高海燕:《二十世纪中国土地制度变迁》,法律出版社 2015 年版。

[30]沈开举主编:《行政补偿法研究》,法律出版社 2004 年版。

[31]杜润生:《杜润生自述:中国农村体制变革重大决策纪实》,人民出版社 2005 年版。

[32]毛泽东:《毛泽东著作选读》(下册),人民出版社 1986 年版。

[33]罗必良等:《产权强度、土地流转与农民权益保护》,经济科学出版社 2013 年版。

[34]孙宪忠:《争议与思考——物权立法笔记》,中国人民大学出版社 2006 年版。

[35]郑振源:《土地利用文集》,中国大地出版社 2007 年版。

[36]农业部政策法规司、国家统计局农村司:《中国农村 40 年》,中原农民出版社 1989 年版。

[37]宋志红:《集体建设用地使用权流转法律制度研究》,中国人民大学出版社 2009 年版。

[38]汪晖、陶然:《中国土地制度改革:难点、突破与政策组合》,商务印书馆 2013 年版。

[39]中华人民共和国国土资源部:《2012 中国国土资源统计年鉴》,地质出

版社 2012 年版。

[40]中华人民共和国自然资源部:《2017 中国国土资源统计年鉴》,地质出版社 2018 年版。

[41]宋志红:《农村土地改革调查》,经济科学出版社 2016 年版。

[42]朱道林:《土地增值收益分配悖论:理论、实践与改革》,科学出版社 2017 年版。

[43]宋志红:《集体经营性建设用地使用权流转法律制度研究》,中国人民大学出版社 2009 年版。

[44]邓宏乾:《中国土地收益分配问题研究》,中国社会科学出版社 2017 年版。

[45]刘允洲主编:《制度创新之路——农村集体建设用地流转管理实践与理论》,人民日报出版社 2001 年版。

[46]张文显:《法哲学范畴研究》(修订版),中国政法大学出版社 2001 年版。

[47]华生:《城市化转型与土地陷阱》,东方出版社 2014 年版。

[48]梁慧星、陈华彬:《物权法》(第 5 版),法律出版社 2010 年版。

[49]汪晗:《土地发展与保护的平衡:土地发展权定价与空间转移研究》,人民出版社 2015 年版。

[50]张索远:《集体土地增值收益分配研究》,中国农业出版社 2015 年版。

[51]孙弘:《中国土地发展权研究》,中国人民大学出版社 2004 年版。

[52]彭诚信:《现代权利理论研究》,法律出版社 2017 年版。

[53]周诚:《土地经济学原理》,商务印书馆 2003 年版。

[54]江平:《中国物权法教程》,知识产权出版社 2007 年版。

[55]孟勤国:《物权二元结构论——中国物权制度的理论重构》,人民法院出版社 2004 年版。

[56]谢在全:《民法物权论》,中国政法大学出版社 2011 年版。

[57]孙宪忠:《中国物权法总论》,法律出版社 2014 年版。

[58]郑冠宇:《民法物权》, 台北,新学林出版社股份有限公司 2014 年版。

[59]梁慧星:《中国物权法草案建议稿:条文、说明、理由与参考立法例》,社会科学文献出版社 2000 年版。

[60]许迎春:《中美土地征收制度比较研究》,浙江大学出版社 2015 年版。

[61]刘承韪:《产权与政治:中国农村土地制度变迁研究》,法律出版社2012年版。

[62]邱道持:《农村土地资产评估》,西南师范大学出版社2015年版。

[63]章剑生:《现代行政法基本理论》(第2版),法律出版社2014年版。

[64]姜明安主编:《行政法与行政诉讼法》(第5版),北京大学出版社、高等教育出版社2011年版。

[65]于北山:《杨万里诗文选注》,上海古籍出版社1988年版。

[66]刘连泰等:《美国法上的管制性征收》,清华大学出版社2017年版。

[67]文贯中:《吾民无地:城市化、土地制度与户籍制度的内在逻辑》,东方出版社2014年版。

[68]高飞:《集体土地所有权主体制度研究》(第2版),中国政法大学出版社2017年版。

[69]胡亦琴:《农村土地市场化进程中的政府规制研究》(第2版),经济管理出版社2013年版。

[70]刘俊:《中国土地法理论研究》,法律出版社2006年版。

[71]朱一中:《地方治理背景下的土地增值收益分配研究——土地产权与土地租税费》,光明日报出版社2018年版。

二、中文译著

[1][德]杜能:《孤立国同农业和国民经济的关系》,吴衡康译,商务印书馆1986年版。

[2][美]威廉·阿朗索:《区位和土地利用——地租的一般理论》,梁进社、李平、王大伟译,商务印书馆2007年版。

[3][英]约翰·穆勒:《政治经济学原理及其在社会哲学上的若干应用》(下卷),胡企林、朱泱译,商务印书馆1991年版。

[4][美]亨利·乔治:《进步与贫困》,吴良建、王翼龙译,商务印书馆2010年版。

[5][美]罗纳德·德沃金:《认真对待权利》,信春鹰、吴玉章译,中国大百科全书出版社1998年版。

[6][英]边沁:《道德与立法原理导论》,时殷弘译,商务印书馆2000年版。

[7][古希腊]柏拉图:《柏拉图全集》,王晓朝译,人民出版社2002年版。

[8][德]哈特穆特·毛雷尔:《德国行政法总论》,高家伟译,法律出版社2000年版。

[9][美]汉密尔顿、杰伊、麦迪逊:《联邦党人文集》,程逢如、在汉、舒逊译,商务印书馆1995年版。

[10][德]哈特穆雷·毛雷尔:《德国行政法》,高家伟译,法律出版社2000年版。

[11][德]茨威格特·克茨:《比较法总论》,潘汉典等译,法律出版社2003年版。

[12][意]卡佩莱蒂:《比较法教学与研究:方法与目的》,王宏林译,载沈宗灵、王晨光编:《比较法学的新动向》,北京大学出版社1993年版。

[13][日]大木雅夫:《比较法》,范愉译,法律出版社2006年版。

[14][英]亚当·斯密:《国民财富的性质及其原因的研究》,郭大力、王亚南译,商务印书馆1972年版。

[15][英]斯拉法主编:《大卫·李嘉图全集 第1卷:政治经济学及赋税原理》,郭大力、王亚南译,商务印书馆2013年版。

[16][法]萨伊:《政治经济学概论》,陈福生、陈振骅译,商务印书馆1997年版。

[17][英]阿尔弗雷德·马歇尔:《经济学原理》,文思译,北京联合出版有限责任公司2015年版。

[18][美]雷利·巴洛维:《土地资源经济学——不动产经济学》,谷树忠等译,北京农业大学出版社1989年版。

[19][美]科斯、[美]阿尔钦、[美]诺斯等:《财产权利与制度变迁——产权学派与新制度学派译文集》,刘守英等译,上海三联书店、上海人民出版社1991年版。

[20][美]道格拉斯·诺斯:《经济史中的结构与变迁》,陈郁等译,上海三联书店1991年版。

[21][美]艾珀斯坦:《征收——私人财产和征用权》,李昊、刘刚、翟小波译,中国人民大学出版社2011年版。

[22][美]罗伯特·考特、托马斯·尤伦:《法和经济学》(第6版),史晋川、董雪兵等译,格致出版社、上海三联书店、上海人民出版社2012年版。

[23][荷]何·皮特:《谁是中国土地的拥有者:制度变迁、产权和社会冲

突》(第 2 版),林韵然译,社会科学文献出版社 2014 年版。

[24][美]罗斯科·庞德:《法理学》(卷三),廖德宇译,法律出版社 2007 年版。

[25][美]理查德·波斯纳:《法律的经济分析》,蒋兆康译,中国大百科全书出版社 1997 年版。

[26][意]彼得罗·彭梵得:《罗马法教科书》(修订版),黄风译,中国政法大学出版社 2005 年版。

[27][日]我妻荣:《新订担保物权法》,申政武、封涛、郑芙蓉译,中国法制出版社 2008 年版。

三、中文论文

[1]周诚:《论土地增值及其政策取向》,载《经济研究》1994 年第 11 期。

[2]刘江涛、张波:《城市边缘区土地增值收益分配管理研究综述》,载《经济问题探索》2012 年第 8 期。

[3]穆向丽、巩前文:《城乡建设用地增减挂钩中农民宅基地增值收益形成及估算》,载《华中农业大学学报(社会科学版)》2014 年第 3 期。

[4]林瑞瑞、朱道林、刘晶、周鑫:《土地增值产生环节及收益分配关系研究》,载《中国土地科学》2013 年第 2 期。

[5]俞静琰:《土地增值收益及其分配问题探讨》,载《上海国土资源》2013 年第 3 期。

[6]马贤磊、曲福田:《经济转型期土地征收增值收益形成机理及其分配》,载《中国土地科学》2006 年第 5 期。

[7]陈柏峰:《土地发展权的理论基础与制度前景》,载《法学研究》2012 年第 4 期。

[8]周其仁:《农地征用垄断不经济》,载《中国改革》2001 年第 12 期。

[9]方洞、沈开举:《土地征收中的公平补偿与增值收益分配》,载《北京理工大学学报(社会科学版)》2017 年第 3 期。

[10]郑振源:《征地制度需要改革》,载《中国土地》2000 年第 10 期。

[11]张小铁:《市场经济与征地制度》,载《中国土地科学》1996 年第 1 期。

[12]李忠夏:《农村土地流转的合宪性分析》,载《中国法学》2015 年第 4 期。

[13]刘连泰:《“土地属于集体所有”的规范属性》,载《中国法学》2016 年第 3 期。

[14]陈甦:《城市化过程中集体土地的概括国有化》,载《法学研究》2000 年第 3 期。

[15]肖明新:《城市的土地属于国家所有的逻辑与事实——兼论什么是我国〈宪法〉上的城市》,载《政治与法律》2016 年第 8 期。

[16]彭錞:《“征地悖论”成立吗?——八二宪法城市土地国有条款再解释》,载《法制与社会发展》2016 年第 2 期。

[17]黄忠:《城市化与“入城”集体土地的归属》,载《法学研究》2014 年第 4 期。

[18]刘练军:《城市土地国家所有制度性保障说》,载《政治与法律》2016 年第 9 期。

[19]程雪阳:《中国宪法上国家所有的规范含义》,载《法学研究》2015 年第 4 期。

[20]彭錞:《〈土地管理法〉合宪性争议再反思——兼论立法形成条款的成因与边界》,载《清华法学》2018 年第 6 期。

[21]贺雪峰:《中国土地制度的宪法性质》,载《文化纵横》2013 年第 6 期。

[22]桂华:《城乡建设用地二元制度合法性辨析——兼论我国土地宪法秩序》,载《法学评论》2016 年第 1 期。

[23]蔡乐渭:《从拟制走向虚无——土地征收中“公共利益”的演变》,载《政法论坛》2012 年第 6 期。

[24]麻宝斌:《公共利益与公共悖论》,载《江苏社会科学》2002 年第 1 期。

[25]王利明:《论征收制度中的公共利益》,载《政法论坛》2009 年第 2 期。

[26]倪斐:《公共利益的法律类型化研究——规范目的标准的提出与展开》,载《法商研究》2010 年第 3 期。

[27]张玉洁:《法律文本中“公共利益”的法规范分析——以类型理论为视角》,载《大连理工大学学报(社会科学版)》2014 年第 4 期。

[28]胡鸿高:《论公共利益的法律界定——从要素解释的路径》,载《中国法学》2008 年第 4 期。

[29]胡锦光、王锴:《论我国宪法中“公共利益”的界定》,载《中国法学》2005 年第 1 期。

[30]房绍坤:《论征收中"公共利益"界定的程序机制》,载《法学家》2010年第6期。

[31]杨峰:《财产征收中"公共利益"如何确定》,载《法学》2005年第10期。

[32]刘向民:《中美征收制度重要问题之比较》,载《中国法学》2007年第6期。

[33]许中缘:《论公共利益的程序控制——以法国不动产征收作为比较对象》,载《环球法律评论》2008年第3期。

[34]高志宏:《"公共利益":立法梳理与学术反思》,载《苏州大学学报(哲学社会科学版)》2013年第2期。

[35]钱弘道、吴亮:《论行政征收的公共利益判断》,载《法律科学》2007年第6期。

[36]李凤章:《公共利益:开放内容及其边界》,载《法制与社会发展》2008年第6期。

[37]陈年冰、王凯锋:《论集体土地征收中"公共利益"的程序控制——以农民土地权利的保护为视角》,载《暨南学报(哲学社会科学版)》2009年第5期。

[38]张旭东、谢云飞:《公共利益的界定及程序保障之设置——以规范我国征收征用制度为考察目的》,载《福建论坛(人文社会科学版)》2008年第1期。

[39]刘连泰:《将征收的不动产用于商业开发是否违宪——对美国相关判例的考察》,载《法商研究》2009年第3期。

[40]欧阳君君:《集体土地征收中的公共利益及其界定》,载《苏州大学学报(哲学社会科学版)》2013年第1期。

[41]欧阳君君:《如何抑制经济发展型征收——美国经验与启示》,载《海南大学学报(人文社会科学版)》2016年第5期。

[42]刘国臻:《论我国土地征收公共利益目的之边界》,载《中国行政管理》2010年第9期。

[43]王克稳:《我国集体土地征收制度的构建》,载《法学研究》2016年第1期。

[44]沈开举、方涧:《美国"公平市场价值"补偿方式及启示》,载《中国土地》2015年第12期。

[45]许迎春、文贯中:《中美农地征收补偿制度比较研究》,载《西北农林科技大学学报(社会科学版)》2013 年第 5 期。

[46]宋志红:《美国征收补偿的公平市场价值标准及对我国的启示》,载《法学家》2014 年第 6 期。

[47]袁志杰:《德国土地征收补偿法律机制研究》,载《环球法律评论》2016 年第 3 期。

[48]黄宇骁:《日本土地征收法制实践及对我国的启示——以公共利益与损失补偿为中心》,载《环球法律评论》2015 年第 4 期。

[49]许中缘、陈珍妮:《法中两国不动产征收制度的比较研究》,载《湖南大学学报(社会科学版)》2009 年第 6 期。

[50]蔡乐渭:《中国土地征收补偿制度的演进、现状与前景》,载《政法论坛》2017 年第 6 期。

[51]陈小君:《我国〈土地管理法〉修订:历史、原则与制度——以该法第四次修订中的土地权利制度为重点》,载《政治与法律》2012 年第 5 期。

[52]屈茂辉、周志芳:《中国土地征收补偿标准研究——基于地方立法文本的分析》,载《法学研究》2009 年第 3 期。

[53]章文英:《关于房屋征收补偿决定行政案件的司法审查》,载《法律适用》2017 年第 3 期。

[54]谭启平:《论房屋征收补偿争议的司法救济》,载《当代法学》2013 年第 5 期。

[55]乔仕彤、毛文峥:《行政征收的司法控制之道:基于各高级法院裁判文书的分析》,载《清华法学》2018 年第 4 期。

[56]靳相木、沈子龙:《国外土地发展权转让理论研究进展》,载《经济地理》2010 年第 10 期。

[57]周建春:《农地发展权的设定及评估》,载《中国土地》2005 年第 4 期。

[58]刘国臻:《中国土地发展权论纲》,载《学术研究》2005 年第 10 期。

[59]王育红、刘文海:《土地发展权的法律性质》,载《河北法学》2017 年第 4 期。

[60]朱一中、杨莹:《土地发展权:性质、特征与制度建设》,载《经济地理》2016 年第 12 期。

[61]沈守愚:《论设立农地发展权的理论基础和重要意义》,载《中国土地

科学》1998 年第 12 期。

[62]胡兰玲:《土地发展权论》,载《河北法学》2002 年第 3 期。

[63]贾海波:《农地发展权的设立与权利属性》,载《中国土地》2005 年第 10 期。

[64]程雪阳:《土地发展权与土地增值收益的分配》,载《法学研究》2014 年第 5 期。

[65]张安录:《可移转发展权与农地城市流转控制》,载《中国农村观察》2000 年第 2 期。

[66]刘永湘、杨明洪:《中国农民集体所有土地发展权的压抑与抗争》,载《中国农村经济》2003 年第 6 期。

[67]李长健、伍文辉:《土地资源可持续利用中的利益均衡:土地发展权配置》,载《上海交通大学学报(哲学社会科学版)》2006 年第 2 期。

[68]万磊:《土地发展权的法经济学分析》,载《重庆社会科学》2005 年第 9 期。

[69]戴中亮、杨静秋:《农村集体土地发展权的二元主体及其矛盾》,载《南京财经大学学报》2004 年第 5 期。

[70]许恒周:《农地发展权的设立与土地征用制度改革》,载《广东土地科学》2005 年第 3 期。

[71]朱启臻、窦敬丽:《新农村建设与失地农民补偿——农地发展权视角下的失地农民补偿问题》,载《中国土地》2006 年第 4 期。

[72]彭錞:《土地发展权与土地增值收益分配——中国问题与英国经验》,载《中外法学》2016 年第 6 期。

[73]王永慧、严金明:《农地发展权界定、细分与量化研究——以北京市海淀区北部地区为例》,载《中国土地科学》2007 年第 2 期。

[74]任艳胜等:《限制发展区农地发展权补偿标准探析——以湖北省宜昌、仙桃部分地区为例》,载《资源科学》2010 年第 4 期。

[75]汪晗、聂鑫、张安录:《武汉市农地发展权定价研究》,载《中国土地科学》2011 年第 7 期。

[76]陈维肖等:《基于土地发展权的征地补偿价格研究——以河南省周口市为例》,载《地域研究与开发》2016 年第 3 期。

[77]朱一中、曹裕:《农地非农化过程中的土地增值收益分配研究——基于

土地发展权的视角》,载《经济地理》2012 年第 10 期。

[78]梁流涛等:《农地非农化土地增值收益分配及合理分配测算:理论方法与实证——基于土地发展权和要素贡献理论的视角》,载《干旱区资源与环境》2018 年第 3 期。

[79]汪晖、陶然:《论土地发展权移转与交易的“浙江模式”——制度起源、操作模式及其重要含义》,载《管理世界》2009 年第 8 期。

[80]刘国臻:《论美国的土地发展权制度及其对我国的启示》,载《法学评论》2007 年第 3 期。

[81]张鹏、刘春鑫:《基于土地发展权与制度变迁视角的城乡土地地票交易探索——重庆模式分析》,载《经济体制改革》2010 年第 5 期。

[82]张先贵:《中国法语境环境下土地开发权理论之展开》,载《东方法学》2015 年第 6 期。

[83]张先贵:《土地开发权与我国集体经营性建设用地入市》,载《北方法学》2017 年第 2 期。

[84]宗仁:《“三权分置”、土地发展权设立与征收制度改革》,载《江海学刊》2018 年第 2 期。

[85]陈莹、谭术魁、张安录:《武汉市征地过程中的土地增值测算》,载《中国土地科学》2009 年第 12 期。

[86]王书明、刘元胜、郭沛:《不同用途农村集体土地征收中的收益分配研究——以辽宁省辽阳市为例》,载《农业经济问题》2012 年第 10 期。

[87]诸培新、唐鹏:《农地征收与供应中的土地增值收益分配机制创新——基于江苏省的实证分析》,载《南京农业大学学报(哲学社会科学版)》2013 年第 1 期。

[88]刘守英:《城市化进程中的土地增值收益分配》,载《中国房地产市场》2011 年第 12 期。

[89]刘连泰:《为什么外国法》,载《浙江社会科学》2017 年第 1 期。

[90]岳永兵、刘向敏:《集体经营性建设用地入市增值收益分配探析——以农村土地制度改革试点为例》,载《当代经济管理》2018 年第 3 期。

[91]吴九兴、王秀兰:《土地产权与失地农民土地权益保护》,载《经济体制改革》2008 年第 6 期。

[92]吴渭、刘永功:《产权视角下的农村土地征迁与利益博弈》,载《兰州学

刊》2015 年第 2 期。

[93]李龙、朱孔武:《财政立宪主义论纲》,载《法学家》2003 年第 6 期。

[94]石佑启:《征收、征用与私有财产保护》,载《法商研究》2004 年第 3 期。

[95]丁鹏、邹爱华:《论宪法财产征收条款的限权逻辑》,载《社会科学主义》2012 年第 4 期。

[96]张翔:《财产权的社会义务》,载《中国社会科学》2012 年第 9 期。

[97]韩文龙、谢璐:《马克思经济学收入分配理论的核心范畴及启示》,载《经济纵横》2018 年第 5 期。

[98]韩晓明、贾康:《马克思主义经典作家关于收入分配的理论要点》,载《财政科学》2018 年第 7 期。

[99]方涧、沈开举:《我国集体土地征收与补偿制度之嬗变与未来——兼评〈土地管理法(修正案征求意见稿)〉》,载《河北法学》2018 年第 8 期。

[100]李牧、耿宝建:《论我国土地征收及补偿制度的完善》,载《法商研究》2005 年第 2 期。

[101]王静:《城镇化中土地制度改革的未来走向——中国近 10 年研究成果综述》,载《甘肃行政学院学报》2013 年第 4 期。

[102]洪小翠、楼江:《我国土地发展权配置与流转制度设计》,载《上海国土资源》2014 年第 35 期。

[103]王权典、陈利根:《集体土地征收补偿制度变革的立法选择》,载《华南农业大学学报(社会科学版)》2014 年第 4 期。

[104]许乙川:《现行〈土地管理法〉的不足及修改完善思路》,载《法治研究》2013 年第 6 期。

[105]陈利根、张金明:《城乡统筹一体化与土地法的协同创新——土地法的体系化立法模式构建》,载《河北法学》2013 年第 9 期。

[106]曹艳芝:《我国农村土地征收中存在的问题及其制度完善》,载《社会科学家》2006 年第 2 期。

[107]刘禹涵:《我国土地征收制度改革的问题与走向》,载《河北法学》2017 年第 4 期。

[108]刘婧娟:《土地征收的程序合法性要件分析——域外经验与中国问题》,载《河北法学》2012 年第 4 期。

[109]高飞:《集体土地征收中公共利益条款的法理反思与制度回应》,载

《甘肃政法学院学报》2018 年第 1 期。

[110]渠滢:《我国集体土地征收补偿标准之重构》,载《行政法学研究》2013 年第 1 期。

[111]叶必丰:《城镇化中土地征收补偿的平等原则》,载《中国法学》2014 年第 3 期。

[112]黄美均、诸培新:《完善重庆地票制度的思考——基于地票性质及功能的视角》,载《中国土地科学》2013 年第 6 期。

[113]蒋萍:《重庆农村土地交易所地票交易风险及其防范研究》,西南大学 2012 年博士学位论文。

[114]张先贵:《地票交易的法律性质及其规制》,载《南京农业大学学报(社会科学版)》2015 年第 4 期。

[115]郭振杰、曹世海:《"地票"的法律性质与制度演绎》,载《政法论丛》2009 年第 2 期。

[116]王英、佘雅文:《重庆地票交易制度与运行问题研究》,载《建筑经济》2011 年第 12 期。

[117]黄忠:《地票交易的地役权属性论》,载《法学》2013 年第 6 期。

[118]杨庆媛、鲁春阳:《重庆地票制度的功能及问题探析》,载《中国行政管理》2011 年第 12 期。

[119]张鹏、王庆:《地票交易的内在价值与定价模式分析——以重庆市为例》,载《农村经济》2017 年第 5 期。

[120]冯桂:《重庆地票制度的价值及其对城乡一体化改革的启示》,载《国家行政学院学报》2014 年第 1 期。

[121]刘守英:《农村宅基地制度的特殊性与出路》,载《国家行政学院学报》2015 年第 3 期。

[122]程雪阳:《论"城市的土地属于国家所有"的宪法解释》,载《法制与社会发展》2014 年第 1 期。

[123]温世杨:《集体经营性建设用地"同等入市"的法制革新》,载《中国法学》2015 年第 4 期。

[124]李忠夏:《宪法上的"国家所有权":一场美丽的误会》,载《清华法学》2015 年第 5 期。

[125]肖明新:《城市的土地属于国家所有的逻辑与实施——兼论什么是我

国〈宪法〉上的城市》，载《政治与法律》2016 年第 8 期。

[126]孙煜华：《“城市的土地属于国家所有”释论》，载《法制与社会发展》2017 年第 1 期。

[127]程雪阳：《“城市的土地属于国家所有”的规范内涵》，载《政治与法律》2017 年第 3 期。

[128]方涧、沈开举：《土地发展权：中国问题与美国经验》，载《学习论坛》2018 年第 2 期。

[129]王永莉：《国内土地发展权研究综述》，载《中国土地科学》2007 年第 3 期。

[130]杜业明：《现行农村土地发展权制度的不均衡性及其变迁》，载《西北农林科技大学学报(社会科学版)》2004 年第 1 期。

[131]周建春：《中国耕地产权与价值研究——兼论征地补偿》，载《国土地科学》2007 年第 1 期。

[132]黄祖辉、汪晖：《非公共利益性质的征地行为与土地发展权补偿》，载《经济研究》2002 年第 5 期。

[133]刘国臻：《论英国土地发展权制度及其对我国的启示》，载《法学评论》2008 年第 4 期。

[134]马韶青：《土地发展权的国际实践及其启示》，载《河北法学》2013 年第 7 期。

[135]马特：《父爱主义与“还地于民”》，载《北方法学》2010 年第 6 期。

[136]金可可：《预告登记之性质——从德国法的有关规定说起》，载《法学》2007 年第 7 期。

[137]孙建伟：《土地开发权应作为一项独立的财产权》，载《东方法学》2018 年第 5 期。

[138]刘国臻：《论土地发展权在我国土地权利体系中的法律地位》，载《学术研究》2007 年第 4 期。

[139]赵万一：《论所有权的权能》，载《现代法学》1985 年第 2 期。

[140]朱未易：《论物权法上土地发展权与人权法上发展权的制度性契合》，载《政治与法律》2009 年第 9 期。

[141]方涧、沈开举：《美国城市土地区划中的美学规范及其对中国的启示》，载《郑州大学学报(哲学社会科学版)》2017 年第 4 期。

[142]徐莉萍、张淑霞、李姣:《美国土地发展权转让定价主体、模型、制度的演进及启示》,载《华东经济管理》2016 年第 1 期。

[143]柴铎、董藩:《美国土地发展权制度对中国征地补偿改革的启示——基于福利经济学的研究》,载《经济地理》2014 年第 2 期。

[144]方新军:《权利客体的概念及层次》,载《法学研究》2010 年第 2 期。

[145]陈小君、蒋省三:《宅基地使用权制度:规范解析、实践挑战及其立法回应》,载《管理世界》2010 年第 10 期。

[146]郑尚元:《宅基地使用权性质及农民居住权利之保障》,载《中国法学》2014 年第 2 期。

[147]高圣平、张尧:《中国担保物权制度的发展与非典型担保的命运》,载《中国人民大学学报》2010 年第 5 期。

[148]高圣平:《民法典中担保物权的体系重构》,载《法学杂志》2015 年第 6 期。

[149]耿卓:《农民土地财产权保护的观念转变及其立法回应——以农村集体经济有效实现为视角》,载《法学研究》2014 年第 5 期。

[150]黄来纪:《试论我国〈信托法〉的特点》,载《政治与法律》2002 年第 3 期。

[151]郑瑞琨:《信托法与物权法定原则的冲突及其解决》,载《政法论坛》2007 年第 4 期。

[152]杨显滨:《论美国征收条款及对我国的启示》,载《政法论丛》2015 年第 5 期。

[153]袁志杰:《德国土地征收中的公共利益》,载《行政法学研究》2010 年第 2 期。

[154]沈开举、方涧:《由 Kelo 案谈土地征收中"公共使用"的界定主体及其对中国的启示》,载《公民与法(法学版)》2015 年第 1 期。

[155]王云清:《原旨主义、活的宪法与复杂状态下的宪法解释》,载《北方法学》2017 年第 1 期。

[156]张宇飞:《原旨主义宪法解释方法的客观性问题——以美国宪法解释理论与实践为例》,载《东岳论丛》2016 年第 12 期。

[157]徐爽:《域外宪法文本解释方法的历史演进——以美国宪法解释为例》,载《现代法学》2017 年第 3 期。

[158]李永军:《民法上的人及其理性基础》,载《法学研究》2005 年第 5 期。

[159]刘燕:《制度下的矛盾人格——对现代主义法学“理性主体观”的考察》,载《甘肃社会科学》2013 年第 5 期。

[160]耿利航:《如何界定公共利益——美国联邦最高法院“凯洛诉新伦敦市案”的剖析和启示》,载《法学杂志》2007 年第 2 期。

[161]张迎新、王立正:《国外土地征用公共利益原则的界定方式》,载《国土资源情报》2003 年第 9 期。

[162]欧阳君君、杨国永:《台湾地区土地征收中的公共利益界定程序及其争论》,载《江汉学术》2014 年第 6 期。

[163]王本宏、高志宏:《公共利益界定主体研究》,载《学术界》2012 年第 8 期。

[164]王洪平、房绍坤:《论征收中公共利益的验证标准与司法审查》,载《法学论坛》2006 年第 5 期。

[165]沈开举:《论征收征用权》,载《理论月刊》2009 年第 2 期。

[166]孙丽岩:《美国不动产征收的价值补偿问题研究》,载《现代法学》2017 年第 1 期。

[167]高鲁嘉、齐延平:《论美国征收法上的“公平补偿”原则——兼论中国征收补偿制度之完善》,载《学习与探索》2018 年第 4 期。

[168]宋志红:《美国征收补偿中的最高最优使用规则及启示》,载《经济研究参考》2016 年第 24 期。

[169]靳相木、陈箫:《土地征收“公正补偿”内涵及其实现——基于域外经验与本土观的比较》,载《农业经济问题》2014 年第 2 期。

[170]耿宝建:《国有土地上房屋征收与补偿的十个具体问题——从三起公报案例谈起》,载《法律适用》2017 年第 9 期。

[171]刘连泰:《宪法上征收规范效力的前移——美国法的情形及其启示》,载《法学家》2012 年第 5 期。

[172]杨勋:《国有私营:中国农村土地制度改革的现实选择——兼论农村改革的成就与趋势》,载《中国农村经济》1989 年第 5 期。

[173]王克稳:《论我国集体土地征收中的被征收人》,载《苏州大学学报(哲学社会科学版)》2013 年第 1 期。

[174]李春香:《农村土地制度改革路径探析——农地国有化视角的思考与

展望》,载《湖北社会科学》2019 年第 1 期。

[175]孟勤国:《揭开中国土地私有化论的面纱》,载《北方法学》2010 年第 1 期。

[176]李太淼:《马克思主义基本原理与当代中国土地所有制改革》,载《中州学刊》2017 年第 9 期。

[177]袁震:《论集体土地所有权的政治伦理属性与法律属性》,载《私法》2017 年第 2 期。

[178]陈金钊:《"重大改革都有于法有据"的意义阐释》,载《甘肃理论学刊》2014 年第 5 期。

[179]彭涛:《论美国管制征收的认定标准》,载《行政法学研究》2011 年第 3 期。

[180]周其仁:《农地产权与征地制度——中国城市化面临的重大选择》,载《经济学季刊》2004 年第 4 期。

四、中文报刊

[1]华生:《土地制度改革的焦点分歧——兼答天则经济研究所的商榷》,载《上海证券报》2014 年 3 月 12 日,第 A01 版。

[2]新华社:《中央人民政府政务院关于国家建设征用土地办法》,载《新黄河》1953 年第 12 期。

[3]吕克白:《关于国家建设征用土地条例(草案)的说明》,载《中华人民共和国国务院公报》1982 年第 10 期。

[4]沈开举、方涧:《〈土地管理法〉第 47 条修改建议》,载《中国社会科学报》2017 年 4 月 12 日,第 5 版。

[5]刘剑文、陈立诚:《税制改革应更加注重分配正义》,载《中国税务报》2013 年 11 月 6 日,第 B01 版。

五、外文著作

[1]John Bell, *Public Interest: Policy or Principle*, Roger Brownsword ed. *Law and The Public Interest*, Franz Steiner Verlag Stuttgart, 1993.

[2]A. J. M. Milne, *The Public Interest: Political Controversy, and the Judges*, Roger Brownsword ed. *Law and The Public Interest*, Franz Steiner Verlag

Stuttgart, 1993.

[3] Ilya Somin: *The Grasping Hand: Kelo v. City of New London and the Limits of Eminent Domain*, Chicago and London: The University of Chicago Press, 2014.

[4] Nicholas Mercuro edited, *The Takings Issue: A Continuing Dilemma in Law and Economics*, Kluwer Academic Publisher, 1992.

[5] Thomas S. Ulen, *The Public Use of Private Property*, in *Taking Property and Just Compensation*, ed. by Nicholas Mercuro, Kluwer Academic Publisher, 1992.

[6] J. B. Genlin & David W. Miller, *Federal Eminent Domain*, the Michie Company, 1982.

[7] Charles Francis Adams, *The Works of John Adams*, Boston: Little, Brown, 1851.

[8] Max Farrand, *The Records of the Federal Convention of* 1787, New Haven, CT: Yale University Press, 1937.

[9] Akhil Reed Amar, *The Bill of Rights: Creation and Reconstruction*, New Haven, CT: Yale University Press, 1998.

[10] Philip Kurland & Ralph Lerner, *The Founders Constitution*, Chicago: University of Chicago Press, 1987.

[11] James W. Ely, Jr., *The Guardian of Every Other Right: A Constitutional History of Property Rights*, 3rd ed. New York: Oxford University Press, 2008.

[12] Jennifer Nedelsky, *Private Property and the Limits of American Constitutionalism*, Chicago: University of Chicago Press, 1990.

[13] Henry Walcott Farnam, *Chapters in the History of Social Legislation in the United States to* 1860, Washington, DC: Carnegie Foundation, 1938.

[14] Philip Nichols, *The Law of Eminent Domain: A Treatise on the Principles Which Affect the Taking of Property for the Public Use*, 2nd ed., Albany, NY: Matthew Bender, 1917.

[15] Kurt T. Lash, *The Fourteenth Amendment and the Privileges and Immunities of American Citizenship*, Cambridge: Cambridge University Press, 2014.

[16] Gerard Magliocca, *American Founding Son: John Bingham and the In-*

vention of the Fourteenth Amendment, New York: NYU Press, 2013.

[17] Robert H. Bork, *The Tempting of America*, New York: Free Press, 1990.

[18] Antonin M. Scalia, *A Matter of Interpretation: Federal Courts and the Law*, Princeton, NJ: Princeton University Press, 1997.

[19] Randy E. Barnett, *Restoring the Lost Constitution*, Princeton, NJ: Princeton University Press, 2004.

[20] Ilya Somin, *Democracy and Political Ignorance: Why Smaller Government Is Smarter*, Stanford, CA: Stanford University Press, 2013.

[21] John Lewis, *A Treatise on the Law of Eminent Domain in the United States*, Chicago: Callaghan, 1888.

[22] Morton J. Horwitz, *The Transformation of American Law*, 1870 – 1960: *The Crisis of Legal Orthodoxy*, Cambridge, MA: Harvard University Press, 1992.

[23] Barbara Fried, *The Progressive Assault on Laissez – Faire: Robert Hale and the First Law and Economics Moment*, Cambridge, MA: Harvard University Press, 2001.

[24] Victor Rosewater, *Special Assessments*, New York: Columbia College, 1893.

[25] U. S. Bureau of the Census, *Financial Statistics of Cities over* 30,000: 1913, Washington: Government Printing Office, 1915.

[26] U. S. Bureau of the Census, *Financial Statistics of Cities over* 30,000: 1925, Washington: Government Printing Office, 1927.

[27] U. S. Bureau of the Census, *Financial Statistics of Cities over* 30,000: 1928, Washington: Government Printing Office, 1931.

六、外文论文

[1] Joseph J. Lazzarotti: *Public Use or Public Abuse*, 68 UMKC L. Rev. (1999).

[2] Thomas W. Merrill: *Economics of Public Use*, 72 Comell L. Rev. (1986).

[3] Glen H. Jr. Sturtevant: *Economic Development as Public Use: Why Jus-*

tice Ryan's Poletown Dissent Provided a Better Way to Decide Kelo and Future Public Use Cases, 15 Fed. Cir. B. J. (2005).

[4] Richard A. Epstein: *Public Use in a Post – Kelo World*, 17 Sup. Ct. Econ. Rev. (2009).

[5] Richard Craswell, *Instrumental Theories of Compensation: A Survey*, 40 San Diego Law Review (2003).

[6] Frank I. Michelman, *Property, Utility, and Fairness: Comments on the Ethical Foundations of "Just Compensation" Law*, 80 HARV. L. REV. (1967).

[7] Laura H. Burney, *Just Compensation and the Condemnation of Future Interests: Empirical Evidence of the Failure of Fair Market Value*, 1989 Brigham Young University Law Review. (1989).

[8] Nancy Ackermann, *Just Compensation, Land – Use Regulation, and The Compensable Temporary Taking: First English Evangelical Luthean Church of Glendale v. County of Los Angeles*, 28 Nat. Resources J. (1988).

[9] Lucas J. Asper, *The Fair Market Value Method of Property Valuation in Eminent Domain: Just Compensation or Just Barely Compensating*, 58 S. C. L. Rev. (2006).

[10] W. Harold Bigham, *Fair Market Value, Just Compensation and the Constitution: A Critical View*, 24 Vand. L. Rev. (1970).

[11] Ann E Gergen, *Why Fair Market Value Fails as Just Compensation*, 14 Hamline J. Pub. L. & Pol'y. (1993).

[12] Christopher Serkin, *The Meaning of Value: Assessing Just Compensation For Regulatory Takings*, 99 Nw. U. L. Rev. (2005).

[13] Thomas L. Daniels, *The Purchase of Development Rights: Preservation Agriculture Land and Open Space*, J. Am. Plan. Assn'430n. I (1991).

[14] Keith Wiebe & Abebayehu Tegene, *Partial Interests in Land: Policy Tools for Resource Use and Conservation*, Economic Research Service, Agricultural Economic Report No. 744 (1996).

[15] James M. Pedowitz, *Transfers of Air Rights and Development Rights*, 9 Real Prop. Prob. & Tr. J. (1974).

[16] Jennifer Frankel, *Past, Present, and Future Constitutional Challenges*

to Transferable Development Rights, 74 Wash. L. Rev. (1999).

[17] PL. Machemer & MD. Kaplowitz, *A Framework for Evaluating Transferable Development Rights Programs*, 45 Journal of Environmental Planning and Management (2002).

[18] Franklin J. Jams & Dannis E. Gale, *Zoning for Sale: A Critical Analysis of Transferable Development Rights Programs*, 38 The Urban Institute (1997).

[19] Michael D. Struger, *Transferable Development Rights: Robbing Peter to Pay Paul*, 62 U. Det. J. Urb. L. (1985).

[20] John J. Costonis, *Development Rights Transfer: An Exploratory Essay*, 83 Yale L. J. (1974).

[21] Ilya Somin, *Originalism and Political Ignorance*, 97 Minnesota Law Review (2012).

[22] Vicki Been, *Transferable Development Rights Programs: Post – Zoning*, 78 Brook. L. Rev. (2013).

[23] Pierre Lepaulle, *The Function of Comparative Law*, 35 Harv. L. Rev. (1922).

[24] Guido Calabresi & Douglas Melamed, *Property Rules, Liability Rules and Inalienability: One View of the Cathedral*, 85 Harvard Law Review (1972).

[25] Joseph D. Stinson, *Comment, Transferring Development Rights: Purpose, Problems, and Prospects in New York*, 17 PACEL. REV. (1996).

[26] Pizor, P. J., *Making TDR Work: a Study of Program Implementation*, 52 Journal of the American Planning Association (1986).

[27] Woodbury, S. R., *Transfer of Development Rights: a new tool for Planners*, 41 Journal of American Institute of Planners (1975).

[28] Johnston, R. A. & Madison, M. E., *From landmarks to landscapes – a Review of Current Practices in the Transfer of Development Rights*, 63 Journal of the American Planning Association (1997).

[29] Heiberg, D. E., *The Reality of TDR*, 50 Urban Land (1991).

[30] Michael D. Kaplowitz, Patricia Machemer & Rick Pruetz, *Planners' Experiences in Managing Growth Using Transferable Development rights (TDR) in the United States*, 25 Land Use Policy (2008).

[31] James T. B. Tripp & Daniel J. Dudek, *Institutional Guidelines for Designing Successful Transferable Rights Programs*, 6 YALE J. ON REG. (1989).

[32] Philip J. Tierney, *Bold Promises But Baby Steps: Maryland's Growth Policy to the Year* 2020, 23 U. BALT. L. REV. (1994).

[33] Julian Conrad Juergensmeyer, James C. Nicholas & Brian D. Leebrick, *Transferable Development Rights and Alternatives After Suitum*, 30 The Urban Lawyer (1998).

[34] Philip Nichols, *The Meaning of Public Use in the Law of Eminent Domain*, 20 B. U. Law Review (1940).

[35] Lawrence Berger, *The Public Use Requirement in Eminent Domain*, 57 Oregon Law Review (1977).

[36] Eric R. Claeys, *Public – Use Limitations and Natural Property Rights*, 2004 Michigan State Law Review (2004).

[37] Buckner F. Melton, Jr., *Eminent Domain, "Public Use," and the Conundrum of Original Intent*, 36 Natural Resources Journal (1996).

[38] Steven Menashi, *Cain as His Brother's Keeper: Property Rights and Christian Doctrine in Locke's Two Treatises of Government*, 42 Seton Hall Law Review (2012).

[39] William Baude, *Rethinking the Federal Eminent Domain Power*, 122 Yale Law Journal (2013).

[40] Nathan Sales, *Classical Republicanism and the Fifth Amendment's "Public Use" Requirement*, 49 Duke Law Journal (1999).

[41] Morton J. Horwitz, *The Transformation in the Conception of Property in American Law*, 1780 – 1860, 40 University of Chicago Law Review (1973).

[42] Michael Rappaport, *Originalism and Regulatory Takings: Why the Fifth Amendment May Not Protect against Regulatory Takings, but the Fourteenth Amendment May*, 45 San Diego Law Review (2008).

[43] Laura S. Underkuffler, *On Property: An Essay*, 100 Yale Law Journal (1990).

[44] Gary Lawson and Guy Seidman, *Originalism as a Legal Enterprise*, 23 Constitutional Commentary (2006).

[45]Stoebuck W B. ,*A General Theory of Eminent Domain*, 47 WASH. L. REV. (1934).

[46] Roger Clegg, *Reclaiming the Text of the Takings Clause*, 46 South Carolina Law Review (1995).

[47]Timothy Sandefur,*A Natural Rights Perspective on Eminent Domain in California: A Rationale for Meaningful Judicial Scrutiny of "Public Use"*, 32 Southwestern University Law Review (2003).

[48]Harry N. Scheiber,*Property Law, Expropriation, and Resource Allocation by Government: The United States*, 1789 – 1910, 33 Journal of Economic History (1973).

[49]Bryan H. Wildenthal,*The Road to Twining: Reassessing the Disincorporation of the Bill of Right*, 61 Ohio State Law Journal (2000).

[50]James W. Ely, Jr. ,*The Progressive Era Assault on Individualism and Property Rights*, 29 Social Philosophy and Policy (2012).

[51]Christopher Serkin,*Valuing Interest: Net Harm and Fair Market Value in Brown v. Legal Foundation of Washington*, 37 IND. L. REV. (2004).

[52] Benjamin E. Hermalin,*An Economic Analysis of Takings*, 11 J. L. ECON. & ORG. (1995).

[53]Hanoch Dagan & James J. White,*Governments, Citizens, and Injurious Industries*, 75 N. Y. U. L. REV. (2000).

[54]Daniel D. Barnhizer,*Givings Recapture: Funding Public Acquisition of Private Property Interests on the Coasts*, 27 HARV. ENVTL. L. REV. (2003).

[55]Steven Croley,*Theories of Regulation: Incorporating the Administrative Process*, 98 COLUM. L. REV. (1998).

[56]Louis De Alessi, *Implications of Property Rights for Government Investment Choices*, 59 AM. ECON. REV. (1969).

[57]Richard A. Epstein,*Lucas v. South Carolina Coastal Council: A Tangled Web of Expectations*, 45 STAN. L. REV. (1993).

[58]John J. Costonis,"*Fair*" *Compensation and the Accommodation Power: Antidotes for the Taking Impasse in Land Use Controversies*, 75 COLLUM. L. REV. (1975).

[59] Michael A. Heller & James E. Krier, *Deterrence and Distribution in the Law of Takings*, 112 HARV. L. REV. (1999).

[60] Jeffrey T. Powell, *The Psychological Cost of Eminent Domain Takings and Just Compensation*, 30 Law & Psychol. Rev. (2006).

[61] Steven M. Sindler, *Eminent Domain – Compensation – A Public Condemnee is Entitled Only to the Market Value of a Condemned Facility is Acertainable – United States v. 50 Acres of Land*, 15 U. Balt. L. Rev. (1986).

[62] Steven P. Calandrillo, *Eminent Domain Economics: Should Just Compensation Be Abolished, and Would Takings Insurance Work Instead*, 64 Ohio St. L. J. (2003).

[63] Christoper A. Bauer, *Government Takings and Constitutional Guarantees: When Date of Valuation Statutes Deny Just Compensation*, 2003 BYU L. REV. (2003).

[64] Searles, *Highest and Best Use: The Keystone of Valuation in Eminent Domain*, 45 N. Y. St. B. J. (1973).

[65] Stephen Sussna, *The Concept of Highest and Best Use under Taking Theory*, 21 Urb. Law. (1989).

[66] Michael Rikon, *The Highest and Best Use Concept in Condemnation*, 82 N. Y. St. B. A. J. (2010).

[67] Donald T. Morrison, *How to Determine Highest and Best Use (with Sample Direct Examination)*, 16 ALI – ABA Coures Materials J. (1991).

[68] Nichols, *Untried Use and Valuation of Condemned Land in New York*, 39 ST. JOHN'S L. REV. (1965).

[69] Benjamin Harrow, *Special Assessment Taxes*, 22 Law. & Banker & Cent. L. J. (1929).

[70] Gaines, *The Right of Non – Property Owners to Participate in a Special Assessment Majority Protest*, 20 U. C. L. A. L. REV. (1972).

[71] Tax Foundation, *Special Assessments and Service Charges in Municipal Finance*, Government Finance Brief No. 20 (1970).

[72] C. H. Donovan, *Special Assessments – Their Place in Municipal Finance*, XXIX Municipal Finance (1957).

[73]Callies & Duerksen, *Value Capture as a Source of Funds to Finance Public Projects*, 8 URB. L. ANN. (1975).

[74]Abraham Bell & Gideon Parchomovsky, *Givings*, 111 Yale Law Journal (2001).

[75]John Rawls, *Justice as Fairness*, 67 PHIL. REV. (1958).

[76]Alan E. Brownstein, *Illicit Motive in the Municipal Land Use Regulation Process*, 57 U. CIN. L. REV. (1988).

七、外文判例

[1] Penn Central Transp. Co. v. New York City, 438 U.S. 104 (1978).

[2] Pennsylvania Coal Co. v. Mahon, 260 U.S. 393 (1922).

[3] Glisson v. Alachua County, 588 So.2d 1030 (1990).

[4] Suitum v. Tahoe Reg'l Planning Agency, 117 S. Ct. 1659 (1997).

[5] Vanhorne's Lessee v. Dorrance, 2 U.S. 304 (1795).

[6]Calder v. Bull, 3 U.S. 386 (1798).

[7] Kohl v. United States, 91 U.S. 367 (1875).

[8] Columbia v. Heller, 554 U.S. 570 (2008).

[9] Holmes v. Jennison, 39 U.S. 540 (1840).

[10]Brown v. Beatty, 5 George 227 (Miss. 1857).

[11]Sadler v. Langham, 34 Ala. 311 (1859).

[12]Whiteman v. Wilmington & S.R. Co., 2 Harr. 514 (Del. 1839).

[13]Dayton Gold and Silver Min. Co. v. Seawell, 11 Nev. 394 (1876).

[14]Seely v. Sebastia, 4 Ore. 25 (1870).

[15]Miller v. Troost, 14 Minn. 365 (1869).

[16]West River Bridge Co. v. Dix, 47 U.S. 507 (1848).

[17] United States v. Gettysburg Electric Railway Co. 160 U.S. 668 (1896).

[18]Berman v. Parker, 348 U.S. 26 (1954).

[19]Poletown Neighborhood Council v. City of Detroit, 404 N.W. 2d 455 (Mich. 1981).

[20]Hawaii Housing Authority v. Midkiff, 467 U.S. 229 (1984).

[21] County of Wayne v. Hathcock, 684 N. W. 2d 765 (2004).

[22] Kelo v. New London, 545 U. S. 469 (2005).

[23] Baycol, Inc. v. Downtown Development Authority, 35 So. 2d 451 (Fla. 1975).

[24] Owensboro v. McCormick, 581 S. W. 2d 3 (Ky. 1979).

[25] Karesh v. City of Charleston, 247 S. E. 2d 342 (S. C. 1978).

[26] City of Little Rock v. Raines, 411 S. W. 2d 486 (Ark. 1967).

[27] Hogue v. Port of Seattle, 341 P. 2d 171 (Wash. 1959).

[28] United States ex rel. TVA v. Welch, 327 U. S. 546 (1946).

[29] Southwestern Illinois Development Authority v. National City Environmental, L. L. C., 768 N. E. 2d 1 (Ill. 2002).

[30] City of Bozeman v. Vaniman, 898 P. 2d 1208 (Mont. 1995).

[31] Georgia Department of Transportation v. Jasper County, 586 S. E. 2d 853 (S. C. 2003).

[32] Central Puget Sound Regional Transit Authority v. Miller, 128 P. 3d 588 (Wash. 2006).

[33] City of Norwood v. Horney, 853 N. E. 2d 1115 (Ohio 2006).

[34] Board of County Commissioners of Muskogee County v. Lowery, 136 P. 3d 639 (Okla. 2006).

[35] Benson v. State, 710 N. W. 2d 131 (S. D. 2006).

[36] Rhode Island Economic Development Corp. v. The Parking Co., 892 A. 2d 87 (R. I. 2006).

[37] Mayor of Baltimore v. Valsamaki, 916 A. 2d 324 (Md. 2007).

[38] Gallenthin Realty Development, Inc. v. Borough of Paulsboro, 924 A. 2d 447 (N. J. 2007).

[39] In re Condemnation by Redevelopment Authority, 962 A. 2d 1257 (Pa. Commw. Ct. 2008).

[40] Kaur v. New York State Urban Development Corp., 933 N. E. 2d 72 (N. Y. 2010).

[41] Goldstein v. New York State Urban Development Corp., 921 N. E. 2d 164 (N. Y. 2009).

[42] Kimball Laundry Co. v. United States, 338 U. S. 1 (1949).

[43] United States v. John J. Felin & Co., 334 U. S. 624 (1948).

[44] Boston Chamber of Commerce v. City of Boston, 217 U. S. 189 (1910).

[45] A. A. Profiles, Inc. v. City of Fort Lauderdale, 253 F. 3d 576 (11th Cir. 2001).

[46] Brown v. Legal Foundation of Washington, 538 U. S. 216 (2003).

[47] United States *ex rel.* Tenn. Valley Auth. v. Powelson, 319 U. S. 266 (1943).

[48] Francini v. Town of Farmington, 557 F. Supp. 151 (D. Conn. 1982).

[49] Whitney Benefits, Inc. v. United States, 18 Cl. Ct. 407 (1984).

[50] D. C. Redevelopment Land Agency v. Thirteen Parcels of Land in Squares 534 F. 2d 337 (D. C. Cir. 1976).

[51] Yuba Natural Res. Inc. v. United States, 904 F. 2d 1577 (Fed. Cir. 1990).

[52] Rowland v. United States, 8 Cl. Ct. 267 (1985).

[53] Mitchell v. United States, 267 U. S. 341 (1925).

[54] City of Stillwell v. Ozarks Rural Elec. Coop. Corp., 166 F. 3d 1064 (10th Cir. 1999).

[55] City of Thibodaux v. La. Power & Light Co., 373 F. 2d 870 (5th Cir. 1967).

[56] Ideal Leasing Servs., Inc. v. Whitfield County, 562 S. E. 2d 790 (Ga. Ct. App. 2002).

[57] United States v. 0.38 Acres of Land, 177 F. Supp. 217 (E. D. N. Y. 1954).

[58] United States v. 320.0 Acres of Land, 605 F. 2d 762 (5th Cir. 1979).

[59] Olson v. United States, 292 U. S. 246 (1934).

[60] United States v. Miller, 317 U. S. 369 (1943).

[61] United States v. General Motors Corp., 323 U. S. 373 (1945).

[62] United States v. Virginia Elec. & Power Co., 365 U. S. 624 (1961).

[63] United States v. 564.54 Acres of Land, 441 U.S. 506 (1979).

[64] Monongahela Navigation Co. v. United States, 148 U.S. 312 (1893).

[65] Omnia Commercial Co. v. United States, 261 U.S. 502 (1923).

[66] Bothwell v. United States, 254 U.S. 231 (1920).

[67] United States v. Honolulu Plantation Co., 182 F.2d 172 (9th Cir. 1950).

[68] United States v. Petty Motor Co., 327 U.S. 372 (1946).

[69] United States v. 50 Acres of Land, 469 U.S. 24 (1984).

[70] Kriby Forest Industries, Inc. v. U.S., 467 U.S. 1 (1984).

[71] County of Dona Ana v. Bennett, 867 P.2d 1160 (N.M. 1994).

[72] Utah State Road Commission v. Friberg, 687 P.2d 821 (Utah 1984).

[73] Saratoga Fire Protection District v. Hackett, 118 Cal. Rptr.2d 696 (Ct. App. 2002).

[74] Township of West Windsor v. Nierenberg, 695 A.2d 1344 (N.J. 1997).

[75] United States v. 2175.86 Acres of Land, 696 F.2d 351 (1983).

[76] Olsen v. United States 292 U.S. 246, 255 (1934).

[77] U.S. v. 131.76 Acres, 296 F. Supp. 1381, (1969).

[78] Arkansas Highway Comm. v. DeLaughter, 468 S.W.2d 242 (1971).

[79] U.S. v. 1.16 Acres, etc., City of Stamford Conn., 300 F. Supp. 1021 (1969).

[80] U.S. v. Carbin, 423 F.2d 821 (1970).

[81] Samp Mortar Lake Co. v. Town Planning and Zoning Comm., 155 Conn. 310, A.2d 649 (1967).

[82] Blades v. Raleigh, 187 S.E.2d 43 (1972).

[83] Bow and Arrow Manor, Inc. v. Town of West Orange, 63 N.J. 335 (1973).

[84] Utah Road Comm'n v. Hansen, 14 Utah 2d 305, 383 (1963).

[85] State v. Jacobs, 16 Utah 2d 167 (1964).

[86] Liere v. State, 333 N.Y.S. 2d 266 (1972).

[87] Northern Illinois Gas Co. v. Wienrank, 213 N.E.2d 411 (1965).

[88]Commonwealth v. Riley, 402 S. W. 2d 840 (Ky. 1966).

[89]Commonwealth v. Coffey, 409 S. W. 2d 166 (Ky. 1966).

[90]Knight v. State, 317 N. Y. S. 2d 800 (1971).

[91]State v. Hopkins, 506 P. 2d 57 (1973).

[92]State v. Tedesco, 291 P. 2d 1028 (1956).

[93]Seaboard Air Line Ry. v. United States, 261 U. S. 299 (1923).

[94]U. S. v. Toronto, Hamilton & Buffalo Nav. Co., 8 U. S. 396 (1949).

[95]Jefferey v. City of Salinas, 232 Cal. App. 2d 29 (1st Dist. 1965).

[96]Hale v. City of Kenosha, 29 Wis. 599 (1872).

[97]Plymouth v. Elsner, 135 N. W. 2d 799 (1965).

[98]City of De Pere v. Public Serv. Comm'n, 63 N. W. 2d 764 (1954).

[99] Duncan Dev. Corp. v. Crestview Sanitary Dist., 22 Wis. 2d 258 (1964).

[100] Illinois Cent. R. R. v. Decatur, 147 U. S. 190 (1893).

[101] Weitz v. Davis, 419 P. 2d 113 (1966).

[102] Federal Constr. Co. v. Ensign, 59 Cal. App. 200 (2d Dist. 1922).

[103] Spencer v. Merchant, 125 U. S. 345(1888).

[104] Irish v. Hahn, 208 Cal. 339 (1929).

[105] Federal Construction Co. v. Ensign, 59 Cal. App. 200 (2d Dist. 1922).

[106] Auburn Lumber Co. v. City of Auburn, 258 Cal. App. 2d 732 (3d Dist. 1968).

[107] Jeffery v. City of Salinas, 232 Cal. App. 2d 29 (1st Dist. 1965).

[108] Howard Park Co. v. City of Los Angeles, 119 Cal. App. 2d 515 (2d Dist. 1953).

[109] Spring Street Company v. City of Los Angeles, 170 Cal. 24 (1915).

[110] Norwood v. Baker, 172 U. S. 269 (1898).

[111] Spring Street Co. v. City of Los Angeles, 170 Cal. 24 (1915).

[112] Suitum v. Tahoe Regional Planning Agency, 520 U. S. 725 (1997).

[113] Roberts v. City of Los Angeles, 7 Cal. 2d 477 (1936).

[114] Lloyd v. City of Redondo Beach, 124 Cal. App. 541 (1st Dist. 1932).

[115] First Baptist Church of St. Paul, et. al., v. City of St. Paul, 884 N. W. 2d 355 (2016).

[116] Carlson - Lang Realty Co. v. City of Windom, 307 Minn. 368 (1976).

[117] Drew v. Tifft, 79 Minn. 175 (1900).

[118] Farmers Ins. Grp. v. Comm'r of Taxation, 278 Minn. 169 (1967).

[119] County Joe, Inc. v. City of Eagan, 560 N. W. 2d 681 (Minn. 1997).

[120] Brewster v. City of Pocatello, 768 P. 2d 765 (Idaho 1988).

[121] City of Baldwin Park v. Stoskus, 8 Cal. 3d 563 (1973).

[122] Molbreak v. Village of Shorewood Hills, 225 N. W. 2d 894 (1975).

[123] Miller v. City of Milwaukee, 14 Wis. 699 (1861).

[124] Cf. Soens v. City of Racine, 10 Wis. 214 (1860).

[125] Lucas v. S. C. Coastal Council, 505 U. S. 1003 (1992).

[126] Armstrong v. United States, 364 U. S. 40(1960).

后　　记

本书是在博士论文基础上修改完成的。本科期间,一次偶然的机会让我涉足土地法,自此对于土地法问题的思索便未曾间断。本科毕业论文《土地征收中增值收益分配比例法律制度研究》完成时,我是意犹未尽的,因为有太多的困惑无法解释,太多的设想无法论证。以至于硕博连读的六年,这个问题一直萦绕在脑海中,浸润在思维里,形塑着我的研究旨趣。

本书的写作称得上是有些许散漫的,但也可称之为是一种"行万里路式"的"苦行"写作。自第一行字在华盛顿的夜幕里敲下,期间数年,无论是伏案写作,还是辗转于中美、行车于祖国各地,对于本书体系的逻辑自洽性,观点的前瞻性,所举案例、所用数据的时宜性等等推敲细察、迁思回虑,可谓行思坐想,研精毕智。斗转星移,本书终成,唯望能通过本书自我解惑,也能有所裨益于本领域的研究。

至此,我想对我的导师沈开举教授表达最真挚的谢意。先生治学严谨,著述等身,但又是性情中人,从来不拘小节,对我略显散漫的性格无限包容。硕士期间先生就鼓励我出国,并资助我完成了美国的博士学位。回到国内,先生又时常提携,带我参加各种学术会议。而在本书写作过程中,先生更是给予了诸多鼓励和支持。说来愧疚,我本是辜负了先生的期待,却依然备受先生的关怀。遗憾的是毕业后未能时常陪伴先生左右促膝长谈,只道先生保重身体。

在漫长的写作过程中,众多师友为我提供了大量的帮助,这也是本书能够完成的重要基础之一。选择这个论题是为了解答本科时留在脑海中的困惑,然而当我真正进行组织架构之时才明白此路的艰辛,幸运的是有如此多博学而善良的师友愿意伸出援手。宋雅芳教授是我行政法的启蒙老师,亦是我投身行政法研究的重要原因;苗连营院长是我宪法学的授业老师,他时常敲打我,从宪法学和立法学视角为本书提供了重要思路;Jamine Orgen 教授在圣托马斯大学法学院指导我完成了本书第五章和第六章中的主要内容,并就美国的土地法律制度多次为我答疑解惑；何海波教授在哈佛大学访学期间拨冗相见，就中美土地制度的比较法研究方法提供了一定的思路；王红建师兄、郑磊师兄多次搁置重要工作与我讨论本书的研究视角与结构；程雪阳师兄多次就本书中牵涉的核心概念与我进行细致地讨论与甄别；赵谦教授、彭錞老师曾多次就土地管理法与土地发展权问题与我交流；刘连泰教授众多关于美国土地制度的研究也给了我异常丰富的素材；陈小君教授和李凤章教授则以特有的民法视角丰富了我对论题的认知。感谢所有前辈和师友对我的成长和本书的写作给予的关怀和支持，在此无法一一列明，但同样致以谢意，感谢你们的指导、批评和鼓励。

最后，我还要感谢我的家人，是你们的无私付出，让我得以潜心专注于本课题的研究，本书的顺利出版离不开你们背后的支持、鼓励与鞭策。特别是我的妻子，她是本书撰写过程中各章节的第一位读者，是本书的首任“编辑”，亦是我的良师益友。

本书中的相关内容曾陆续发表于《行政法学研究》《中国土地科学》《中国法律评论》《公法研究》《北方法学》《河北法学》《学习与实践》《学习论坛》等刊物，编辑和外审专家对相关章节的修改和完善提供了诸多宝贵的意见和建议，在此一并表示感谢。

这一刻，我是满足的，却也是意犹未尽的。

方　润

2023 年 7 月 23 日